〔宋〕歐陽脩 撰
〔宋〕徐無黨 注

點校本
二十四史
修訂本

新五代史

第二册
卷三二至卷五七

中華書局

2015 年 8 月第 1 版　　2024 年 11 月第 6 次印刷
ISBN 978-7-101-10529-2

新五代史卷三十二

死節傳第二十

語曰：「世亂識忠臣。」誠哉！五代之際，不可以爲無人，吾得全節之士三人焉，作死節傳。

王彦章 裴約 劉仁贍附

王彦章，字子明〔一〕，鄆州壽昌人也〔二〕。少爲軍卒，事梁太祖，爲開封府押衙、左親從指揮使、行營先鋒馬軍使。末帝即位，遷濮州刺史，又徙澶州刺史。彦章爲人驍勇有力，能跣足履棘行百步。持一鐵鎗，騎而馳突，奮疾如飛，而佗人莫能舉也，軍中號「王鐵鎗」。

梁、晉爭天下爲勁敵，獨彥章心常輕晉王，謂人曰：「亞次鬭雞小兒耳，何足懼哉！」梁分魏、相六州爲兩鎮，懼魏軍不從，遣彥章將五百騎入魏，屯金波亭以虞變。魏軍果亂，夜攻彥章，彥章南走，魏人降晉。晉軍攻破澶州，虜彥章妻子歸之太原，賜以第宅，供給甚備，間遣使者招彥章，彥章斬其使者以自絕。然晉人畏彥章之在梁也，必欲招致之，待其妻子愈厚。

自梁失魏博，與晉夾河而軍，彥章常爲先鋒。遷汝鄭二州防禦使、匡國軍節度使、北面行營副招討使，又徙宣義軍節度使〔三〕。是時，晉已盡有河北，以鐵鎖斷德勝口，築河南、北爲兩城，號「夾寨」。而梁末帝昏亂，小人趙巖、張漢傑等用事，大臣宿將多被讒間，彥章雖爲招討副使，而謀不見用。龍德三年夏，晉取鄆州，梁人大恐，宰相敬翔顧事急，以繩内靴中，入見末帝，泣曰：「先帝取天下，不以臣爲不肖，所謀無不用。今彊敵未滅，陛下棄忽臣言，臣身不用，不如死！」乃引繩將自經。末帝使人止之，問所欲言。翔曰：「事急矣，非彥章不可！」末帝乃召彥章爲招討使，以段凝爲副。末帝問破敵之期，彥章對曰：「三日。」左右皆失笑。

彥章受命而出〔四〕，馳兩日至滑州，置酒大會，陰遣人具舟於楊村，命甲士六百人皆持巨斧，載冶者，具鞴炭，乘流而下。彥章會飲，酒半，佯起更衣，引精兵數千，沿河以趨德勝，舟兵舉鎖燒斷之，因以巨斧斬浮橋，而彦章引兵急擊南城，浮橋斷，南城遂破，蓋三日矣。是時，莊宗在魏，以朱守殷守夾寨，聞彦章爲招討使，驚曰：「彦章驍勇，吾嘗避其鋒，非守殷敵也。然彦章兵少，利於速戰，必急攻我南城。」即馳騎救之，行二十里，而得夾寨報者曰：「彦章兵已至。」比至，而南城破矣。莊宗徹北城爲栰，下楊劉，與彦章俱浮于河，各行一岸，每舟栰相及輒戰，一日數十接。彦章至楊劉，攻之幾下。晉人築壘博州東岸〔五〕，彦章引兵攻之，不克，還擊楊劉，戰敗。

是時，段凝已有異志，與趙巖、張漢傑交通，彦章素剛，憤梁日削，而嫉巖等所爲，嘗謂人曰：「俟吾破賊還，誅姦臣以謝天下。」巖等聞之懼，與凝叶力傾之。其破南城也，彦章與凝各爲捷書以聞，凝遣人告巖等匿彦章書而上己書，末帝初疑其事，已而使者至軍，獨賜勞凝而不及彦章，軍士皆失色。及楊劉之敗也，凝乃上書，言彦章使酒輕敵而至於敗。趙巖等從中日夜毁之，乃罷彦章，以凝爲招討使。彦章馳至京師入見，以笏畫地，自陳勝敗之迹，巖等諷有司劾彦章不恭，勒還第。

唐兵攻兗州，末帝召彦章使守捉東路。是時，梁之勝兵皆屬段凝，京師祇有保鑾五百騎，皆新捉募之兵，不可用，乃以屬彦章，而以張漢傑監之。彦章至遞坊，以兵少戰敗，退保中都，又敗，與其牙兵百餘騎死戰。唐將夏魯奇素與彦章善，識其語音，曰：「王鐵鎗也！」舉矟刺之，彦章傷重，馬踣被擒。莊宗見之，曰：「爾常以孺子待我，今日服乎？」又曰：「爾善戰者，何不守兗州而守中都？中都無壁壘，何以自固？」彦章對曰：「大事已去，非人力可爲！」莊宗惻然，賜藥以封其創。彦章武人不知書，常爲俚語謂人曰：「豹死留皮，人死留名。」其於忠義，蓋天性也。莊宗愛其驍勇，欲全活之，使人慰諭彦章。彦章謝曰：「臣與陛下血戰十餘年，今兵敗力窮，不死何待？且臣受梁恩，非死不能報，豈有朝事梁而暮事晉，生何面目見天下之人乎！」莊宗又遣明宗往諭之，彦章病創，臥不能起，仰顧明宗，呼其小字曰：「汝非邈佶烈乎？我豈苟活者！」遂見殺，年六十一。晉高祖時，追贈彦章太師。

與彦章同時有裴約者〔六〕，潞州之牙將也。莊宗以李嗣昭爲昭義軍節度使，約以裨將守澤州。嗣昭卒，其子繼韜以澤潞叛降于梁，約召其州人，泣而諭曰：「吾事故使二十餘年，見其分財饗士，欲報梁仇，不幸早世。今郎君父喪未葬，違背君親，吾能死于此，不能從以歸梁也！」衆皆感泣。

梁遣董璋率兵圍之，約與州人拒守，求救於莊宗。是時，莊宗方與梁人戰河上，而已建大號，聞繼韜叛降梁，頗有憂色，及聞約獨不叛，喜曰：「吾於繼韜何薄，於約何厚，而約能分逆順邪！」顧符存審曰〔七〕：「吾不惜澤州與梁，一州易得，約難得也。爾識機便，爲我取約來。」存審以五千騎馳至遼州〔八〕，而梁兵已破澤州，約見殺。

至周世宗時，又有劉仁贍者焉〔九〕。

仁贍，字守惠，彭城人也。父金事楊行密，爲濠、滁二州刺史，以驍勇知名。仁贍爲將，輕財重士，法令嚴肅，少略通兵書。事南唐，爲左監門衞將軍〔一〇〕、黄袁二州刺史，所至稱治。李景使掌親軍，以爲武昌軍節度使。周師征淮，先遣李穀攻自壽春，景遣將劉彦貞拒周兵，以仁贍爲清淮軍節度使，鎮壽州。李穀退守正陽浮橋，彦貞見周兵之却，意其怯，急追之。仁贍以爲不可，彦貞不聽，仁贍獨按兵城守。彦貞果敗於正陽。

世宗攻壽州，圍之數重，以方舟載礮，自淝河中流擊其城；又束巨竹數十萬竿，上施版屋，號爲「竹龍」，載甲士以攻之；又決其水砦入于淝河。攻之百端，自正月至于四月不能下，而歲大暑，霖雨彌旬，周兵營寨水深數尺，淮、淝暴漲，礮舟、竹龍皆飄南岸，爲景兵所焚，周兵多死。世宗東趨濠梁，以李重進爲廬、壽都招討使。景亦遣其元帥齊王景達等列砦紫金山下，爲夾道以屬城中。而重進與張永德兩軍相疑不協，仁贍屢請出戰，景達不許，由是憤惋成疾。

明年正月，世宗復至淮上，盡破紫金山砦，壞其夾道，景兵大敗，諸將往往見擒，而景之守將廣陵馮延魯、光州張紹、舒州周祚、泰州方訥、泗州范再遇等，或走或降，皆不能守，雖景君臣亦皆震懾，奉表稱臣，願割土地，輸貢賦，以效誠款，而仁贍獨堅守，不可下。世宗使景所遣使者孫晟等至城下示之，仁贍子崇諫幸其父病，謀與諸將出降，仁贍立命斬之，監軍使周廷構哭于中門救之，不得，於是士卒皆感泣，願以死守。

三月，仁贍病甚，已不知人，其副使孫羽詐爲仁贍書，以城降。世宗命舁仁贍至帳前，嘆嗟久之，賜以玉帶、御馬，復使入城養疾，是日〔一一〕，制曰：「劉仁贍盡忠所事，抗節無虧，前代名臣，幾人可比！予之南伐，得爾爲多。」乃拜仁贍檢校太尉兼中書令、天平軍節度使。仁贍不能受命而卒〔一二〕，年五十八。世宗遣使弔祭，喪事官給，追封彭城郡王，以其子崇讚爲懷州刺史，賜莊宅各一區。李景聞仁贍卒，亦贈太師。壽州故治壽春，世宗以其難剋，遂徙城下蔡，而復其軍曰忠正軍，曰：「吾以旌仁贍之節也。」

嗚呼，天下惡梁久矣！然士之不幸而生其時者，不爲之臣可也，其食人之祿者，必死人之事，如彥章者，可謂得其死哉！仁贍既殺其子以自明矣，豈有垂死而變節者乎？今周世宗實録載仁贍降書，蓋其副使孫羽等所爲也。當世宗時，王環爲蜀守秦州，攻之久不下，其後力屈而降〔一三〕，世宗頗嗟其忠，然止以爲大將軍〔一四〕。視世宗待二人之薄厚而考其制書，乃知仁贍非降者也。自古忠臣義士之難得也，五代之亂，三人者，或出於軍卒，或出於僞國之臣，可勝嘆哉！可勝嘆哉！

校勘記

〔一〕字子明　「子明」，舊五代史卷一二一王彦章傳作「賢明」。

〔二〕鄆州壽昌人也　「壽昌」，舊五代史卷二一王彦章傳、册府卷三四六、歐陽文忠公文集卷三九王彦章畫像記作「壽張」。通鑑卷二六七亦稱「壽張王彦章」。按舊唐書卷三八地理志一，鄆州有壽張縣；卷三九地理志二，壽昌縣屬沙州。

〔三〕北面行營副招討使又徙宣義軍節度使　以上十六字原闕，據宗文本補。舊五代史卷二一王彦章傳：「授北面行營副招討使，七年正月，移領滑州。」按滑州置宣義軍。

〔四〕彦章受命而出　「命」字原闕，據宗文本補。

〔五〕晉人築壘博州東岸　「岸」字原闕，據宗文本、舊五代史卷二一王彦章傳、通鑑卷二七二補。

〔六〕與彦章同時有裴約者　「有」字原闕，據宗文本補。

〔七〕符存審　舊五代史卷五二裴約傳、卷二九唐莊宗紀三、通鑑卷二七二敍其事作「李紹斌」。按李紹斌即趙德鈞。本卷下一處同。

〔八〕存審以五千騎馳至遼州　「五千」，原作「五十」，據宗文本、舊五代史卷二九唐莊宗紀三、卷五二裴約傳、通鑑卷二七二改。「馳至遼州」，舊五代史卷二九唐莊宗紀三敍其事作「援澤州」，同書卷五二裴約傳敍其事作「自遼州進軍」。

〔九〕劉仁贍　原作「劉仁瞻」，據宗文本、詳節卷五、通鑑卷二九三考異引歐陽史、舊五代史卷一二九劉仁贍傳改。按本卷下文云其字「守惠」，當以「仁贍」爲正。本書各處同。

〔一〇〕爲左監門衞將軍　「左」，舊五代史卷一二九劉仁贍傳作「右」。

〔一一〕是日　此下原有「卒」字，據通鑑卷二九三考異引歐陽史删。按通鑑卷二九三，劉仁贍入城養疾之日在戊申，制下在辛亥，是日卒。本卷下文云：「仁贍不能受命而卒。」故此處「卒」字衍。

〔一二〕仁贍不能受命而卒　「命」字原闕，據宗文本、通鑑卷二九三考異引歐陽史補。

〔一三〕其後力屈而降　「後」字原闕，據宗文本、詳節卷五、通鑑卷二九三考異引歐陽史補。

〔一四〕然止以爲大將軍　「以」，原作「於」，據宋丙本、宗文本、詳節卷五、通鑑卷二九三考異引歐陽史改。

新五代史卷三十三

死事傳第二十一

嗚呼甚哉！自開平訖于顯德，終始五十三年，而天下五代，士之不幸而生其時，欲全其節而不二者，固鮮矣。於此之時，責士以死與必去，則天下爲無士矣。然其習俗，遂以苟生不去爲當然。至於儒者，以仁義忠信爲學，享人之禄，任人之國者，不顧其存亡，皆恬然以苟生爲得，非徒不知愧，而反以其得爲榮者，可勝數哉！故吾於死事之臣，有所取焉。君子之於人也，樂成其美而不求其備，況死者人之所難乎？吾於五代，得全節之士三人而已。其初無卓然之節，而終以死人之事者，得十有五人焉，而戰没者不得與也。然吾取王清、史彦超者，其有旨哉！其有旨哉！作死事傳。〔一〕

〔一〕不能立傳者五人：馬彦超附朱守殷傳，宋令詢、李遐、張彦卿、鄭昭業見於本紀而已。

張源德

張源德者，不知其世家，或曰本晉人也。少事晉，無所稱。從李罕之以潞州叛晉降梁，罕之遣源德見梁太祖。太祖時，源德自金吾衞將軍爲蔡州刺史。

梁貞明三年〔一〕，魏博節度使楊師厚卒，末帝分魏、相等六州爲兩鎮，懼魏軍不從，乃遣劉鄩將兵萬人，屯于魏以虞變。魏軍果叛，迫其節度使賀德倫以魏、博二州降晉。當是時，源德爲鄩守貝州。晉王入魏，諸將欲先擊貝州，晉王曰：「貝城小而堅，攻之難卒下。且源德雖恃劉鄩之兵，然與滄州相首尾，今德州居其中而無備，不如先取之，則滄、貝之勢分而易圖也。」乃先襲破德州，然後以兵五千攻源德，源德堅守不下，晉軍塹而圍之。

已而劉鄩大敗于故元城，南走黎陽，晉軍攻破洺州，而衞州刺史來昭〔二〕、邢州節度使閻寶皆以城降晉，磁州刺史靳昭、相州張筠、滄州戴思遠皆棄城走。當此時，晉已先下全燕，而鎮、定皆附于晉，自河以北、山以東，四面千里，六鎮數十州之地皆歸晉，獨貝一州，圍之踰年不可下。源德守既堅，而貝人聞晉已盡有河北，城中食且盡，乃勸源德出降，源德不從，遂見殺。

源德已死，貝人謀曰：「晉圍吾久，吾窮而後降，懼皆不免也。」乃告于晉曰：「吾欲被甲執兵而降，得赦而後釋之，如何？」晉軍許諾，貝人三千出降，已釋甲，晉兵四面圍而盡殺之。

夏魯奇

夏魯奇，字邦傑，青州人也。唐莊宗時，賜姓名曰李紹奇，其後莊宗賜姓名者，皆復其故。

魯奇初事梁爲宣武軍校，後奔于晉，爲護衛指揮使〔三〕。從周德威攻劉守光於幽州〔四〕，守光將單廷珪〔五〕、元行欽以驍勇自負，魯奇每與二將鬬，輒不能解，兩軍皆釋兵而觀之。

晉已下魏博，梁將劉鄩軍于洹水，莊宗以百騎覘敵，遇鄩伏兵，圍之數重，幾不得脱，魯奇力戰，手殺百餘人，身被二十餘瘡，與莊宗決圍而出。莊宗益奇之，以爲磁州刺史。從戰中都，擒王彥章，莊宗壯之，賜絹千疋，拜鄭州防禦使。遷河陽節度使，爲政有惠愛。徙鎮忠武，河陽之人遮留不得行，父老詣京師乞留，明宗遣中使往諭之，魯奇乃得去。

唐師伐荆南，以魯奇爲招討副使，無功而還。徙鎮武信，東川董璋反，攻遂州，魯奇閉城拒之，旬月救兵不至，城中食盡，魯奇自刎死，年四十九。【二】

【二】吴縝兵猶可戰而不戰，魯奇食盡力窮而死，故取捨異。

姚洪

姚洪，本梁之小校也。自董璋爲梁將，洪嘗事璋，後事唐爲指揮使。長興中，遣洪將千人戍閬州。董璋反，遣人以書招洪，洪得璋書，輒投廁中。後璋兵攻破閬州，執洪，璋曰：「爾爲健兒，我遇汝厚，奈何負我邪？」洪罵曰：「老賊！爾昔爲李七郎奴，掃馬糞，得一臠殘炙，感恩不已。今天子用爾爲節度使，何苦反邪？吾能爲國家死，不能從人奴以生！」璋怒，然鑊于前，令壯士十人刲其肉而食，洪至死大駡。明宗聞之泣下，録其二子，而厚卹其家。

王思同

王思同，幽州人也。其父敬柔，娶劉仁恭女，生思同。思同事仁恭爲銀胡䩮指揮使，仁恭爲其子守光所囚，思同奔晉，以爲飛勝指揮使。梁、晉相距于莘，遣思同築壘楊劉，以功遷神武十軍都指揮使，累遷鄭州防禦使。思同爲人敢勇，善騎射，好學，頗喜爲詩，輕財重義，多禮文士，然未嘗有戰功。

明宗時，以久次爲匡國軍節度使，徙鎮雄武。是時，吐蕃數爲寇，而秦州無亭障，思同列四十餘栅以禦之。居五年，來朝，明宗問以邊事，思同指畫山川，陳其利害。思同去，明宗顧左右曰：「人言思同不管事，能若是邪？」於是始知其材，以爲右武衛上將軍、京兆尹、西京留守。石敬瑭討董璋，思同爲先鋒指揮使，兵入劍門，而後軍不繼，思同與璋戰，不勝而却。敬瑭兵罷，思同徙鎮山南西道，已而復爲京兆尹、西京留守。

應順元年二月〔六〕，潞王從珂反鳳翔，馳檄四鄰，言姦臣幸先帝疾病，賊殺秦王而立幼嗣，侵弱宗室，動摇藩方，陳己所以興兵討亂之狀。因遣伶奴安十十以五絃謁思同〔七〕，欲因其懽以通意。是時，諸鎮皆懷嚮背，所得潞王書檄，雖以上聞，而不絕其使。獨思同執十十及從珂所使推官郝詡等送京師〔八〕。愍帝嘉其忠，即以思同爲西面行營馬步軍都部署。三月，會諸鎮兵圍鳳翔，破東西關城。從珂兵弱而守甚堅，外兵傷死者衆，從珂登城呼外兵而泣曰：「吾從先帝二十年，大小數百戰，甲不解體，金瘡滿身，士卒固嘗從我矣。今先帝新棄天下，而朝廷信用姦人，離間骨肉，我實何罪而見伐乎？」因慟哭。士卒聞者，皆悲憐之。興元張虔釗攻城西，督戰甚急，士卒苦之，反兵攻虔釗，虔釗走。羽林指揮使楊思權呼曰：「潞王，吾主也！」乃引軍自西門入降從珂。而思同未知，猶督戰。嚴衛指揮使尹暉麾其衆曰：「城西軍入城受賞矣，何用戰邪？」士卒解甲棄仗，聲聞數里，遂皆入城降。諸鎮之兵皆潰。思同挺身走，至長安，西京副留守劉遂雍閉門不納，乃走潼關。從珂引兵東，至昭應，前鋒追執思同。從珂責曰：「罪可逃乎？」思同曰：「非不知從王而得生，恐終死不能見先帝於地下。」從珂媿其言，乃殺之。漢高祖即位，贈侍中。【一】

【一】思同東走，將自歸于天子，與元行欽走異，故予其死。

張敬達

張敬達，字志通，代州人也，小字生鐵。少以騎射事唐莊宗爲廳直軍使。明宗時，爲河東馬步軍都指揮使、領欽州刺史，累遷彰國、大同軍節度使，徙鎮武信、晉昌〔九〕。

清泰二年，契丹數犯邊，廢帝以河東節度使石敬瑭兼大同彰國振武威塞等軍蕃漢馬步軍都總管，屯于忻州。屯兵聚噪遮敬瑭呼「萬歲」，敬瑭斬三十餘人以止之。廢帝疑敬瑭有異志，乃以敬達爲北面副總管，以分其兵。明年夏，徙敬瑭鎮天平，遂以敬達爲大同彰國振武威塞等軍蕃漢馬步軍都部署，敬瑭因此遂反。即以敬達爲太原四面招討使。六月，兵圍太原，敬達爲長城連栅、雲梯飛礮以攻之，所爲城栅將成，輒有大風雨、水暴至以壞之。

敬瑭求救于契丹。九月，契丹耶律德光自鴈門入，旌旗相屬五十餘里。德光先遣人告敬瑭曰：「吾欲今日破敵，可乎？」敬瑭報曰：「大兵遠來，而賊勢方盛，要在成功，不必速也。」使者未復命，而兵已交。敬達陣於西山，契丹以羸騎三千，革鞭木鐙，人馬皆不甲冑，以趨唐軍。唐軍爭馳之，契丹兵走，追至汾曲，伏發，斷唐軍爲二，其在北者皆死，死者萬餘人。敬達收軍栅晉安，契丹圍之。廢帝遣趙延壽、范延光等救之。延壽屯團柏谷，延光屯遼州，相去皆百餘里。契丹兵圍敬達者，自晉安寨南，長百餘里，闊五十里，敬達軍中望之，但見穹廬連屬如岡阜，四面亘以毛索，掛鈴爲警，縱犬往來。敬達軍中有夜出者，輒爲契丹所得，由是閉壁不敢復出。延壽等皆有二心，無救敬達意。敬達猶有兵五萬人、馬萬匹，久之食盡，削木篩糞以飼其馬，馬死者食之〔一〇〕，已而馬盡。副招討使楊光遠勸敬達降晉，敬達自以不忍背唐，而救兵且至，光遠促之不已，敬達曰：「諸公何相迫邪！何不殺我而降？」光遠即斬敬達降。契丹耶律德光聞敬達死〔一一〕，哀其忠，遣人收葬之。【一】

【一】本紀責其不誅光遠而諷其殺己以降賊，故不書死而書如其志。而傳録其死者，終嘉其不降也。然己雖不屈而諷人降賊，故不得爲死節。

翟進宗 張萬迪附

翟進宗、張萬迪者，皆不知其何人也。初皆事唐，後事晉，進宗爲淄州刺史，萬迪爲登州刺史。楊光遠反，以騎兵數百脅取二刺史至青州〔二〕，萬迪聽命，而進宗獨不屈，光遠遂殺進宗。出帝贈進宗左武衞上將軍。及光遠平，曲赦青州，雖光遠子孫皆見慰釋，而獨不赦萬迪，暴其罪而斬之。詔求進宗尸，加禮歸葬，葬事官給，以其子仁欽爲東頭供奉官。

沈斌

沈斌，字安時，徐州下邳人也。少爲軍卒，事梁爲拱辰都指揮使。後事唐，從魏王繼岌破蜀，平康延孝，以功爲虢州刺史，歷隨、趙等八州刺史。

晉開運元年，爲祁州刺史。契丹犯塞至于榆林，過祁州，斌以謂契丹深入晉地而歸兵羸乏可擊，即以州兵邀之。契丹以精騎劃門，斌兵多死，城中無備，虜將趙延壽留兵急攻之，延壽招斌降，斌從城上罵延壽曰〔三〕：「公父子誤計，陷于腥膻，忍以犬羊之衆，殘賊父母之邦，斌能爲國死爾，不能效公所爲也！」已而城陷，斌自盡，其家屬皆没于虜。

王清

王清，字去瑕，洺州曲周人也。初事唐爲寧衞指揮使，後事晉爲奉國都虞候。安從進叛襄州，從高行周攻之，逾年不能下，清謂行周曰：「從進閉孤城以自守，其勢豈得久邪？」因請先登，遂攻破之。

開運二年冬〔一四〕，從杜重威戰陽城，清以力戰功爲步軍之最，加檢校司徒。是冬，重威軍中渡橋南，虜軍其北以相拒，而虜以精騎並西山出晉軍後，南擊欒城，斷晉餉道。清謂重威曰：「晉軍危矣！今去鎮州五里，而守死于此，營孤食盡，將若之何？請以步兵二千爲先鋒，奪橋開路，公率諸軍繼進以入鎮州，可以守也。」重威許之，遣與宋彦筠俱前，清與虜戰，敗之，奪其橋。是時，重威已有二志，猶豫不肯進，彦筠亦退走，清曰：「吾獨死於此矣！」因力戰而死，年五十三。漢高祖立，贈清太傅。

史彦超

史彥超，雲州人也。爲人勇悍驍捷。周太祖起魏時，彥超爲漢龍捷都指揮使，以兵從。太祖入立，遷虎捷都指揮使，戍于晉州。劉旻攻晉州，州無主帥，知州王萬敢不能拒，彥超以戍兵堅守月餘，太祖遣王峻救之，旻兵解去。以功遷龍捷右廂都指揮使、領鄭州防禦使。周、漢戰高平，彥超爲前鋒，先登陷陣，以功拜感德軍節度使〔一五〕。周兵圍漢太原，契丹救漢，出忻、代。世宗遣符彥卿拒之，以彥超爲先鋒，戰忻口，彥超勇憤俱發，左右馳擊，解而復合者數四，遂歿于陣。

是時，世宗敗漢高平，乘勝而進，圍城之役，諸將議不一，故久無成功。世宗欲解去而未決，聞彥超戰死，遽班師，倉卒之際，亡失甚衆。世宗既惜彥超而憤無成功，憂忿不食者數日。贈彥超太師，優卹其家焉。

孫晟

孫晟初名鳳，又名忌，密州人也。好學，有文辭，尤長於詩。少爲道士，居廬山簡寂宮。常畫唐詩人賈島像置于屋壁，晨夕事之。簡寂宮道士惡晟，以爲妖，以杖驅出之。乃儒服北之趙、魏，謁唐莊宗于鎮州，莊宗以晟爲著作佐郎。

天成中，朱守殷鎮汴州，辟爲判官。守殷反，伏誅，晟乃棄其妻子，亡命陳宋之間。安重誨惡晟，以謂教守殷反者晟也，畫其像購之，不可得，遂族其家。

晟奔于吳。是時，李昪方篡楊氏，多招四方之士，得晟，喜其文辭，使爲教令，由是知名。晟爲人口吃，遇人不能道寒暄，已而坐定，談辯鋒生，聽者忘倦。昪尤愛之，引與計議，多合意，以爲右僕射，與馮延巳並爲昪相。晟輕延巳爲人，常曰：「金椀玉盃而盛狗屎，可乎？」晟事昪父子二十餘年，官至司空，家益富驕，每食不設几案，使衆妓各執一器，環立而侍，號「肉臺盤」，時人多效之。

周世宗征淮，李景懼，始遣泗州牙將王知朗至徐州〔六〕，奉書以求和，世宗不答。又遣翰林學士鍾謨、文理院學士李德明奉表稱臣，不答。乃遣禮部尚書王崇質副晟奉表，謨與晟等皆言景願割壽、濠、泗、楚、光、海六州之地，歲貢百萬以佐軍。而世宗已取滁、揚、濠、泗諸州，欲盡取淮南乃止，因留使者不遣，而攻壽州益急。謨等見世宗英武非景敵，而師甚盛，壽春且危，乃曰：「願陛下寬臣五日之誅，容臣還取景表，盡獻江北諸州〔七〕。」世宗許之，遣供奉官安弘道押德明、崇質南還，而謨與晟皆見留。德明等既還，景悔，不肯割地。世宗亦以暑雨班師，留李重進、張永德等分攻廬、壽。周兵所得揚、泰諸州，皆不能守，景兵復振。重進與永德兩軍相疑，有隙，永德上書言重進反，世宗不聽。景知二將之相疑也，乃以蠟丸書遺重進，勸其反。

初，晟之奉使也，語崇質曰：「吾行必不免，然吾終不負永陵一抔土也。」永陵者，昪墓也。及崇質還，而晟與鍾謨俱至京師，館于都亭驛，待之甚厚，每朝會入閤，使班東省官後，召見必飲以醇酒。已而周兵數敗，盡失所得諸州，世宗憂之，召晟問江南事，晟不對，世宗怒，未有以發。會重進以景蠟丸書來上，多斥周過惡以爲言，由是發怒曰：「晟來使我，言景畏吾神武，願得北面稱臣，保無二心，安得此指斥之言乎？」亟召侍衛軍虞候韓通收晟下獄，及其從者二百餘人皆殺之〔一八〕。晟臨死，世宗猶遣近臣問之，晟終不對，神色怡然，正其衣冠南望而拜曰：「臣惟以死報國爾！」乃就刑。晟既死，鍾謨亦貶耀州司馬。其後，世宗怒解，憐晟忠，悔殺之，召拜鍾謨衞尉少卿。景已割江北，遂遣謨還，而景聞晟死，亦贈魯國公。

校勘記

〔一〕梁貞明三年　本書卷三梁本紀、舊五代史卷八梁末帝紀上、卷一三劉鄩傳、通鑑卷二六九皆繫其事於貞明元年。

〔二〕來昭　本書卷五唐本紀、舊五代史卷二八唐莊宗紀二、通鑑卷二六九作「米昭」。

〔三〕爲護衛指揮使　「護衛指揮使」，原作「衛護指揮使」，據舊五代史卷七〇夏魯奇傳、册府卷三六〇、卷三九三、卷三九六改。

〔四〕周德威　原作「周從威」，據宗文本、舊五代史卷七〇夏魯奇傳、册府卷三四七、卷三六〇、卷三九六改。

〔五〕單廷珪　原作「單延珪」，據宗文本、舊五代史卷七〇夏魯奇傳、册府卷三四七、卷三九六（明本）改。

〔六〕應順元年二月　「元年」，原作「二年」，據南監本改。「二月」二字原闕，據宗文本補。按本書卷七唐本紀、舊五代史卷四六唐末帝紀上，從珂反在應順元年二月。

〔七〕因遣伶奴安十十以五弦諷思同　舊五代史卷六五王思同傳敍其事作「乃令小伶安十十以五弦妓見思同」。通鑑卷二七九：「餌以美妓。」

〔八〕郝詡　册府卷一七二（宋本）、卷三七四（明本）、通鑑卷二七九同，舊五代史卷六五王思同傳、册府卷三七四（宋本）、卷六八六作「郝昭」。

〔九〕徙鎮武信晉昌　舊五代史卷七〇張敬達傳敍其事作「自彭門移鎮平陽」。按武信軍治遂州，晉昌軍後晉置於長安。彭門即徐州武寧軍，平陽即晉州。錢大昕考異卷六二云歐史殆誤晉州爲晉昌，又誤武寧爲武信。

〔一〇〕馬死者食之　「馬」字原闕，據宗文本補。

〔二〕契丹耶律德光聞敬達死　「敬達」，原作「敬遠」，據宋丙本、宗文本及本卷上文改。

〔三〕以騎兵數百脅取二刺史至青州　「數」字原闕，據宗文本補。

〔三〕虜將趙延壽留兵急攻之延壽招斌降斌從城上罵延壽曰　「留兵急攻之延壽」、「降斌」九字原闕，據宗文本補。按御覽卷二五五引五代史：「趙延壽知其無兵，遂與蕃賊急攻之，仍呼謂斌……斌登城呼而報曰。」

〔四〕開運二年冬　本書卷九晉本紀、舊五代史卷九五王清傳、通鑑卷二八四皆繫其事於開運二年三月。按本卷下文復云「是冬」。

〔五〕以功拜感德軍節度使　「感德軍節度使」，舊五代史卷一一四周世宗紀一、卷一二四史彥超傳敍其事作「華州節度使」。通鑑卷二九一：「賞高平之功……史彥超爲鎮國節度使。」按五代無感德軍，華州號感化軍，後唐同光元年改名鎮國軍。

〔六〕始遣泗州牙將王知朗至徐州　「徐州」，舊五代史卷一一六周世宗紀三、馬令南唐書卷四、卷一一六作「滁州」。按本書卷一二周本紀、舊五代史卷一一六周世宗紀三，時世宗親征，方克滁州，故王知朗赴滁州奉書。

〔七〕盡獻江北諸州　「江北」，原作「淮北」，據宋丙本、宗文本、本書卷六二南唐世家、舊五代史卷一一六周世宗紀三、册府卷一六七、通鑑卷二九三、馬令南唐書卷四、卷一六改。

〔八〕及其從者二百餘人皆殺之　「二百」，舊五代史卷一三一孫晟傳、通鑑卷二九三作「百」。

新五代史卷三十四

一行傳第二十二

嗚呼，五代之亂極矣，傳所謂「天地閉，賢人隱」之時歟！當此之時，臣弑其君，子弑其父，而搢紳之士安其禄而立其朝，充然無復廉恥之色者皆是也。吾以謂自古忠臣義士多出於亂世，而怪當時可道者何少也，豈果無其人哉？雖曰干戈興，學校廢，而禮義衰，風俗隳壞，至於如此，然自古天下未嘗無人也，吾意必有絜身自負之士，嫉世遠去而不可見者。自古材賢有韞于中而不見于外，或窮居陋巷，委身草莽，雖顏子之行，不遇仲尼而名不彰，况世變多故，而君子道消之時乎！吾又以謂必有負材能，脩節義，而沉淪于下，泯没而無聞者。求之傳記，而亂世崩離，文字殘缺，不可復得，然僅得者四五人而已。

處乎山林而羣麋鹿，雖不足以爲中道，然與其食人之禄，俛首而包羞，孰若無愧於心，放身而自得？吾得二人焉，曰鄭遨、張薦明。勢利不屈其心，去就不違其義，吾得一人焉，曰石昂。苟利於君，以忠獲罪，而何必自明，有至死而不言者，此古之義士也，吾得一人焉，曰程福贇。五代之亂，君不君，臣不臣，父不父，子不子，至於兄弟、夫婦人倫之際，無不大壞，而天理幾乎其滅矣。於此之時，能以孝悌自脩於一鄉，而風行於天下者，猶或有之，然其事迹不著，而無可紀次，獨其名氏或因見於書者，吾亦不敢没，而其略可録者，吾得一人焉，曰李自倫。作一行傳。

鄭遨 張薦明附

鄭遨，字雲叟，滑州白馬人也。唐明宗祖廟諱遨，故世行其字。遨少好學，敏於文辭。唐昭宗時，舉進士不中，見天下已亂，有拂衣遠去之意，欲攜其妻子與俱隱，其妻不從，遨乃入少室山爲道士。其妻數以書勸遨還家，輒投之於火，後聞其妻子卒，一慟而止。

遨與李振故善，振後事梁貴顯，欲以禄遨，遨不顧，後振得罪南竄，遨徒步千里往省之，由是聞者益高其行。

其後，遨聞華山有五粒松，脂淪入地，千歲化爲藥，能去三尸，因徙居華陰，欲求之。與道士李道殷、羅隱之友善，世目以爲三高士。遨種田，隱之賣藥以自給，道殷有釣魚術，鈎而不餌，又能化石爲金，遨嘗驗其信然，而不之求也。節度使劉遂凝數以寶貨遺之，遨一不受。唐明宗時以左拾遺、晉高祖時以諫議大夫召之，皆不起，即賜號爲「逍遥先生」。天福四年卒，年七十四。

遨之節高矣，遭亂世不汚於榮利，至棄妻子不顧而去，豈非與世自絶而篤愛其身者歟〔一〕？然遨好飲酒弈棊，時時爲詩章落人間，人間多寫以縑素，相贈遺以爲寶，至或圖寫其形，玩于屋壁，其迹雖遠而其名愈彰，與乎石門、荷蓧之徒異矣。

與遨同時有張薦明者〔二〕，燕人也。少以儒學遊河朔，後去爲道士，通老子、莊周之説。高祖召見，問：「道家可以治國乎？」對曰：「道也者，妙萬物而爲言，得其極者，尸居袵席之間可以治天地也。」高祖大其言，延入内殿講道德經，拜以爲師。薦明聞宫中奏時鼓，曰：「陛下聞鼓乎？其聲一而已。五音十二律，鼓無一焉，然和之者鼓也。夫一，萬事之本也，能守一者可以治天下。」高祖善之，賜號「通玄先生」，後不知其所終。

石昂

石昂，青州臨淄人也。家有書數千卷，喜延四方之士，士無遠近，多就昂學問，食其門下者或累歲，昂未嘗有怠色。而昂不求仕進。節度使符習高其行，召以爲臨淄令。習入朝京師，監軍楊彦朗知留後事，昂以公事至府上謁，贊者以彦朗諱「石」，更其姓曰「右」〔三〕。昂趨于庭，仰責彦朗曰〔四〕：「内侍奈何以私害公！昂姓『石』，非『右』也。」彦朗大怒，拂衣起，去，昂即趨出。解官還于家，語其子曰：「吾本不欲仕亂世，果爲刑人所辱，子孫其以我爲戒！」

昂父亦好學，平生不喜佛説，父死，昂於柩前誦尚書，曰：「此吾先人之所欲聞也。」禁其家：「不可以佛事污吾先人。」

晉高祖時，詔天下求孝悌之士，户部尚書王權、宗正卿石光贊、國子祭酒田敏、兵部侍郎王延等相與詣東上閤門，上昂行義可以應詔。詔昂至京師，召見便殿，以爲宗正丞。遷少卿。出帝即位，晉政日壞，昂數上疏極諫，不聽，乃稱疾東歸，以壽終于家。昂既去，而晉室大亂。

程福贇

程福贇者，不知其世家。爲人沉厚寡言而有勇。少爲軍卒，以戰功累遷洺州團練使。晉出帝時，爲奉國右廂都指揮使〔五〕。開運中，契丹入寇，出帝北征，奉國軍士乘間夜縱火焚營，欲因以爲亂，福贇身自救火被傷，火滅而亂者不得發。福贇以爲契丹且大至，而天子在軍，京師虛空，不宜以小故動揺人聽，因匿其事不以聞。軍將李殷位次福贇下，利其去而代之，因誣福贇與亂者同謀，不然何以不奏。出帝下福贇獄，人皆以爲冤，福贇終不自辨以見殺。

李自倫

李自倫者，深州人也。天福四年正月，尚書户部奏：「深州司功參軍李自倫六世同居，奉敕准格。按格，孝義旌表，必先加按驗，孝者復其終身，義門仍加旌表。得本州審到鄉老程言等稱，自倫高祖訓，訓生粲，粲生則，則生忠，忠生自倫，自倫生光厚，六從同居不妄〔六〕。」敕以所居飛鳧鄉爲孝義鄉、匡聖里爲仁和里，准式旌表門閭。

九月丙子，户部復奏：「前登州義門王仲昭六世同居，其旌表有聽事、步欄，前列屏，樹烏頭，正門閥閱一丈二尺，烏頭二柱端冒以瓦桶〔七〕，築雙闕一丈，在烏頭之南三丈七尺，夾樹槐柳，十有五步，請如之。」敕曰：「此故事也，令式無之。其量地之宜，高其外門，門安綽楔，左右建臺，高一丈二尺，廣狹方正稱焉，圬以白而赤其四角，使不孝不義者見之，可以悛心而易行焉。」

校勘記

〔一〕豈非與世自絶而篤愛其身者歟　「自絶」，宋丙本、宗文本作「相絶」。

〔二〕與遨同時有張薦明者　「有」字原闕，據宋丙本、宗文本補。

〔三〕更其姓曰右　「姓」，原作「名」，據宋丙本、宗文本、詳節卷五改。

〔四〕仰責彦朗曰　「仰」，原作「昂」，據宋丙本、宗文本改。

〔五〕爲奉國右廂都指揮使　「右」，舊五代史卷九五程福贇傳作「左」。册府卷一一三記其職作「奉國左第三軍都指揮使」。

〔六〕六從同居不妄　「六從」，宋丙本、宗文本、詳節卷五作「六世」。册府卷一四〇敍其事作「六從弟兄同居不妄」。

〔七〕烏頭二柱端冒以瓦桶　「瓦桶」，舊五代史卷七八晉高祖紀四、册府卷一四〇作「瓦桷」。

新五代史卷三十五

唐六臣傳第二十三

甚哉，白馬之禍，悲夫，可爲流涕者矣！然士之生死，豈其一身之事哉？初，唐天祐三年〔一〕，梁王欲以嬖吏張廷範爲太常卿〔二〕，唐宰相裴樞以謂太常卿唐常以清流爲之，廷範乃梁客將，不可。梁王由此大怒，曰：「吾常語裴樞純厚不陷浮薄，今亦爲此邪！」是歲四月，彗出西北，掃文昌、軒轅、天市，宰相柳璨希梁王旨，歸其譴於大臣，於是左僕射裴樞獨孤損、右僕射崔遠、守太保致仕趙崇、兵部侍郎王贊、工部尚書王溥、吏部尚書陸扆皆以無罪貶，同日賜死于白馬驛。凡搢紳之士與唐而不與梁者，皆誣以朋黨，坐貶死者數百人，而朝廷爲之一空〔三〕。

明年三月，唐哀帝遜位于梁，遣中書侍郎、同中書門下平章事張文蔚爲册禮使，禮部尚書蘇循爲副；中書侍郎、同中書門下平章事楊涉爲押傳國寶使，翰林學士、中書舍人張策爲副；御史大夫薛貽矩爲押金寶使，尚書左丞趙光逢爲副。四月甲子，文蔚等自上源驛奉册寶，乘輅車，導以金吾仗衞、太常鹵簿，朝梁于金祥殿。王衮冕南面，臣文蔚、臣循奉册升殿，進讀已，臣涉、臣策奉傳國璽，臣貽矩、臣光逢奉金寶，以次升，進讀已，降，率文武百官北面舞蹈再拜賀。

夫一太常卿與社稷孰爲重？使樞等不死，尚惜一卿，其肯以國與人乎？雖樞等之力未必能存唐，然必不亡唐而獨存也。嗚呼！唐之亡也，賢人君子既與之共盡，其餘在者皆庸懦不肖、傾險獪猾、趨利賣國之徒也。不然，安能蒙恥忍辱於梁庭如此哉！作唐六臣傳。

張文蔚

張文蔚，字右華〔四〕，河間人也。初以文行知名，舉進士及第。唐昭宗時，爲翰林學士承旨。是時，天子微弱，制度已隳，文蔚居翰林，制詔四方，獨守大體。昭宗遷洛，拜中書侍郎、同中書門下平章事。柳璨殺裴樞等七人，蔓引朝士，輒加誅殺，縉紳相視以目，皆不自保，文蔚力講解之，朝士多賴以全活。

梁太祖立〔五〕，仍以文蔚爲相，梁初制度皆文蔚所裁定。文蔚居家亦孝悌。開平二年，太祖北巡，留文蔚西都，以暴疾卒〔六〕，贈右僕射。

楊涉

楊涉，祖收，唐懿宗時宰相；父嚴〔七〕，官至兵部侍郎。涉舉進士，昭宗時爲吏部尚書。哀帝即位，拜中書侍郎、同中書門下平章事。涉，唐名家，世守禮法，而性特謹厚，不幸遭唐之亂。拜相之日，與家人相對泣下，顧謂其子凝式曰：「吾不能脱此網羅，禍將至矣，必累爾等。」唐亡，事梁爲門下侍郎、同中書門下平章事，在位三年，俛首無所施爲，罷爲左僕射、知貢舉。後數年卒。

子凝式，有文詞，善筆札，歷事梁、唐、晉、漢、周，常以心疾致仕，居于洛陽，官至太子太保。

張策

張策，字少逸，河西燉煌人也。父同，爲唐容管經略使。策少聰悟好學，通章句。父初，是黄初元年無二月也，銘何謬邪？」同大驚異之。

同居洛陽敦化里，浚井得古鼎，銘曰：「魏黄初元年春二月，匠吉千。」同以爲奇，策時年十三，居同側，啓曰：「漢建安二十五年，曹公薨，改元延康。是歲十月，文帝受禪，又改黄初，是黄初元年無二月也，銘何謬邪？」同大驚異之。

策少好浮圖之説，乃落髪爲僧，居長安慈恩寺。黄巢犯長安，策乃返初服，奉父母以避亂，居田里十餘年。召拜廣文館博士。邠州王行瑜辟觀察支使。晉王李克用攻行瑜，策與婢肩輿其母東歸，行積雪中，行者憐之。梁太祖兼四鎮，辟鄭滑支使，以母喪解職。服除，入唐爲膳部員外郎，華州韓建辟判官。建徙許州，以爲掌書記。建遣策聘于太祖，太祖見而喜曰：「張夫子至矣。」遂留以爲掌書記，薦之于朝，累拜中書舍人、翰林學士。太祖即位，遷工部侍郎、奉旨。開平二年，拜刑部侍郎、同中書門下平章事，遷中書侍郎。以風恙罷爲刑部尚書致仕。卒于洛陽。

趙光逢

趙光逢，字延吉。父隱，唐左僕射〔八〕。光逢在唐以文行知名，時人稱其方直温潤，謂之「玉界尺」。昭宗時爲翰林學士承旨、御史中丞，以世亂棄官，居洛陽，杜門絶人事者五六年。柳璨爲相，與光逢有舊恩，起光逢爲吏部侍郎、太常卿。唐亡，事梁爲中書侍郎、同中書門下平章事，累遷左僕射，以太子太保致仕〔九〕。末帝即位，起爲司空、同中書門下平章事，復以司徒致仕。唐天成中，即其家拜太保，封齊國公。卒，贈太傅。

薛貽矩

薛貽矩，字熙用，河東聞喜人也。仕唐爲兵部侍郎、翰林學士承旨。昭宗自岐還長安，大誅宦者，貽矩時爲中尉韓全誨等作畫像贊，坐左遷。貽矩乃自結於梁太祖，太祖言之於朝，拜吏部尚書，遷御史大夫。天祐三年〔一〇〕，太祖自長蘆還軍，哀帝遣貽矩來勞，貽矩以臣禮見，太祖揖之升階，貽矩曰：「殿下功德及人，三靈改卜，皇帝方行舜禹之事，臣安敢違？」乃稱臣拜舞，太祖側身以避之。貽矩還，遂趣哀帝遜位。太祖即位，拜貽矩中書侍郎、同中書門下平章事，累拜司空。貽矩爲梁相五年。卒，贈侍中。

蘇循 杜曉附

蘇循，不知何許人也。爲人巧佞，阿諛無廉恥，惟利是趨。事唐爲禮部尚書。是時，梁太祖已弑昭宗〔二〕，立哀帝，唐之舊臣皆憤惋切齒，或俛首畏禍，或去不仕，而循特傅會梁，以希進用。梁兵攻楊行密，大敗于淠河，太祖躁忿，急於禪代，欲邀唐九錫，羣臣莫敢當其議，獨循倡言：「梁王功德，天命所歸，宜即受禪。」明年，梁太祖即位，循爲册禮副使。

循有子楷，乾寧中，舉進士及第，昭宗遺學士陸扆覆落之，楷常慚恨。及昭宗遇弑，唐政出於梁，楷爲起居郎，與柳璨、張廷範等相結，因謂廷範曰：「夫謚者，所以易名而貴信也。前有司謚先帝曰『昭』，名實不稱，公爲太常卿，予史官也，不可以不言。」乃上疏駁議。而廷範本梁客將，嘗求太常卿不得者，廷範亦以此怨唐，因下楷疏廷範。廷範議曰：「臣聞執事堅固之謂恭，亂而不損之謂靈，武而不遂之謂莊，在國逢難之謂閔，因事有功之謂襄，請改謚昭宗皇帝曰恭靈莊閔皇帝，廟號襄宗。」

梁太祖已即位，置酒玄德殿，顧羣臣自陳德薄不足以當天命，皆諸公推戴之力。唐之舊臣楊涉、張文蔚等皆慚懼俯伏不能對，獨循與張禕、薛貽矩盛稱梁王功德，所以順天應人者。循父子皆自以附會梁得所託，旦夕引首，希見進用，敬翔尤惡之，謂太祖曰：「梁室新造，宜得端士以厚風俗，循父子皆無行，不可立於新朝。」於是父子皆勒歸田里，乃依朱友謙於河中。其後，友謙叛梁降晉，晉王將即位，求唐故臣在者，以備百官之闕，友謙遣循至魏州。是時，梁未滅，晉諸將相多不欲晉王即帝位。晉王之意雖鋭，將相大臣未有贊成其議者。循始至魏州，望州廨聽事即拜，謂之「拜殿」。及入謁，蹈舞呼萬歲而稱臣，晉王大悦。明日又獻「畫日筆」三十管，晉王益喜，因以循爲節度副使。已而病卒。莊宗即位，贈左僕射。

楷，同光中爲尚書員外郎。明宗即位，大臣欲理其駁謚之罪，以憂死。

當唐之亡也，又有杜曉者，字明遠。祖審權，父讓能，皆爲唐相。昭宗時，王行瑜、李茂貞兵犯京師，昭宗殺讓能於臨臯以自解。曉以父死無罪，居喪哀毁，服除，布衣幅巾，自廢十餘年。崔胤判鹽鐵，辟巡官，除畿縣尉、直昭文館，皆不起。崔遠判户部，又辟巡官。或謂曉曰：「嵇康死，子紹自廢不出仕，山濤以物理責之，乃仕。吾子忍令杜氏歲時鋪席祭其先人同匹庶乎？」曉乃爲之起。累遷膳部郎中、翰林學士。梁太祖即位，遷工部侍郎、奉旨。開平二年[一三]，拜中書侍郎、同中書門下平章事。友珪立，遷禮部尚書、集賢殿大學士。袁象先等討賊，兵大掠，曉爲亂兵所殺，贈右僕射。

嗚呼！始爲朋黨之論者誰歟？甚乎作俑者也，真可謂不仁之人哉！予嘗至繁城，讀魏受禪碑，見漢之羣臣稱魏功德，而大書深刻，自列其姓名，以夸耀于世。又讀梁實録，見文蔚等所爲如此，未嘗不爲之流涕也。夫以國予人而自夸耀，及遂相之，此非小人，孰能爲也？漢、唐之末，舉其朝皆小人也，而其君子者何在哉！當漢之亡也，先以朋黨禁錮天下賢人君子，而立其朝者，皆小人也，然後漢從而亡。及唐之亡也，又先以朋黨盡殺朝廷之士，而其餘存者，皆庸懦不肖傾險之人也，然後唐從而亡。

夫欲空人之國而去其君子者，必進朋黨之説；欲孤人主之勢而蔽其耳目者，必進朋黨之説；欲奪國而與人者，必進朋黨之説。夫爲君子者，故嘗寡過，小人欲加之罪，則有可誣者，有不可誣者，不能遍及也。至欲舉天下之善，求其類而盡去之，惟指以爲朋黨耳。故其親戚故舊，謂之朋黨可也；交游執友，謂之朋黨可也；宦學相同，謂之朋黨可也；門生故吏，謂之朋黨可也。是數者，皆其類也，皆善人也。故曰：欲空人之國而去其君子者，惟以朋黨罪之，則無免者矣。夫善善之相樂，以其類同，此自然之理也。故聞善者必相稱譽，稱譽則謂之朋黨，得善者必相薦引，薦引則謂之朋黨。使人聞善不敢稱，則人主之耳不聞有善于下矣〔一三〕，見善不敢薦，則人主之目不得見善人矣。善人日遠，而小人日進，則爲人主者，倀倀然誰與之圖治安之計哉？故曰：欲孤人主之勢而蔽其耳目者，必用朋黨之説也。一君子存，羣小人雖衆，必有所忌，而有所不敢爲，惟空國而無君子，然後小人得肆志於無所不爲，則漢魏、唐梁之際是也。故曰：可奪國而予人者，由其國無君子，空國而無君子，由以朋黨而去之也。

嗚呼，朋黨之説，人主可不察哉！傳曰「一言可以喪邦」者，其是之謂與！可不鑒哉！可不戒哉！

校勘記

〔一〕唐天祐三年　舊唐書卷二〇下哀帝紀、新唐書卷一〇哀帝紀、通鑑卷二六五皆繫其事於天祐二年。

〔二〕張廷範　原作「張延範」，據宗文本、詳節卷五改。舊唐書卷二〇下哀帝紀、舊五代史卷六〇蘇循傳敍其事皆作「張廷範」。按新唐書卷二二三下有張廷範傳。本卷下文同。

〔三〕而朝廷爲之一空　「一」字原闕，據宋丙本、宗文本、吴縝纂誤卷上引五代史、詳節卷五補。

〔四〕字右華　新唐書卷七二下宰相世系表二下作「字在華」。

〔五〕梁太祖立　「立」字原闕，據宋丙本、名賢氏族言行類稿卷二五補。

〔六〕以暴疾卒　「疾」字原闕，據宋丙本、宗文本補。

〔七〕楊涉祖收唐懿宗時宰相父嚴　據舊唐書卷一七七楊收傳、新唐書卷一八四楊收傳、卷七一下宰相世系表一下、北夢瑣言卷一二，楊遺直生發、假、收、嚴四子，嚴子涉、注，收於涉爲從父，此云「祖收」，疑誤。

〔八〕唐左僕射　「左」，舊五代史卷五八趙光逢傳、舊唐書卷一九下僖宗紀作「右」。

〔九〕以太子太保致仕　「太子」二字原闕，據宋丙本、宗文本、吳縝纂誤卷中引五代史、舊五代史卷五八趙光逢傳補。

〔一〇〕天祐三年　舊五代史卷三梁太祖紀三、卷一八薛貽矩傳、舊唐書卷二〇下哀帝紀皆繫其事於天祐四年。通鑑卷二六六繫其事於開平元年，按開平元年即天祐四年。

〔一一〕梁太祖已弑昭宗　「梁」字原闕，據宋丙本、宗文本補。

〔一二〕開平二年　本書卷二梁本紀、舊五代史卷五梁太祖紀五、通鑑卷二六七皆繫其事於開平三年。

〔一三〕使人聞善不敢稱則人主之耳不聞有善于下矣　「則」，原作「譽」，據宗文本、詳節卷五、文忠集卷一六〇引歐陽脩五代史唐六臣傳贊改。

新五代史卷三十六

義兒傳第二十四

嗚呼！世道衰，人倫壞，而親疏之理反其常，干戈起於骨肉，異類合爲父子。開平、顯德五十年間，天下五代而實八姓，其三出於丐養。蓋其大者取天下，其次立功名、位將相，豈非因時之隙，以利合而相資者邪！唐自號沙陀，起代北，其所與俱皆一時雄傑虣武之士〔一〕，往往養以爲兒，號「義兒軍」，至其有天下，多用以成功業，及其亡也亦由焉。太祖養子多矣，其可紀者九人，其一是爲明宗，其次曰嗣昭、嗣本、嗣恩、存信、存孝、存進、存璋、存賢。作義兒傳。〔二〕

〔二〕李存審，後復以符氏大顯，故別自爲傳。

李嗣昭

李嗣昭，本姓韓氏，汾州太谷縣民家子也。太祖出獵，至其家，見其林中鬱鬱有氣，甚異之，召其父問焉。父言家適生兒，太祖因遺以金帛而取之，命其弟克柔養以爲子。初名進通〔一〕，後更名嗣昭。嗣昭爲人短小，而膽勇過人。初喜嗜酒，太祖嘗微戒之，遂終身不飲。太祖愛其謹厚，常從用兵，爲衙内指揮使。

陝州王珙與其兄珂爭立於河中，遣嗣昭助珂，敗珙於猗氏，獲其將三人。梁軍救珙，嗣昭又敗之于胡壁堡，執其將一人。光化元年，澤州李罕之襲潞州以降梁，梁遣丁會應罕之，嗣昭與會戰含山，執其將一人，斬首三千級，遂取澤州。二年，晉遣李君慶攻梁潞州，君慶爲梁所敗，太祖酖殺君慶，嗣昭攻克之。三年，出山東，取梁洺州。梁太祖自將攻之，遣葛從周設伏於青山口。嗣昭聞梁太祖自來，棄城走，前遇伏兵，因大敗。

天復元年，梁破河中，執王珂，取晉、絳、慈、隰，因大舉擊晉，圍太原。嗣昭日以精騎出擊梁兵，會大雨，梁軍解去。晉汾州刺史李瑭叛降梁軍，梁軍已去，嗣昭復取汾州，斬瑭。遂出陰地，取慈州，降其刺史唐禮。又取隰州，降其刺史張瓌。是歲，梁軍西犯京師，圍鳳翔，嗣昭乘間攻梁晉、絳，戰平陽，執梁將一人。進攻蒲縣，梁朱友寧、氏叔琮以兵十萬迎擊之，嗣昭等敗走，友寧追之，晉遣李存信率兵迎嗣昭，存信又敗，梁軍遂圍太原，而慈、隰、汾州復入于梁。太祖大恐，謀走雲州，李存信等勸太祖奔于契丹，嗣昭力爭，以爲不可，賴劉太妃亦言之，乃止。嗣昭晝夜出奇兵擊梁軍，梁軍解去，嗣昭復取汾、慈、隰。是時，鎮、定皆已絶晉而附梁。晉外失大國之援，内亡諸州，仍歲之間，孤城被圍者再。於此時，嗣昭力戰之功爲多。

天祐三年，與周德威攻梁潞州，降丁會，以嗣昭爲昭義軍節度使。梁遣李思安將兵十萬攻潞，築夾城以圍之。梁太祖嘗遣人招降嗣昭，嗣昭斬其使者，閉城拒守。踰年，莊宗始攻破夾城。嗣昭完緝兵民，撫養甚有恩意。梁、晉戰胡柳，晉軍敗，周德威戰死。莊宗懼，欲收兵還臨濮，嗣昭曰：「梁軍已勝，日暮思歸〔三〕。吾若收軍，使彼休息，整而復出，何以當之？宜以精騎撓之，因其勞乏，可以勝也。」莊宗然之。是時，梁軍已登無石山，莊宗遣嗣昭轉擊山北，而自以銀槍軍趨而呼曰：「今日之戰，得山者勝！」晉軍皆爭登山〔四〕，梁軍遽下，陣於山西，晉軍從上急擊，大敗之。於是晉城德勝矣。周德威死，嗣昭權知幽州，居數月，以李紹宏代之。嗣昭將去，幽州人皆號哭閉關遮留之，嗣昭夜遯，乃得去。

十九年，從莊宗擊契丹於望都，莊宗爲契丹圍之數十重〔五〕，嗣昭以三百騎決圍，取莊宗以出。是時，晉遣閻寶攻張文禮於鎮州，寶爲鎮人所敗，乃以嗣昭代之。鎮兵出掠九門，嗣昭以奇兵擊之，鎮軍且盡，餘三人匿破垣中，嗣昭馳馬射之，反爲賊射中腦，嗣昭顧箙中矢盡，拔矢于腦，射殺一人，還營而卒。

嗣昭諸子，繼儔長而懦，其弟繼韜囚之以自立，莊宗方與梁兵相持河上，不暇究其事，因即以爲安義軍留後〔六〕。繼韜委其政於魏琢、申蒙，琢等常教繼韜反，繼韜未決。莊宗在魏，以事召監軍張居翰、節度判官任圜。琢等以謂莊宗召居翰等問繼韜事，繼韜且見誅，因以語趣之。繼韜乃遣其弟繼遠入梁，梁末帝即拜繼韜同中書門下平章事。居數月，莊宗滅梁，繼韜將走契丹，會赦至，乃已，因隨其母朝于京師。繼遠諫曰：「兄爲臣子，以反爲名，復何面以見天子？且潞城堅而倉廩實，不如閉城坐食積粟，以延歲月，愈於往而就戮也。」繼韜不聽。繼韜母楊氏，善畜財，平生居積行販，至貲百萬。當嗣昭爲梁圍以夾城彌年，軍用乏絶，楊氏之積，蓋有助焉。至是乃齎銀數十萬兩至京師，厚賂宦官、伶人。宦官、伶人皆言：「繼韜初無惡意，爲姦人所悮耳。」楊夫人亦以賂謁劉皇后，劉皇后爲言：「嗣昭功臣，宜蒙恩貸。」由是莊宗釋繼韜。嘗從獵，寵倖無間。李存渥尤切齒，數詆責之，繼韜懷不自安，復賂宦官、伶人求歸鎮，莊宗不許。繼韜陰使人告繼遠，令起變於軍中，冀天子遣己往安緝之，事泄，斬于天津橋。其二子嘗爲質于梁，莊宗破梁得之，撫其背曰：「爾幼，猶能佐其父反，長復何爲乎？」至是因并誅之。即遣人斬繼遠，以繼儔知潞州事。

已而召繼儔還京師，繼儔悉取繼韜妓妾珍翫，而不時即路。其弟繼達怒曰：「吾兄父子誅死，而大兄不仁，利其貲財，淫其妻妾，吾所不忍也！」乃服縗麻，引數百騎坐戟門，使人入殺繼儔。節度副使李繼珂募市人千餘攻繼達，繼達走城外，自剄死。

嗣昭七子。至明宗時，子繼能坐笞殺其母主藏婢，婢家告變，言繼能反〔七〕，與其弟繼襲皆見殺，惟一子繼忠僅免。繼忠家于晉陽，楊氏所積餘貲猶鉅萬，晉高祖自太原起兵，召契丹爲援，契丹求賂，高祖貸于繼忠以取足。高祖入立，甚德之，以爲沂、棣、單三州刺史，開運中卒。楊氏平生積產，嗣昭父子三人賴之。

嗣本

嗣本，本姓張氏，鴈門人也。世爲銅冶鎮將。嗣本少事太祖，太祖愛之，賜以姓名，養爲子。從擊居庸關，以功遷義兒軍使。從破王行瑜，遷威遠軍使。從攻羅弘信，以先鋒兵破湯陰。從莊宗破潞州夾城。累以戰功遷代州刺史、雲州防禦使、振武節度使，號「威信可汗」。天祐十三年，從莊宗擊劉鄩於故元城，下洺、磁諸州，六月，還軍振武。契丹入代北，攻破蔚州〔八〕，嗣本戰歿。

嗣恩

嗣恩，本姓駱，吐谷渾部人也。少事太祖，能騎射，爲鐵林軍將，稍以戰功遷突陣指揮使，賜姓名，以爲子。從敗康懷英於河西〔九〕，遷左廂馬軍都指揮使。從李嗣昭援朱友謙於河中，與梁兵力戰，矟中其口，戰不已。遷遼州刺史。從莊宗入魏，遷天雄軍馬步都指揮使。劉鄩攻太原，兵趣樂平，嗣恩從後追之，自佗道先入太原以守。鄩兵去，嗣恩亦以兵會莊宗于魏，從戰于莘。遷代州刺史、石嶺關已北都知兵馬使，振武節度使。天祐十五年，卒于太原。追贈太尉。

存信

存信，本姓張氏。其父君政，回鶻李思忠之部人也。存信少善騎射，能四夷語，通六蕃書。從太祖起代北，入關破黄巢，累以功爲馬步軍都指揮使，遂賜姓名，以爲子。存信與存孝俱爲養子，材勇不及存孝，而存信不爲之下，由是交惡，存孝所爲，存信每沮激之，存孝卒得罪死。而存信數從征伐，以功領郴州刺史。太祖遣將兵救朱宣，存信屯于莘縣，爲羅弘信所擊，存信敗，亡太祖子落落。後從太祖討劉仁恭，大敗于安塞。太祖大怒，顧存信曰：「昨日吾醉，公獨不能爲我戰邪〔一〇〕？古人三敗，公已二矣。」將殺之，存信叩頭謝罪而免。由是大懼，常稱疾。天復二年卒，年四十一。

存孝

存孝，代州飛狐人也。本姓安，名敬思。太祖掠地代北得之，給事帳中，賜姓名，以爲子，常從爲騎將。

文德元年，河南張言襲破河陽，李罕之來歸晉，晉處罕之于澤州，遣存孝與薛阿檀、安休休等以兵七千助罕之還擊河陽。梁亦遣丁會、牛存節等助言。戰于温縣，梁軍先扼太行，存孝大敗，安休休被執。是時，晉已得澤、潞，歲出山東，與孟方立爭邢、洺、磁，存孝未嘗不在兵間。方立死，晉取三州，存孝功爲多。

明年，潞州軍亂，殺李克恭以歸唐，梁遣李讜攻李罕之于澤州，存孝以騎兵五千救之。

梁軍呼罕之曰：「公常恃太原以爲命，今上黨已歸唐，唐兵大集，圍太原，沙陀將無穴以自處，公復誰恃而不降乎？」存孝以精騎五百，繞梁栅而呼曰：「我，沙陀之求穴者〔一一〕，待爾肉以食軍，可令肥者出鬬！」梁驍將鄧季筠引軍出戰，存孝舞矟擒之，李讜敗走，追擊至馬牢關，還攻潞州。唐以孫揆爲潞州節度使，揆儒者，以梁卒三千爲衞，褒衣大蓋，擁節先驅。存孝以三百騎伏長子西崖谷間，伺揆軍過，橫擊斷之，擒揆以歸。初，梁遣葛從周、朱崇節守潞州以待揆，聞揆見執，皆棄去，晉遂復取潞州。是時，張濬、韓建伐晉，擊陰地關，晉以李存信、薛阿檀等當濬，別遣存孝軍于趙城。唐軍戰敗于陰地關，濬退保晉州，韓建走絳州。存孝攻晉州，濬兵出戰，輒復敗，因閉壁不敢出。存孝去，攻絳州。濬、建皆走。

存孝猨臂善射，身被重鎧，櫜弓坐矟，手舞鐵檛，出入陣中，以兩騎自從，戰酣易騎，上下如飛。初，存孝取潞州功爲多，而太祖別以大將康君立爲潞州留後，存孝爲汾州刺史，存孝負其功，不食者數日。及走張濬，遷邠州刺史。大順二年，徙邢州留後。是時，晉軍連歲攻趙常山，存孝常爲先鋒，下趙臨城、元氏。趙王求救於幽州李匡威，匡威兵至，晉軍輒引去。存孝素與存信有隙，存信譖之曰：「存孝有二心，常避趙不擊。」存孝不自安，乃附梁通趙，自歸于唐，因請會兵以伐晉。唐命趙王王鎔援之。明年，趙與幽州有隙，懼而與晉和，反以兵三萬助晉擊存孝。存孝嬰城自守，太祖自將兵傳其城，掘塹以圍之，存孝出兵衝擊，塹不得成。裨將袁奉韜使人説存孝曰：「公所畏者晉王爾！王俟塹成，且留兵去，諸將非公敵也，雖塹何爲？」存孝以爲然，縱兵成塹。塹成，深溝高壘，不可近，存孝遂窘。城中食盡，登城呼曰：「兒蒙王恩，位至將相[二]，豈欲捨父子而附仇讎，乃存信構陷之耳。願生見王一言而死。」太祖哀之，遣劉夫人入城慰諭之。劉夫人引與俱來，存孝泥首請罪曰：「兒於晉有功而無過，所以至此，由存信爲之耳！」太祖叱曰：「爾爲書檄，罪我百端，亦存信爲之邪？」縛載後車，至太原，車裂之以徇。然太祖惜其材，悵然恨諸將之不能容也，爲之不視事者十餘日。

康君立素與存信相善，方二人之交惡也，君立每左右存信以傾之。存孝已死，太祖與諸將博，語及存孝，流涕不已，君立以爲不然，太祖怒，酖殺君立。君立初爲雲州牙將，唐僖宗時，逐段文楚，與太祖俱起雲中，蓋君立首事。其後累立戰功，表昭義節度使。以存孝故殺之。

存進

存進，振武人也，本姓孫，名重進。太祖攻破朔州得之，賜以姓名，養爲子。從太祖入關破黃巢，以爲義兒軍使。

從莊宗戰柏鄉，遷行營馬步軍都虞候，歷慈、沁二州刺史。莊宗初得魏博，以爲天雄軍都部署，治梁亂軍，一切以法，人有犯者，輒梟首磔尸於市，魏人屏息畏之。從戰河上，以功遷振武軍節度使。是時，晉軍德勝，爲南北寨，每以舟兵來往，頗以爲勞，而河北無竹石，存進乃以葦笮維大艦爲浮梁。莊宗大喜，解衣以賜之。

晉討張文禮於鎮州，久不克，而史建瑭、閻寶、李嗣昭相次戰歿，乃以存進代嗣昭爲招討使，軍于東垣渡。東垣土惡，築壘不能就，存進伐木爲柵。晉軍晨出芻牧，文禮子處球以兵千餘逼存進柵〔三〕，存進出戰橋上，殺處球兵殆盡，而存進亦歿于陣。追贈太尉。

子漢韶，明宗時復本姓，爲洋州節度使。潞王從珂以鳳翔反，漢韶與張虔釗會唐軍討之，唐軍皆降于從珂，獨漢韶與虔釗軍不降，俱奔于蜀。事蜀，歷永平、興元、武信節度使。年七十餘，卒于蜀。

存璋

存璋，字德璜。初與康君立、薛志勤等從太祖入關破黃巢，累遷義兒軍使。太祖病革，存璋與張承業等受顧命，立莊宗爲晉王，晉王以存璋爲河東馬步軍使。晉自先王時，嘗優假軍士，軍士多犯法踰禁，莊宗新立，尤患之，存璋一切繩之以法，境内爲之清肅。從攻夾城，戰柏鄉，以功遷汾州刺史。莊宗與劉鄩戰於魏博，梁遣王檀乘虛襲太原〔一四〕，存璋以汾州兵入太原距守，以功遷大同軍防禦使，遂爲節度使。天祐十九年以疾卒。追贈太尉。

存賢

存賢，許州人也，本姓王名賢。少爲軍卒，善角觝，太祖擊黄巢于陳州，得之，賜以姓名，養爲子。後爲義兒軍副兵馬使，遷沁州刺史。先時，沁州當敵衝，徙其南百餘里，據險立栅而寓居。至存賢爲刺史，曰：「徙城避敵，豈勇者所爲？」乃復城故州。梁兵屢攻之，存賢力自距守，卒不能近。遷武州刺史、山北團練使，又遷慈州。

天祐十八年〔一五〕，梁兵攻朱友謙于河中，莊宗遣存賢援友謙。是時，友謙新叛梁歸晉，而河中食少，人心多貳，諜者因謂存賢曰：「河中人欲殺子以歸梁，宜亟去。」存賢曰：「死王事，吾志也。復何恨哉！」卒擊走梁兵。

莊宗即位，拜右武衞上將軍。莊宗亦好角觝，嘗與王較而屢勝〔一六〕，頗以自矜，因顧存賢曰：「爾能勝我，與爾一鎮〔一七〕。」存賢搏而勝之。同光二年春，幽州符存審病甚〔一八〕，莊宗置酒宮中，歎曰：「吾創業故人，零落殆盡，其所存者惟存審耳！今又病篤，北方之事誰可代之？」因顧存賢曰：「無以易卿。角觝之勝，吾不食言。」即日以爲盧龍軍節度使。是歲，卒于幽州，年六十五。贈太傅。

校勘記

〔一〕其所與俱皆一時雄傑虣武之士　「虣武」，通鑑卷二五五胡注引歐史作「虓武」。

〔二〕初名進通　「進通」，小字録引舊五代史唐傳作「通達」。

〔三〕日暮思歸　「日」，原作「旦」，據宗文本改。按通鑑卷二七〇敍其事作「日晚思歸」，舊五代史卷五二李嗣昭傳、册府卷三四七、卷三六七敍其事云：「日已晡晚，皆有歸心。」

〔四〕晉軍皆爭登山　「軍」字原闕，據宋丙本、宗文本補。

〔五〕莊宗爲契丹圍之數十重　「重」，原作「里」，據宗文本、舊五代史卷五二李嗣昭傳改。

〔六〕因即以爲安義軍留後　「安義軍」，原作「昭義軍」，據宗文本改。按通鑑卷二七一：「晉王以用兵方殷，不得已，改昭義軍曰安義，以繼韜爲留後。」舊五代史卷五二李繼韜傳略同。通鑑卷二七二考異：「按潞州本號『昭義軍』，今以繼韜爲『安義』留後，蓋晉王避其父諱改之耳。」

〔七〕言繼能反　「繼」字原闕，據宋丙本、宗文本及本卷上文補。

〔八〕攻破蔚州　「破」字原闕，據宋丙本、宗文本補。按遼史卷一太祖紀上：「（神册元年）八月，拔朔州。」舊五代史卷五二李嗣本傳：「（天祐十三年）八月契丹……攻振武……城陷。」振武節度使治朔州。通鑑卷二六九敍其事云陷蔚州，胡注：「按麟、勝至蔚州，中間懸隔雲、朔，『蔚州』恐當作『朔州』。」

〔九〕從敗康懷英於河西　册府卷三四七敍其事云：「逐康懷英於西河，解汾州之圍。」按新唐書卷三九地理志三，西河屬汾州。

〔一〇〕公獨不能爲我戰邪　「獨」字原闕，據宋丙本、宗文本補。

〔一一〕沙陀之求穴者　「求」，原作「未」，據舊五代史卷五三李存孝傳、新唐書卷一八七李罕之傳、通鑑卷二五八改。

〔一二〕位至將相　舊五代史卷五三李存孝傳作「位至將帥」。吴縝纂誤卷中：「今按本傳，存孝止是爲邢州留後，又未嘗爲平章事，何故云位至將相耶？」

〔一三〕文禮子處球以兵千餘逼存進栅　「處球」，原作「處求」，據宋丙本、宗文本、舊五代史卷五三李存進傳及本卷下文改。

〔一四〕梁遣王檀乘虛襲太原　「王檀」下原有「來」字，據宗文本删。

〔一五〕天祐十八年　本書卷五唐本紀、舊五代史卷二九唐莊宗紀三皆繫其事於天祐十七年，舊五代史卷十唐末帝紀下、通鑑卷二七一繫其事於貞明六年，按貞明六年即天祐十七年。

〔一六〕嘗與王較而屢勝　「王」，宋丙本、宗文本作「王都」，舊五代史卷五三李存賢傳作「王郁」。

〔一七〕與爾一鎮　舊五代史卷五三李存賢傳敍其事云：「賞爾一郡……存賢勝，得蔚州刺史。」

〔一八〕幽州符存審病甚　「甚」字原闕，據宋丙本、宗文本補。舊五代史卷五三李存賢傳敍其事作「疾篤」，通鑑卷二七三敍其事作「疾亟」。

新五代史卷三十七

伶官傳第二十五

嗚呼，盛衰之理，雖曰天命，豈非人事哉！原莊宗之所以得天下，與其所以失之者，可以知之矣。世言晉王之將終也，以三矢賜莊宗而告之曰：「梁，吾仇也，燕王吾所立，契丹與吾約爲兄弟，而皆背晉以歸梁。此三者，吾遺恨也。與爾三矢，爾其無忘乃父之志！」莊宗受而藏之于廟。其後用兵，則遣從事以一少牢告廟，請其矢，盛以錦囊，負而前驅，及凱旋而納之。方其係燕父子以組，函梁君臣之首，入于太廟，還矢先王而告以成功，其意氣之盛，可謂壯哉！及仇讎已滅，天下已定，一夫夜呼，亂者四應，蒼皇東出，未及見賊而士卒離散，君臣相顧，不知所歸，至於誓天斷髮，泣下沾襟，何其衰也！豈得之難而失之易歟？抑本其成敗之迹而皆自於人歟？書曰：「滿招損，謙得益。」憂勞可以興國，逸豫可以亡身〔一〕，自然之理也。故方其盛也，舉天下之豪傑莫能與之爭；及其衰也，數十伶人困之，而身死國滅，爲天下笑。夫禍患常積於忽微，而智勇多困於所溺，豈獨伶人也哉！作伶官傳。

莊宗既好俳優，又知音，能度曲，至今汾晉之俗，往往能歌其聲，謂之「御製」者皆是也。其小字亞子，當時人或謂之亞次，又別爲優名以自目，曰「李天下」。自其爲王，至於爲天子，常身與俳優雜戲于庭，伶人由此用事，遂至於亡。

皇后劉氏素微，其父劉叟，賣藥善卜，號劉山人。劉氏性悍，方與諸姬爭寵，常自恥其世家，而特諱其事。莊宗乃爲劉叟衣服，自負蓍囊藥笈，使其子繼岌提破帽而隨之，造其臥內，曰：「劉山人來省女。」劉氏大怒，笞繼岌而逐之。宮中以爲笑樂。

其戰於胡柳也，嬖伶周匝爲梁人所得。其後滅梁入汴，周匝謁於馬前，莊宗得之喜甚，賜以金帛，勞其良苦。周匝對曰：「身陷仇人，而得不死以生者，教坊使陳俊、內園栽接使儲德源之力也〔一〕，願乞二州以報此兩人。」莊宗皆許以爲刺史。郭崇韜諫曰：「陛下所與共取天下者，皆英豪忠勇之士。今大功始就，封賞未及於一人，而先以伶人爲刺史，恐失天下心。不可！」因格〔二〕其命。踰年，而伶人屢以爲言，莊宗謂崇韜曰：「吾已許周匝矣，使吾慚見此三人。公言雖正，然當爲我屈意行之。」卒以俊爲景州刺史、德源爲憲州刺史。

【一】音閣。

莊宗好畋獵，獵于中牟，踐民田。中牟縣令當馬切諫，爲民請，莊宗怒，叱縣令去，將殺之。伶人敬新磨知其不可，乃率諸伶走追縣令，擒至馬前責之曰：「汝爲縣令，獨不知吾天子好獵邪？奈何縱民稼穡以供税賦！何不饑汝縣民而空此地，以備吾天子之馳騁？汝罪當死！」因前請亟行刑，諸伶共唱和之，莊宗大笑，縣令乃得免去。

莊宗嘗與羣優戲于庭，四顧而呼曰：「李天下，李天下何在？」新磨遽前以手批其頰。莊宗失色，左右皆恐，羣伶亦大驚駭，共持新磨詰曰：「汝奈何批天子頰？」新磨對曰：「李天下者，一人而已，復誰呼邪！」於是左右皆笑，莊宗大喜，賜與新磨甚厚。

新磨嘗奏事殿中，殿中多惡犬，新磨去，一犬起逐之，新磨倚柱而呼曰：「陛下毋縱兒女囓人！」莊宗家世夷狄，夷狄之人諱狗，故新磨以此譏之。莊宗大怒，彎弓注矢將射之，新磨急呼曰：「陛下無殺臣！臣與陛下爲一體，殺之不祥！」莊宗大驚，問其故，對曰：「陛下開國，改元同光，天下皆謂陛下同光帝。且同，銅也，若殺敬新磨，則同無光矣。」莊宗大笑，乃釋之。

然時諸伶，獨新磨尤善俳，其語最著，而不聞其佗過惡。其敗政亂國者，有景進、史彥瓊、郭門高三人爲最。

是時，諸伶人出入宮掖，侮弄縉紳，羣臣憤嫉，莫敢出氣，或反相附託，以希恩倖，四方藩鎮，貨賂交行，而景進最居中用事。莊宗遣進等出訪民間，事無大小皆以聞。每進奏事殿中，左右皆屏退，軍機國政皆與參決，三司使孔謙兄事之，呼爲「八哥」。

莊宗初入洛，居唐故宮室，而嬪御未備。閹官希旨，多言宮中夜見鬼物，相驚恐，莊宗問所以禳之者，因曰：「故唐時，後宮萬人，今空宮多怪，當實以人乃息。」莊宗欣然。其後幸鄴，乃遣進等採鄴美女千人，以充後宮。而進等緣以爲姦，軍士妻女因而逃逸者數千人。莊宗還洛，進載鄴女千人以從，道路相屬，男女無別。

魏王繼岌已破蜀，劉皇后聽宦者讒言，遣繼岌賊殺郭崇韜。崇韜素嫉伶人，常裁抑之，伶人由此皆樂其死。皇弟存乂，崇韜之壻也，進讒於莊宗曰：「存乂且反，爲婦翁報仇。」乃因而殺之。朱友謙，以梁河中降晉者，及莊宗入洛，伶人皆求賂於友謙，友謙不能給而辭焉。進乃讒友謙曰：「崇韜且誅，友謙不自安，必反，宜并誅之。」於是及其將五六人皆族滅之，天下不勝其冤。進，官至銀青光祿大夫、檢校左散騎常侍兼御史大夫〔三〕、上柱國。

史彥瓊者，爲武德使，居鄴都，而魏博六州之政皆決彥瓊，自留守王正言而下，皆俛首承事之。是時，郭崇韜以無罪見殺于蜀，天下未知其死也，第見京師殺其諸子，因相傳曰：「崇韜殺魏王繼岌而自王於蜀矣，以故族其家。」鄴人聞之，方疑惑。已而朱友謙又見殺，友謙子建徽爲澶州刺史〔四〕，有詔彥瓊使殺之，彥瓊祕其事，夜半馳出城。鄴人見彥瓊無故夜馳出，因驚傳曰：「劉皇后怒崇韜之殺繼岌也，已弑帝而自立，急召彥瓊計事。」鄴都大恐。貝州人有來鄴者，傳此語以歸。戍卒皇甫暉聞之，由此劫趙在禮作亂。在禮已至館陶，鄴都巡檢使孫鐸見彥瓊，求兵禦賊，彥瓊不肯與，曰：「賊未至，至而給兵豈晚邪？」已而賊至，彥瓊以兵登北門，聞賊呼聲，大恐，棄其兵而走，單騎歸于京師。在禮由是得入于鄴以成其叛亂者，由彥瓊啓而縱之也。

郭門高者，名從謙，門高其優名也。雖以優進，而嘗有軍功，故以爲從馬直指揮使。從馬直，蓋親軍也。從謙以姓郭，拜崇韜爲叔父，而皇弟存乂又以從謙爲養子。崇韜死，存乂又見囚，從謙置酒軍中，憤然流涕，稱此二人之冤。是時，從馬直軍士王温宿衞禁中，夜從謙因謀亂，事覺被誅。莊宗戲從謙曰：「汝黨存乂、崇韜負我，又教王温反。復欲何爲乎？」從謙恐，退而激其軍士曰：「罄爾之貲，食肉而飲酒，無爲後日計也。」軍士問其故，從謙因曰：「上以王温故，俟破鄴，盡阬爾曹。」軍士信之，皆欲爲亂。

李嗣源兵反，嚮京師，莊宗東幸汴州，而嗣源先入。莊宗至萬勝，不得進而還，軍士離散，尚有二萬餘人。居數日，莊宗復東幸汜水，謀扼關以爲拒。四月丁亥朔，朝羣臣於中興殿，宰相對三刻罷。從駕黄甲馬軍陣於宣仁門、步軍陣於五鳳門以俟。莊宗入食内殿，從謙自營中露刃注矢，馳攻興教門，與黄甲軍相射。莊宗聞亂，率諸王衞士擊亂兵出門。亂兵縱火焚門，緣城而入，莊宗擊殺數十百人。亂兵從樓上射帝，帝傷重，踣于絳霄殿廊下，自皇后、諸王左右皆奔走。至午時，帝崩，五坊人善友聚樂器而焚之。嗣源入洛〔五〕，得其骨〔六〕，葬新安之雍陵。以從謙爲景州刺史，已而殺之。

傳曰：「君以此始，必以此終。」莊宗好伶，而弒於門高，焚以樂器。可不信哉！可不戒哉！

校勘記

〔一〕逸豫可以亡身　「亡」，原作「忘」，據宋丙本、詳節卷五改。

〔二〕儲德源　原作「鍺德源」，據宋丙本、宗文本、本書卷五唐本紀、舊五代史卷三二唐莊宗紀六、通鑑卷二七三改。

〔三〕檢校左散騎常侍兼御史大夫　「左」，舊五代史卷三四唐莊宗紀八、通鑑卷二七四作「右」。

〔四〕友謙子建徽爲澶州刺史　「建徽」，原作「廷徽」，據宋丙本、宗文本、吴縝纂誤卷中引伶官史彦瓊傳、舊五代史卷三四唐莊宗紀八、通鑑卷二七四改。

〔五〕嗣源入洛　「入」，原作「得」，據宋丙本、宗文本、通鑑卷二七五改。

〔六〕得其骨　「得」字原闕，據宋丙本、宗文本補。本書卷五唐本紀徐無黨注敍其事作「得其骨燼」。

新五代史卷三十八

宦者傳第二十六

嗚呼，自古宦、女之禍深矣！明者未形而知懼，暗者患及而猶安焉，至於亂亡而不可悔也。雖然，不可以不戒。作宦者傳。

張承業

張承業，字繼元，唐僖宗時宦者也。本姓康，幼閹，爲内常侍張泰養子。晉王兵擊王行瑜，承業數往來兵間，晉王喜其爲人。及昭宗爲李茂貞所迫，將出奔太原，乃先遣承業使晉以道意，因以爲河東監軍。其後崔胤誅宦官，宦官在外者，悉詔所在殺之。晉王憐承業，不忍殺，匿之斛律寺。昭宗崩，乃出承業，復爲監軍。

晉王病且革，以莊宗屬承業曰：「以亞子累公等！」莊宗常兄事承業，歲時昇堂拜母，甚親重之。莊宗在魏，與梁戰河上十餘年，軍國之事，皆委承業，承業亦盡心不懈。凡所以畜積金粟〔一〕，收市兵馬，勸課農桑，而成莊宗之業者，承業之功爲多。自貞簡太后、韓德妃、伊淑妃及諸公子在晉陽者，承業一切以法繩之，權貴皆斂手畏承業。

莊宗歲時自魏歸省親，須錢蒱博、賞賜伶人，而承業主藏，錢不可得。莊宗乃置酒庫中，酒酣，使子繼岌爲承業起舞，舞罷，承業出寶帶、幣馬爲贈，莊宗指錢積呼繼岌小字以語承業曰：「和哥乏錢，可與錢一積，何用幣馬爲也〔二〕？」承業謝曰：「國家錢，非臣所得私也。」莊宗以語侵之，承業怒曰：「臣，老敕使，非爲子孫計，惜此庫錢，佐王成霸業爾！若欲用之，何必問臣？財盡兵散，豈獨臣受禍也？」莊宗顧元行欽曰：「取劍來！」承業起，持莊宗衣而泣曰：「臣受先王顧託之命，誓雪家國之讎。今日爲王惜庫物而死，死不愧於先王矣！」閻寶從旁解承業手令去，承業奮拳歐寶踣，罵曰：「閻寶，朱温之賊，蒙晉厚恩，不能有一言之忠，而反諂諛自容邪！」太后聞之，使召莊宗。莊宗性至孝，聞太后召，甚懼，乃酌兩卮謝承業曰：「吾杯酒之失，且得罪太后。願公飲此，爲吾分過！」承業不肯飲。莊宗入內，太后使人謝承業曰：「小兒忤公，已笞之矣。」明日，太后與莊宗俱過承業第，慰勞之。

盧質嗜酒傲忽，自莊宗及諸公子多見侮慢，莊宗深嫉之。承業乘間請曰：「盧質嗜酒無禮，臣請爲王殺之。」莊宗曰：「吾方招納賢才以就功業，公何言之過也！」承業起賀曰：「王能如此，天下不足平也！」質因此獲免。

天祐十八年，莊宗已諾諸將即皇帝位。承業方臥病，聞之，自太原肩輿至魏，諫曰：「大王父子與梁血戰三十年，本欲雪家國之讎，而復唐之社稷。今元兇未滅，而遽以尊名自居，非王父子之初心，且失天下望，不可！」莊宗謝曰：「此諸將之所欲也。」承業曰：「不然，梁，唐、晉之仇賊，而天下所共惡也。今王誠能爲天下去大惡，復列聖之深讎，然後求唐後而立之。使唐之子孫在，孰敢當之？使唐無子孫，天下之士，誰可與王爭者？臣，唐家一老奴耳，誠願見大王之成功，然後退身田里，使百官送出洛東門，而令路人指而歎曰『此本朝敕使，先王時監軍也』，豈不臣主俱榮哉？」莊宗不聽。承業知不可諫，乃仰天大哭曰：「吾王自取之！　悮老奴矣。」肩輿歸太原，不食而卒，年七十七。同光元年，贈左武衛上將軍，謚曰正憲。

張居翰

張居翰，字德卿，故唐掖廷令張從玫之養子。昭宗時，爲范陽軍監軍，與節度使劉仁恭相善。天復中，大誅宦者，仁恭匿居翰大安山之北谿以免。其後，梁兵攻仁恭，仁恭遣居翰從晉王攻梁潞州以牽其兵，晉遂取潞州，以居翰爲昭義監軍。莊宗即位，與郭崇韜並爲樞密使。莊宗滅梁而驕，宦官因以用事，郭崇韜又專任政，居翰默默，苟免而已。

魏王破蜀，王衍朝京師，行至秦川，而明宗軍變于魏。莊宗東征，慮衍有變，遣人馳詔魏王殺之。詔書已印畫，而居翰發視之，詔書言「誅衍一行」，居翰以謂殺降不祥，乃以詔傅柱，揩去「行」字，改爲「一家」。時蜀降人與衍俱東者千餘人，皆獲免。莊宗遇弑，居翰見明宗于至德宫，求歸田里。天成三年，卒于長安，年七十一。

五代文章陋矣，而史官之職廢於喪亂，傳記小説多失其傳，故其事迹，終始不完，而雜以訛繆。至於英豪奮起，戰爭勝敗，國家興廢之際，豈無謀臣之略，辯士之談？而文字不足以發之，遂使泯然無傳於後世。然獨張承業事卓卓在人耳目，至今故老猶能道之。其論議可謂傑然歟！殆非宦者之言也。

自古宦者亂人之國，其源深於女禍。女，色而已，宦者之害，非一端也。蓋其用事也近而習，其爲心也專而忍。能以小善中人之意，小信固人之心，使人主必信而親之。待其已信，然後懼以禍福而把持之。雖有忠臣碩士列于朝廷，而人主以爲去己疏遠，不若起居飲食、前後左右之親爲可恃也。故前後左右者日益親，則忠臣碩士日益疏，而人主之勢日益孤。勢孤，則懼禍之心日益切，而把持者日益牢，安危出其喜怒，禍患伏於帷闥，則嚮之所謂可恃者，乃所以爲患也。患已深而覺之，欲與疏遠之臣圖左右之親近，緩之則養禍而益深，急之則挾人主以爲質，雖有聖智不能與謀，謀之而不可爲，爲之而不可成，至其甚，則俱傷而兩敗。故其大者亡國，其次亡身，而使姦豪得借以爲資而起，至抉其種類，盡殺以快天下之心而後已。此前史所載宦者之禍常如此者，非一世也。夫爲人主者，非欲養禍於内而疏忠臣碩士於外，蓋其漸積而勢使之然也。夫女色之惑，不幸而不悟，則禍斯及矣；使其一悟，捽而去之可也。宦者之爲禍，雖欲悔悟，而勢有不得而去也，唐昭宗之事是已。故曰「深於女禍」者，謂此也。可不戒哉！昭宗信狎宦者，由是有東宫之幽。既出而與崔胤圖之，胤爲宰相，顧力不足爲，乃召兵於梁，梁兵且至，而宦者挾天子走之岐，梁兵圍之三年，昭宗既出，而唐亡矣。

初，昭宗之出也，梁王悉誅唐宦者第五可範等七百餘人，其在外者，悉詔天下捕殺之，而宦者多爲諸鎮所藏匿而不殺。是時，方鎮僭擬，悉以宦官給事，而吴越最多。及莊宗立，詔天下訪求故唐時宦者悉送京師，得數百人，宦者遂復用事，以至於亡。此何異求已覆之車，躬駕而履其轍也？可爲悲夫！

莊宗未滅梁時，承業已死。其後居翰雖爲樞密使，而不用事。有宣徽使馬紹宏者，嘗賜姓李，頗見信用。然誣殺大臣，黷貨賂，專威福，以取怨於天下者，左右狎暱，黄門内養之徒也。是時，明宗自鎮州入覲，奉朝請於京師。莊宗頗疑其有異志，陰遣紹宏伺其動靜，紹宏反以情告明宗。明宗自魏而反，天下皆知禍起於魏，孰知其啓明宗之二心者，自紹宏始也。郭崇韜已破蜀，莊宗信宦者言而疑之。然崇韜之死，莊宗不知，皆宦者爲之也。當此之時，舉唐之精兵皆在蜀，使崇韜不死，明宗入洛，豈無西顧之患？其能晏然取唐而代之邪？及明宗入立，又詔天下悉捕宦者而殺之。宦者亡竄山谷，多削髪爲浮圖。其亡至太原者七十餘人，悉捕而殺之都亭驛，流血盈庭。

明宗晚而多病，王淑妃專内以干政，宦者孟漢瓊因以用事。秦王入視明宗疾已革，既出而聞哭聲，以謂帝崩矣，乃謀以兵入宫者，懼不得立也。大臣朱弘昭等方圖其事，議未決，漢瓊遽入見明宗，言秦王反，即以兵誅之，陷秦王大惡，而明宗以此飲恨而終。後愍帝奔于衛州，漢瓊西迎廢帝于路，廢帝惡而殺之。

嗚呼！人情處安樂，自非聖哲，不能久而無驕怠。宦、女之禍非一日，必伺人之驕怠而浸入之。明宗非佚君，而猶若此者，蓋其在位差久也。其餘多武人崛起，及其嗣續，世數短而年不永，故宦者莫暇施爲。其爲大害者，略可見矣。獨承業之論，偉然可愛，而居翰更一字以活千人。君子之於人也，苟有善焉，無所不取，吾於斯二人者有所取焉。取其善而戒其惡，所謂「愛而知其惡，憎而知其善」也。故并述其禍敗之所以然者著于篇。

校勘記

〔一〕凡所以蓄積金粟　「金粟」，宗文本作「金帛」。

〔三〕何用幣馬爲也　「幣馬」，宋丙本、宗文本、通鑑卷二七〇作「帶馬」，舊五代史卷七二張承業傳敍其事作「寶馬」。「爲」字原闕，據宋丙本、宗文本補。

新五代史卷三十九

雜傳第二十七

王鎔

王鎔，其先回鶻阿布思之遺種，曰没諾干，爲鎮州王武俊騎將，武俊録以爲子，遂冒姓王氏。没諾干子曰末坦活〔一〕，末坦活子曰昇〔二〕，昇子曰廷湊，廷湊子曰元逵，元逵子曰紹鼎、紹懿，紹鼎子曰景崇。自昇以上三世，常爲鎮州騎將，自景崇以上四世五人，皆爲成德軍節度使。景崇官至守太尉，封常山郡王，唐中和二年卒。子鎔立，年十歲。

是時，晉新有太原，李匡威據幽州，王處存據中山，赫連鐸據大同，孟方立據邢臺，四面豪傑並起而交爭。鎔介於其間，而承祖父百年之業，士馬彊而畜積富，爲唐累世藩臣。故鎔年雖少，藉其世家以取重，四方諸鎮廢立承繼，有請於唐者，皆因鎔以聞。

自晉兵出山東，已破孟遷，取邢、洺、磁三州，景福元年，乃大舉擊趙，下臨城。鎔求救於李匡威，匡威來救，晉軍解去。明年，晉會王處存攻鎔堅固、新市。晉王與處存皆自將，而鎔未嘗臨軍，遣追風都團練使段亮、翦寇都團練使馬珂等，以兵屬匡威而已。匡威戰磁河，晉軍大敗。明年春，晉攻天長軍，鎔出兵救之，敗于叱日嶺，晉軍遂出井陘。鎔又求救於匡威，晉軍解去。

初，匡威悦其弟匡儔之婦美而淫之，匡儔怒，及其救鎔也，誘其軍亂而自立。匡威內慚不敢還，乃以符印歸其弟，而將奔于京師。行至深州，鎔德匡威救己，使人邀之，館于海子園〔三〕，以父事之。

匡威客李正抱者〔四〕，少游燕趙間，每徘徊常山，愛之不能去。正抱、匡威皆失國無聊，相與登城西高閣，顧覽山川，泫然而泣，乃與匡威謀劫鎔而代之〔五〕。因詐爲忌日，鎔去衞從，晨詣館慰，坐定，甲士自幕後出，持鎔兩袖。鎔曰：「吾國賴公而存，誠無以報厚德，今日之事，是所甘心。」因叩頭以位與匡威。匡威素少鎔，以謂無能爲也，因與鎔方轡詣府，將代其位。行過親事營，軍士閉門大譟，天雨震雹，暴風拔木，屋瓦皆飛。屠者墨君和望見鎔，識之，從缺垣中躍出，挾鎔于馬，負之而走。亂軍擊殺匡威、正抱，燕人皆走〔六〕。匡儔雖憾其兄，而陽以大義責鎔甚急。鎔既失燕援，而晉軍急攻平山，劫鎔以盟，鎔遂與晉和。

其後梁太祖下晉邢、洺、磁三州，乃爲書詔【一】鎔，使絶晉而歸梁，鎔依違不決。【二】晉將李嗣昭復取洺州，梁太祖擊敗嗣昭，嗣昭棄洺州走。梁獲其輜重，得鎔與嗣昭書，多道梁事，太祖怒，因移兵常山，顧謂葛從周曰：「得鎮州以與爾，爾爲我先鋒。」從周至臨城，中流矢，臥輿中，梁軍大沮。梁太祖自將傅城下，焚其南關，鎔懼，顧其屬曰：「事急矣！奈何？」判官周式，辨士也，對曰：「此難與力爭，而可以理奪也。」式與梁太祖有舊，因請入梁軍。太祖望見式，罵曰：「吾常以書招鎔不來，今吾至此，而爾爲說客，晚矣！且晉吾仇也，而鎔附之，吾知李嗣昭在城中，可使先出。」乃以所得鎔與嗣昭書示式，式進曰：「梁欲取一鎮州而止乎，而欲成霸業於天下也？且霸者責人以義而不私，今天子在上，諸侯守封睦鄰，所以息爭，且休民也。昔曹公破袁紹，得魏將吏與紹書，悉焚之，此英雄之事耳【七】！今梁知兵舉無名，而假嗣昭以爲辭。且王氏五世六公撫有此土，豈無死士，而待嗣昭乎？」太祖大喜，起牽式衣而撫之曰：「吾言戲耳。」因延式於上坐，議與鎔和。鎔以子昭祚爲質，梁太祖以女妻之。太祖即位，封鎔趙王。

【一】古本作招。

【二】一作訣。

鎔祖母喪〔八〕，諸鎮皆吊，梁使者見晉使在館，還言趙王有二志。是時，魏博羅紹威卒，梁因欲盡取河北，開平四年冬，遣供奉官杜廷隱監魏博將夏諲〔九〕，以兵三千襲深、冀二州，以王景仁爲北面行營招討使。鎔懼，乞兵于晉。晉人擊敗景仁於柏鄉，梁遂失鎮、定，而莊宗由此益彊，北破幽燕，南并魏博，鎔常以兵從。鎔德晉甚。明年，會莊宗於承天軍，奉觴爲壽。莊宗以鎔父友，尊禮之，酒酣爲鎔歌，拔佩刀斷衣而盟，許以女妻鎔子昭誨。

鎔爲人仁而不武，未嘗敢爲兵先，佗兵攻趙，常藉鄰兵爲救。當是時，諸鎮相弊於戰爭，而趙獨安，樂王氏之無事，都人士女褒衣博帶，務夸侈爲嬉遊。鎔尤驕於富貴，又好左道，鍊丹藥，求長生，與道士王若訥留游西山，登王母祠，使婦人維錦繡牽持而上。每出，逾月忘歸，任其政於宦者。宦者石希蒙與鎔同臥起。天祐十八年冬，鎔自西山宿鶻營莊，將還府，希蒙止之。宦者李弘規諫曰：「今晉王身自暴露以親矢石，而大王竭軍國之用爲游畋之資，開城空宮，逾月不返，使一夫閉門不納從者，大王欲何歸乎？」鎔懼，促駕，希蒙固止之。弘規怒，遣親事軍將蘇漢衡率兵擐甲露刃於帳前曰：「軍士勞矣！願從王歸〔一〇〕。」弘規繼而進曰：「惑王者希蒙也，請殺之以謝軍士！」鎔不答，弘規呼甲士斬希蒙首〔一一〕，擲於鎔前，鎔懼，遽歸。使其子昭祚與大將張文禮族弘規、漢衡，收其偏將下獄，窮究反狀，親軍皆懼。文禮誘以爲亂，夜半，親軍十餘人踰垣而入〔一二〕，鎔方與道士焚香受籙，軍士斬鎔首，袖之而出，因縱火焚其宮室，遂滅王氏之族。

鎔小子昭誨，年十歲，其軍士有德鎔者，藏之穴中，亂定，髡其髮，被以僧衣，遇湖南人李震，與之。震匿昭誨於茶籠中〔一三〕，載之湖南，依南嶽爲浮圖，易名崇隱。明宗時，昭誨已長，思歸，而鎔故將符習爲宣武軍節度使，震以歸習，習表於朝。昭誨自稱前成德軍中軍使以見，拜考功郎中、司農少卿。周顯德中，猶爲少府監云。

張文禮者，狡獪人也，鎔惑愛之，以爲子，號王德明。鎔已死，文禮自爲留後。莊宗初納之，後知其通於梁也，遣趙故將符習與閻寶擊之。文禮家鬼夜哭，野河水變爲血，游魚皆死，文禮懼，病疽卒。子處瑾祕喪拒守，擊敗習等。以李嗣昭代之，嗣昭中流矢卒，以李存進代之，存進輒復戰歿，乃以符存審爲招討使，遂破之。執文禮妻及子處瑾、處球、處琪等，折足歸于晉。趙人請而醢之，磔文禮尸于市。

羅紹威

羅紹威，字端己，其先長沙人。祖讓，北遷爲魏州貴鄉人。父弘信，爲牧監卒。文德元年，魏博牙軍亂，遂〔一〕殺其帥樂彦貞〔一四〕，立其將趙文建爲留後〔一五〕，已而又殺之。牙軍未知所立〔一六〕，乃聚呼曰：「孰能爲我帥者？」弘信從衆中出應曰：「我可爲君等帥也。」弘信狀貌奇怪，面色青黑，軍中異之，共立爲留後。唐昭宗即位，拜弘信節度使。

〔一〕古本作逐。

梁太祖將攻晉，乞糴于弘信，弘信不與，由是有隙。梁兵攻魏，取黎陽、臨河〔一七〕、淇門、衛縣。戰于内黄，魏兵五戰五敗，弘信懼，請盟，乃止。是時，梁方東攻兗、鄆，北敵晉，晉遣李存信救朱宣，假道于魏。太祖聞，遣使語弘信曰：「晉人志在河朔，兵還滅魏矣。」弘信以爲然，乃發兵擊存信於莘縣，太祖遣葛從周助之。梁兵擒晉王子落落，送于魏，弘信殺之，乃與晉絶。太祖猶疑弘信有二心，乃以兄事弘信，常爲卑辭厚幣以聘魏。魏使者至梁，太祖北面拜而受幣，謂使者曰：「六兄於我有倍年之長，吾何敢慢之。」弘信大喜，以爲厚己。以故太祖往來燕趙之間，卒有河北者，魏不爲之患也。弘信死，紹威立。

紹威好學工書，頗知屬文，聚書數萬卷，開館以延四方之士。弘信在唐，以其先長沙人，故封長沙郡王，紹威襲父爵長沙。紹威新立，幽州劉仁恭以兵十萬攻魏，屠貝州〔一八〕，紹威求救於梁，大敗燕軍於内黄。明年，梁太祖遣葛從周會魏兵攻滄州，取其德州，遂敗燕軍於老鴉隄，紹威以故德梁助己。

魏博自田承嗣始有牙軍，牙軍歲久益驕，至紹威時已二百年，父子世相婚姻以自固結〔一九〕。前帥史憲誠、何全皡、韓君雄、樂彦貞等，皆由牙軍所立，怒輒遂〔一〕殺之。紹威爲人精悍明敏，通習吏事，爲政有威嚴，然其家世由牙軍所立。天祐二年，魏州城中地陷，紹威懼有變。已而牙校李公佺作亂〔二〇〕，紹威誅之，乃間遣使告梁乞兵，欲盡誅牙軍。梁太祖許之，爲遣李思安等攻滄州，召兵於魏，紹威因悉發魏兵以從，獨牙軍在。

【一】古本作逐字。

紹威子廷規娶梁女，會梁女卒，太祖陰遣客將馬嗣勳選良兵實輿中，以長直軍千人雜輿夫入魏，詐爲助葬，太祖以兵繼其後。紹威夜以奴兵數百，會嗣勳兵擊牙軍，并其家屬盡殺之。太祖自内黄馳至魏，魏兵從攻滄州者行至歷亭，聞之皆反，分入澶、博諸州〔二一〕，魏境大亂，數月，太祖爲悉平之。牙軍死，魏兵悉叛，紹威勢益孤，太祖乃欲奪其地，紹威始大悔。

是歲，太祖復攻滄州，宿兵長蘆，紹威饋給梁兵，自滄至魏五百里，起亭堠，供帳什物自具，梁兵數十萬皆取足，紹威以此重困。

昭宗東遷洛陽，詔諸鎮繕理京師，紹威營太廟成，加拜守侍中，進封鄴王。

太祖圍滄州未下，劉守光會晉軍破梁潞州。太祖自長蘆歸，過魏，疾作，臥府中，諸將莫得見，紹威懼太祖終襲己，乃乘間入見曰：「今四方稱兵爲梁患者，以唐在故也；唐家天命已去，不如早自取之。」太祖大喜，乃急歸。太祖即位，將都洛陽，紹威取魏良材爲五鳳樓、朝元前殿，浮河而上，立之京師。太祖嘆曰：「吾聞蕭何守關中，爲漢起未央宮，豈若紹威越千里而爲此，若神化然，功過蕭何遠矣！」賜以寶帶、名馬。

燕王劉守光囚其父仁恭，與其兄守文有隙，紹威馳書勸守光等降梁。太祖聞之，笑曰：「吾常攻燕不能下，今紹威折簡，乃勝用兵十萬。」太祖每有大事，多遣使者問之，紹威時亦馳簡入白，使者相遇道中，其事往往相合。

紹威自以魏久不用兵，願伐木安陽淇門爲船〔二〕，自河入洛，歲漕穀百萬石，以供京師。太祖益以紹威盡忠，遣將程厚、盧凝督其役。舟未成而紹威病，乃表言：「魏故大鎮，多外兵，願得梁一有功重臣臨之，請以骸骨就第。」太祖亟命其子周翰監府事，語使者曰：「亟行，語而主，爲我彊飯，如有不諱，當世世貴爾子孫。今使周翰監府事，尚冀卿復愈耳。」紹威仕梁，累拜太師兼中書令。卒，年三十四，贈尚書令，謚曰貞壯〔三〕。

子三人，廷規，官至司農卿卒。周翰襲父位，乾化二年八月爲楊師厚所逐，徙爲宣義軍節度使，卒于官，年十四。周敬代爲宣義軍節度使，年十歲，徙鎮忠武。明年，爲祕書監、駙馬都尉、光禄卿。唐莊宗時爲金吾大將軍〔二四〕，明宗以爲匡國軍節度使，罷爲上將軍。晉天福二年卒，年三十二〔二五〕。廷規娶梁太祖二女，一曰安陽公主，一曰金華公主。周翰娶末帝女，曰壽春公主，周敬亦娶末帝女，曰普安公主〔二六〕。

王處直

王處直，字允明，京兆萬年人也。父宗〔二七〕，善殖財貨，富擬王侯，爲唐神策軍吏，官至金吾大將軍，領興元節度使，子處存、處直。

處存以父任爲驍衛將軍、定州已來制置内閑厩宫苑等使。乾符六年，即拜義武軍節度使。黄巢陷長安，處存感憤流涕，率鎮兵入關討賊。巢敗第功，而收城擊賊，李克用爲第一；勤王倡義，處存爲第一。乾寧二年，處存卒于鎮，三軍以河朔故事，推處存子郜爲留後，即拜節度使，加檢校司空、同中書門下平章事。處直爲後院中軍都知兵馬使。

光化三年，梁兵攻定州，郜遣處直率兵拒之，戰于沙河，爲梁兵所敗。敗兵返入城逐郜〔二八〕，郜出奔晉，亂兵推處直爲留後。梁兵圍之，處直遣人告梁，請絶晉而事梁，出絹十萬匹犒軍，乃與梁盟。梁太祖表處直義武軍節度使，累封太原王。太祖即位，封處直北平王。

其後梁兵攻王鎔，鎔求救于晉，處直亦遣人至晉，願絶梁以自效。晉兵救鎔，處直以兵五千從，破梁軍於柏鄉。其後晉北破燕，南取魏博，與梁戰河上十餘年，處直未嘗不以兵從。

處直好巫，而客有李應之者，妖妄人也。處直有疾，應之以左道治之而愈，處直益以爲神，使衣道士服，以爲行軍司馬〔一九〕，軍政無大小，咸取決焉。初，應之於陘邑閭得小兒劉雲郎，養以爲子，而處直未有子，乃以雲郎與處直，而紿曰：「此子生而有異。」處直養以爲子，更名曰都，甚愛之。應之由此益横，乃籍管内丁壯，别立新軍，自將之，治第博陵坊，四面開門，皆用左道。處直將吏知其必爲患，而莫能諫也。是時，幽州李匡儔假道中山以如京師，處直伏甲城外，以備不虞。匡儔已去，甲士入城圍應之第，執而殺之，因詣處直請殺都，處直不與。明日，第功行賞，因陰疏甲士姓名，自隊長已上藏于别籍，其後因事誅之，凡二十年，無一人免者，而處直終爲都所殺。

都爲人狡佞多謀，處直以爲節度副使。張文禮弒王鎔，莊宗發兵討文禮，處直與左右謀曰：「鎮，定之蔽也，文禮雖有罪，然鎮亡定不獨存。」乃遣人請莊宗毋發兵，莊宗取所獲文禮與梁蠟書示處直曰：「文禮負我，師不可止。」處直有孽子郁，當部之亡于晉也，郁亦奔焉，晉王以女妻之，爲新州防禦使。處直見莊宗必討文禮，益自疑，乃陰與郁交通，使郁北招契丹入塞以牽晉兵，且許召郁爲嗣，都聞之不説。而定人皆言契丹不可召，恐自貽患，處直不聽。郁自奔晉，常恐處直不容，因此大喜，以爲乘其隙可取之，乃以厚賂誘契丹阿保機。阿保機舉國入寇，定人皆不欲契丹之舉，小吏和昭訓勸都舉事，都因執處直，囚之西宅，自爲留後，凡王氏子孫及處直將校殺戮殆盡。明年正月朔旦，都拜處直於西宅，處直奮起揕其胸而呼曰：「逆賊！吾何負爾？」然左右無兵，遂欲嚙其鼻，都掣袖而走，處直遂見殺。

初，有黄蛇見于碑樓，處直以爲龍，藏而祠之，又有野鵲數百，巢麥田中，處直以爲己德所致，而定人皆知其不祥，曰：「蛇穴山澤，而處人室，鵲巢鳥，降而田居，小人竊位，而在上者失其所居之象也。」已而處直果被廢死。

莊宗已敗契丹于沙河，追奔過定州，與都相得懽甚，以其子繼岌娶都女，以都爲義武軍節度使。同光二年〔三〇〕，莊宗幸鄴，都來朝，賜與鉅萬。莊宗以繼岌故，待都甚厚，所請無不從。及明宗立，頗惡都爲人，而安重誨每以法繩之，都始有異志。是時，唐兵擊契丹，數往來定州，都供饋多闕，益不自安。和昭訓爲都謀曰：「天子新立，四方未附，其勢易離，可爲自安之計。」已而朱守殷反於汴州，都遂亦反，遣人以蠟書招青、徐、岐、潞、梓五鎮，約皆舉兵，而五鎮不應。明宗遣王晏球討之。都復與王郁招契丹爲援，契丹遣禿餒將萬騎救都。都遣指揮使鄭季璘〔三一〕、龍泉鎮將杜弘壽以二千人迎契丹，爲晏球所敗。季璘、弘壽被執，晏球責曰：「吾嘗使人招汝，何故不降？」弘壽對曰：「受恩中山兩世矣，不敢有二心。」遂見殺，弘壽臨刑，神色自若。晏球屯軍望都，與都及契丹戰，大敗之曲陽，都及禿餒得數騎遁去，閉門不復出。

初，莊宗軍中闌得一男子，愛之，使冒姓李，名繼陶，養於宮中以爲子。明宗即位，安重誨出以乞段徊，徊亦惡而逐之。都使人求得之。至是，紿其衆曰：「此莊宗太子也。」被以天子之服，使巡城上，以示晏球軍，軍士識者曰：「此繼陶也〔三二〕。」共詬之。都居城中，兵少，惟以契丹二千人守城，呼禿餒爲餒王，屈身事之。諸將有欲出降者，都伺察嚴密，殺戮無虛日，以故堅守經年。天成四年二月，城破，都與家屬皆自焚死，王氏遂絶于中山。

而處存有子鄴，鄴子廷胤，與莊宗連外姻，爲人驍勇，自爲軍校，能與士卒同辛苦。明宗時，歷貝、忻、密、澶、隰州刺史。范延光反于鄴，晉高祖以廷胤爲楊光遠行營中軍使。破延光有功，拜彰德軍節度使。

初，處直爲都所囚，幼子威北走契丹。契丹謂晉高祖曰：「吾欲使威襲其先人爵土，如何？」高祖對曰：「中國之法，自將校爲刺史，升團練防禦而至節度使，請送威歸中國，漸進之。」契丹怒曰：「爾自諸侯爲天子，豈有漸乎？」高祖聞之，遽徙廷胤鎮義武，曰：「此亦王氏之後也。」後徙鎮海而卒〔三三〕。

劉守光

劉守光，深州樂壽人也。其父仁恭，事幽州李可舉，能穴地爲道以攻城，軍中號「劉窟頭」。稍以功遷軍校。仁恭爲人有勇，好大言。可舉死，子匡威惡其爲人，不欲使居軍中，徙爲瀛州景城縣令。瀛州軍亂，殺刺史，仁恭募縣中得千人，討平之，匡威喜，復以爲將，使戍蔚州。戍兵過期不得代，皆思歸，出怨言。匡威爲弟匡儔所逐，仁恭聞亂，乃擁戍兵攻幽州，行至居庸關，戰敗，奔晉，晉以爲壽陽鎮將。

仁恭多智詐，善事人，事晉王愛將蓋寓尤謹，每對寓涕泣，自言：「居燕無罪，以讒見逐。」因道燕虛實，陳可取之謀，晉王益信而愛之。乾寧元年，晉擊破匡儔，乃以仁恭爲幽州留後，留其親信燕留得等十餘人監其軍〔三四〕，爲之請命于唐，拜檢校司空、盧龍軍節度使。

其後晉攻羅弘信，求兵於仁恭，仁恭不與，晉王以書微責誚之，仁恭大怒，執晉使者，殺燕留得等以叛。晉王自將討之，戰于安塞，晉王大敗。光化元年，遣其子守文襲滄州，逐節度使盧彥威，遂取滄、景、德三州。爲其子請命于唐，昭宗遲之，未即從，仁恭怒，語唐使者曰：「爲我語天子，旌節吾自有，但要長安本色爾，何屢求而不得邪！」昭宗卒以守文爲横海軍節度使。

仁恭父子率兩鎮兵十萬，號稱三十萬以擊魏，屠貝州。羅紹威求救於梁，梁遣李思安救魏，大敗守文於内黄，斬首五萬。仁恭走，梁軍追擊之，自魏至長河，横尸數百里。梁軍自是連歲攻之，破其瀛、漠二州〔三五〕，仁恭懼，復附晉。

天祐三年，梁攻滄州，仁恭調其境内凡男子年十五已上、七十已下，皆黥其面，文曰「定霸都」，得二十萬人，兵糧自具，屯于瓦橋。梁軍壁長蘆，深溝高壘，仁恭不能近。滄州被圍百餘日，城中食盡，人自相食，析骸而爨，或丸墐土而食，死者十六七。仁恭求救於晉，晉王爲之攻潞州以牽梁圍，晉破潞州，梁軍乃解去。

然仁恭幸世多故，而驕於富貴，築宫大安山，窮極奢侈，選燕美女充其中。又與道士鍊丹藥，冀可不死。令燕人用墐土爲錢〔三六〕，悉斂銅錢，鑿山而藏之，已而殺其工以滅口，後人皆莫知其處。

仁恭有愛妾羅氏，其子守光烝之，仁恭怒，笞守光，逐之。梁開平元年，遣李思安攻仁恭，仁恭在大安山〔三七〕，守光自外將兵以入，擊走思安，乃自稱盧龍節度使，遣李小喜、元行欽以兵攻大安山，執仁恭而幽之。其兄守文聞父且囚，即率兵討守光，至于盧臺，爲守光所敗，進戰玉田，又敗，乃乞兵于契丹。明年，守文將契丹、吐渾兵四萬人戰于鷄蘇，守光兵敗，守文陽爲不忍，出於陣而呼其衆曰：「毋殺吾弟！」守光將元行欽識守文，躍馬而擒之，又囚之於別室，既而殺之。

守文將吏孫鶴、吕兗等，立守文子延祚以距守光，守光圍之百餘日，城中食盡，米斗直錢三萬，人相殺而食，或食墐土，馬相食其騣尾，兗等率城中饑民食以麴，號「宰殺務」〔三八〕，日殺以餉軍。久之，延祚力窮，遂降。

守光素庸愚，由此益驕，爲鐵籠、鐵刷，人有過者，坐之籠中，外燎以火，或刷剔其皮膚以死，燕之士多逃禍于佗境〔三九〕。守光身衣赭黄，謂其將吏曰：「我衣此而南面，可以帝天下乎？」孫鶴切諫以爲不可。梁攻趙，趙王王鎔求救於守光，孫鶴曰：「今趙無罪，而梁伐之，諸侯救趙之兵，先至者霸，臣恐燕軍未出，而晉已先破梁矣，此不可失之時也。」守光曰：「趙王嘗與我盟而背之，今急乃來歸我。且兩虎方鬬，可待之，吾當爲卞莊子也。」遂不出兵。晉王果救趙，大敗梁兵於柏鄉，進掠邢洺，至于黎陽。守光聞晉空國深入梁，乃治兵戒嚴，遣人以語動鎮、定曰：「燕有精兵三十萬，願率二鎮以從晉〔四〇〕，然誰當主此盟者？」晉人患之，謀曰：「昔夫差爭黃池之會，而越入吳；項羽貪伐齊之利，而漢敗楚。今吾越千里以伐人，而彊燕在其後，此腹心之患也。」乃爲之班師。

守光益以爲諸鎮畏其彊〔四一〕，乃諷諸鎮共推尊己。於是晉王率天德宋瑤、振武周德威、昭義李嗣昭、義武王處直、成德王鎔等，以墨制册尊守光爲尚書令、尚父。守光又遣人告于梁〔四二〕，請授己河北兵馬都統，以討鎮、定、河東。梁遣閤門使王瞳拜守光河北採訪使。有司白守光，尚父受册，用唐册太尉禮儀。守光問曰：「此儀注何不郊天，改元？」有司曰：「此天子之禮也，尚父雖尊，乃人臣耳。」守光怒曰：「我爲尚父，誰當帝者乎？且今天下四分五裂，大者稱帝，小者稱王，我以二千里之燕，獨不能帝一方乎？」乃械梁、晉使者下獄，置斧鑕于其庭，令曰：「敢諫者死！」孫鶴進曰：「滄州之敗，臣蒙王不殺之恩，今日之事，不敢不諫。」守光怒，推之伏鑕，令軍士割而啖之。鶴呼曰：「不出百日，大兵當至！」命窒其口而醢之。守光遂以梁乾化元年八月，自號大燕皇帝，改元曰應天，以王瞳、齊涉爲左右相。晉遣太原少尹李承勳賀册尚父，至燕，而守光已僭號。有司迫承勳稱臣，承勳不屈，以列國交聘禮入見，守光怒，殺之。

明年，晉遣周德威將三萬人，會鎮、定之兵以攻燕，自祁溝關入〔四三〕，其檀、涿、武、順諸州皆迎降〔四四〕。守光被圍經年，累戰常敗，乃遣客將王遵化致書于德威曰：「予得罪于晉，迷而不復，今其病矣，公善爲我辭焉。」德威謂遵化曰：「大燕皇帝尚未郊天，何至此邪？予受命以討僭亂，不知其佗也。」守光益窘，乃獻絹千匹、銀千兩、錦百段，遣其將周遵業謂德威曰：「吾王以情告公，富貴成敗，人之常理；録功宥過，霸者之事也。守光去歲妄自尊崇，本不能爲朱温下耳，豈意大國暴師經年，幸少寛之。」德威不許。守光登城呼德威曰：「公三晉賢士，獨不急人之危乎？」遣人以所乘馬易德威馬而去，因告曰：「俟晉王至則降。」晉王乃自臨軍，守光登城見晉王，晉王問將如何。守光曰：「今日俎上肉耳，惟王所爲也！」守光有嬖者李小喜，勸其毋降，守光因請俟佗日。是夕，小喜叛降于晉軍。明旦，晉軍攻破其城，執仁恭及其家族三百口。

守光與其妻李氏、祝氏，子繼珣〔四五〕、繼方、繼祚等，南走滄州，迷失道，至燕樂界中，數日不得食，遣其妻祝氏乞食於田家，田家怪而詰之，祝氏以實告，乃被擒送幽州。晉王方大饗軍，客將引守光見，晉王戲之曰：「主人何避客之遽也？」守光叩頭請死，命械守光并其父仁恭以從軍。軍還過趙，趙王王鎔會晉王，置酒，酒酣請曰：「願見仁恭父子。」晉王命破械出之，引置下坐。飲食自若，皆無慚色。

晉王至太原，仁恭父子曳以組練，獻于太廟。守光將死，泣曰：「臣死無恨，然教臣不降者，李小喜也，罪人不死，臣將訴于地下。」晉王使召小喜，小喜瞋目曰：「因父弒兄，烝其骨肉，亦小喜教爾邪？」晉王怒，命先斬小喜。守光知不免，呼曰：「王將復唐室以成霸業，何不赦臣使自效？」其二婦從旁罵曰：「事已至此，生復何爲？願先死！」乃俱死。晉王命李存霸執仁恭至鴈門，刺其心血以祭先王墓，然後斬之。

校勘記

〔一〕沒諾干子曰末坦活　「沒諾干」，舊唐書卷一四二王廷湊傳、白氏長慶集卷三四王庭湊曾祖五哥之可贈越州都督祖末怛活可贈左散騎常侍父昇朝可贈禮部尚書制記王廷湊曾祖名「五哥之」，錢大昕考異卷六三：「案舊唐書王武俊傳：『武俊初號沒諾干。』唐書張孝忠傳：『燕趙間共推張阿勞、王沒諾干，二人齊名。沒諾干，王武俊也。』王廷湊傳：『曾祖五哥之，王武俊養爲子，故冒姓王。』宰相世系表安東王氏，五哥之生末怛活，末怛活子昇朝，昇朝子廷湊。舊書廷湊傳敍其世系與表正合。然則沒諾干與王武俊乃是一人，而廷湊之曾祖自名『五哥之』，非『沒諾干』也。」「末坦活」，舊唐書卷一四二王廷湊傳、新唐書卷七五下宰相世系表五下、册府卷一七七、王元逵墓誌（拓片刊新中國出土墓誌河北壹）作「末怛活」。本卷下一處同。

〔二〕末坦活子曰昇　「昇」，舊唐書卷一四二王廷湊傳、新唐書卷七五下宰相世系表五下、册府卷

一七七、白氏長慶集卷三四王庭湊曾祖五哥之可贈越州都督祖末怛活可贈左散騎常侍父昇朝可贈禮部尚書制、王元逵墓誌作「昇朝」。本卷下一處同。

〔三〕館于海子園　「海」，原作「梅」，據宗文本、册府卷七三〇改。夢溪筆談卷二四：「鎮陽池苑之盛，冠于諸鎮，乃王鎔時海子園也，鎔嘗館李匡威於此……鎮人矜大其池，謂之『潭園』，蓋不知昔嘗謂之『海子』矣。」

〔四〕李正抱　舊唐書卷二〇上昭宗紀、册府（宋本）卷七三〇、北夢瑣言卷一三作「李貞抱」，舊唐書卷一八〇李匡威傳、新唐書卷二一一王鎔傳、卷二一二李匡威傳作「李抱貞」。按「正」係避宋諱改。本卷下文同。

〔五〕乃與匡威謀劫鎔而代之　「鎔」字原闕，據宋丙本、宗文本、詳節卷六補。

〔六〕燕人皆走　「走」，宋丙本、宗文本作「死」。

〔七〕此英雄之事耳　「耳」，原作「乎」，據宋丙本、宗文本改。

〔八〕鎔祖母喪　舊唐書卷一四二王鎔傳：「天祐七年，母魏國太夫人何氏卒。」通鑑卷二六七：「會趙王鎔母何氏卒。」此處「祖母」疑爲「母」之誤。

〔九〕杜廷隱　原作「杜延隱」，據宋丙本、宗文本、舊五代史卷二七唐莊宗紀一、通鑑卷二六七改。

〔一〇〕願從王歸　宋丙本、宗文本作「願從王歸國」。

〔一一〕弘規呼甲士斬希蒙首　「呼」下原有「鎔」字，據宋丙本、宗文本刪。舊五代史卷五四王鎔傳敍其事云：「弘規因命軍士聚譟，斬希蒙首抵於前。」

〔三〕親軍十餘人踰垣而入　「十」，原作「千」，據宗文本、舊五代史卷五四王鎔傳改。

〔三〕與之震匿昭誨於茶籠中　「與之震」三字原闕，據宗文本補。舊五代史卷五四王鎔傳敍其事云：「屬湖南綱官李震南還，軍士以昭誨託於震，震置之茶褚中。」册府卷八〇四略同。

〔四〕遂殺其帥樂彦貞　「樂彦貞」，原作「木彦貞」，據宋丙本、宗文本改。按舊唐書卷一八一、新唐書卷二一〇有樂彦禎傳。

〔五〕趙文建　舊唐書卷一八一羅弘信傳、新唐書卷二一〇樂彦禎傳、通鑑卷二五七、羅讓神道碑（拓片藏中國國家圖書館）作「趙文玢」。

〔六〕牙軍未知所立　「牙軍」，原作「牙將」，據宗文本、舊五代史卷一四羅紹威傳改。

〔七〕臨河　以上二字原闕，據宋丙本、宗文本補。按本書卷二一葛從周傳：「太祖攻魏，從周與丁會先下黎陽、臨河。」舊五代史卷一梁太祖紀一、册府卷一八七：「帝遣丁會、葛從周率衆渡河，取黎陽、臨河，又令龐師古、霍存下淇門、衛縣。」

〔八〕貝州　原作「具州」，據宗文本、舊五代史卷一四羅紹威傳改。宋丙本作「其城」。本卷下文劉守光傳「屠貝州」同。

〔九〕父子世相婚姻以自固結　「固」字原闕，據宋丙本、宗文本、吴縝纂誤卷中引五代史補。

〔二〇〕李公佺　原作「李公儉」，據宋丙本、宗文本、舊五代史卷一四羅紹威傳、舊唐書卷一八一羅弘信傳、新唐書卷二一〇羅弘信傳改。

〔二一〕分入澶博諸州　「分」字原闕，據宋丙本、宗文本補。

〔二二〕顧伐木安陽淇門爲船　「安陽」，原作「安楊」，據宋丙本、宗文本改。舊五代史卷一四羅紹威傳敍其事云：「顧於太行伐木，下安陽、淇門。」

〔二三〕謚曰貞壯　「貞壯」，通鑑卷二六七、羅周敬墓誌（拓片刊北京圖書館藏中國歷代石刻拓本匯編第三十六册）作「貞莊」。

〔二四〕唐莊宗時爲金吾大將軍　「金吾大將軍」，宗文本作「左右金吾大將軍」。按舊五代史卷九一羅周敬傳：「莊宗即位，歷左右金吾大將軍。」羅周敬墓誌：「至明宗纂紹之初，除右金吾衞大將軍、充街使。秋九月，轉左金吾衞大將軍、充街使。」

〔二五〕年三十二　「三十二」，羅周敬墓誌作「三十三」。

〔二六〕曰普安公主　「普安」，原作「晉安」，據宗文本、舊五代史卷九一羅周敬傳、册府卷三〇〇改。羅周敬墓誌記其尚普安公主。

〔二七〕父宗　「宗」，舊唐書卷一八二王處直傳、新唐書卷一八六王處存傳同，王處直墓誌（拓片刊五代王處直墓）云「烈考諱寮」。

〔二八〕敗兵返入城逐郜　「敗」字原闕，據宋丙本、宗文本補。

〔二九〕以爲行軍司馬　「行軍」，原作「行營」，據宋丙本、宗文本改。舊五代史卷五四王處直傳敍其事作「漸署爲行軍司馬」。

〔二〇〕同光二年　舊五代史卷三二唐莊宗紀六、卷五四王都傳、卷六九張憲傳、通鑑卷二七三、册府卷五四七皆繫其事於同光三年。

〔二一〕鄭季璘　宗文本作「鄭季麟」。本卷下一處同。

〔二二〕此繼陶也　「此」字原闕，據宗文本補。

〔二三〕後徙鎮海而卒　舊五代史卷八八王廷胤傳：「少帝嗣位，改滄州節度使，累官至檢校太尉。開運元年秋，卒于位。」王廷胤墓誌（拓片刊北京圖書館藏中國歷代石刻拓本匯編第三十六册）：「授横海軍節度使。」按本書卷六〇職方考、太平寰宇記卷六五、卷九三，杭州置鎮海軍，滄州置横海軍。吴蘭庭纂誤補卷三：「此鎮海當是横海之誤。」

〔二四〕燕留得　舊五代史卷二六唐武皇紀下、卷一三五劉守光傳作「燕留德」。本卷下一處同。

〔二五〕破其瀛漠二州　「漠」，舊五代史卷一三五劉守光傳作「鄚」，舊五代史卷二梁太祖紀二、卷二〇張存敬傳作「莫」。按舊五代史卷一五〇郡縣志，河北道有莫州，莫州即鄚州。

〔二六〕令燕人用墐土爲錢　「墐」，原作「瑾」，據宋丙本、宗文本、御覽卷八三六引後唐書、册府卷九二二改。

〔二七〕仁恭在大安山　「山」字原闕，據宋丙本、宗文本、舊五代史卷一三五劉守光傳及本卷上下文補。

〔三八〕號宰殺務　「殺」字原闕，據宗文本、通鑑卷二六七、册府卷九四三補。

〔三九〕燕之士多逃禍于佗境　「多」字原闕，據宗文本補。

〔四〇〕願率二鎮以從晉　「願」字原闕，據宗文本補。

〔四一〕守光益以爲諸鎮畏其彊　「益」字原闕，據宋丙本、宗文本補。

〔四二〕守光又遣人告于梁　「人」字原闕，據宋丙本、宗文本補。

〔四三〕自祁溝關入　「祁」，原作「祈」，據宗文本、本書卷二五周德威傳、通鑑卷二六八改。通鑑胡注：「祁溝關在涿州南，易州拒馬河之北。」

〔四四〕其檀涿武順諸州皆迎降　「檀」，原作「澶」，據宗文本、舊五代史卷二八唐莊宗紀二、通鑑卷二六八、册府卷八改。按舊唐書卷三九地理志二，檀州，後漢屬漁陽郡，隋置安樂郡，武德元年，改爲檀州。

〔四五〕子繼珣　「子」字原闕，據宋丙本、宗文本補。

新五代史卷四十

雜傳第二十八

李茂貞

李茂貞，深州博野人也。本姓宋，名文通，爲博野軍卒，戍鳳翔。黄巢犯京師，鄭畋以博野軍擊賊，茂貞以功自隊長遷軍校。

光啓元年，朱玫反，僖宗出居興元。玫遣王行瑜攻大散關，茂貞與保鑾都將李鋋等敗行瑜於大唐峯。明年，玫遂敗死。茂貞以功自扈蹕都頭拜武定軍節度使，賜以姓名。扈蹕東歸，至鳳翔，鳳翔節度使李昌符與天威都頭楊守立爭道，以兵相攻，昌符不勝，走隴州。僖宗遣茂貞追擊〔一〕，殺昌符，以功拜鳳翔隴右節度使。大順元年，封隴西郡王。

二年，樞密使楊復恭得罪，奔於興元，興元節度使楊守亮，復恭之養子也，納之。茂貞乃上書言復恭父子罪皆當誅，因自請爲山南招討使。昭宗以宦者故，難之，未許。茂貞擅發兵攻破興元，復恭父子見殺。

茂貞表其子繼密權知興元軍府事，昭宗乃徙茂貞山南西道節度使，以宰相徐彦若鎮鳳翔。茂貞不奉詔，上表自論曰：「但慮軍情忽變，戎馬難羈，徒令甸服生靈，因茲受弊，未審乘輿播越，自此何之？」昭宗以茂貞表辭不遜，不能忍，以問宰相杜讓能，讓能以謂：「茂貞地大兵彊，而唐力未可以致討，鳳翔又近京師，易以自危而難於後悔，佗日雖欲誅晁錯以謝諸侯，恐不能也。」昭宗怒曰：「吾不能孱孱坐〔一〕受凌弱！」乃責讓能治兵，而以覃王嗣周爲京西招討使。令下，京師市人皆知不可，相與聚承天門，遮宰相請無舉兵，爭投瓦石擊宰相，宰相下輿而走，亡其堂印，人情大恐，昭宗意益堅。覃王率扈駕軍五十四都戰于盩厔，唐軍敗潰，茂貞遂犯京師，屯于三橋。昭宗御安福門，殺兩樞密以謝茂貞，使罷兵。茂貞素與讓能有隙，因曰：「謀舉兵者非兩樞密，乃讓能也。」陳兵臨臯驛，請殺讓能。讓能曰：「臣故先言之矣，惟殺臣可以紓國難。」昭宗泣下沾襟，貶讓能雷州司户參軍，賜死，茂貞乃罷兵。

〔一〕古本作生。

明年〔二〕，河中節度使王重盈卒，其諸子珂、珙爭立。晉王李克用請立珂，茂貞與韓建、王行瑜請立珙，昭宗不許。茂貞等怒，率三鎮兵犯京師，謀廢昭宗，立吉王保。未果，而晉王亦舉兵，茂貞懼，乃殺宰相韋昭度、李磎，留其養子繼鵬以兵二千宿衛而去。晉兵至河中，繼鵬與行瑜弟行實等爭劫昭宗出奔，京師大亂，昭宗出居于石門。茂貞以兵至鄠縣，斬繼鵬自贖。

晉兵已破王行瑜，還軍渭北，請擊茂貞。昭宗以謂晉遠而茂貞近，因欲庇之以爲德，而冀緩急之可恃也；且茂貞已殺其子自贖矣，乃詔罷歸晉軍。克用歎曰：「唐不誅茂貞，憂未已也！」

昭宗自石門還，益募安聖、捧宸等軍萬餘人，以諸王將之。茂貞謂唐將討己，亦治兵請覲，京師大恐，居人亡入山谷。茂貞遂犯京師，昭宗遣覃王拒之，覃王至三橋，軍潰，昭宗出居于華州。遣宰相孫偓以兵討茂貞，韓建爲茂貞請，乃已。久之，加拜茂貞尚書令，封岐王。

其後，昭宗爲宦者所廢，既反正，宰相崔胤欲借梁兵誅諸宦者，陰與梁太祖謀之。中尉韓全誨等亦倚茂貞之彊，以爲外援，茂貞遣其子繼筠以兵數千宿衛京師，宦者恃岐兵，益驕不可制。

天復元年，胤召梁太祖以西，梁軍至同州，全誨等懼，與繼筠劫昭宗幸鳳翔。梁軍圍之逾年，茂貞每戰輒敗，閉壁不敢出。城中薪食俱盡，自冬涉春，雨雪不止，民凍餓死者日以千數。米斗直錢七千，至燒人屎煮尸而食，父自食其子，人有爭其肉者，曰：「此吾子也，汝安得而食之！」人肉斤直錢百，狗肉斤直錢五百，父甘食其子，而人肉賤於狗。天子於宮中設小磨，遣宮人自屑豆麥以供御，自後宮、諸王十六宅，凍餒而死者日三四。城中人相與邀遮茂貞，求路以爲生，茂貞窮急，謀以天子與梁以爲解。昭宗謂茂貞曰：「朕與六宮皆一日食粥，一日食不托，安能不與梁和乎？」三年正月，茂貞與梁約和，斬韓全誨等二十餘人，傳首梁軍，梁圍解。天子雖得出，然梁遂劫東遷而唐亡，茂貞非惟亡唐，亦自困矣。

及梁太祖即位，諸侯之彊者皆相次稱帝，獨茂貞不能，但稱岐王，開府置官屬，以妻爲皇后，鳴梢羽扇視朝，出入擬天子而已。茂貞居岐，以寬仁愛物，民頗安之，嘗以地狹賦薄，下令榷油，因禁城門無内松薪，以其可爲炬也，有優者誚之曰：「臣請并禁月明。」茂貞笑而不怒。

初，茂貞破楊守亮取興元，而邠、寧、鄜、坊皆附之，有地二十州；其被梁圍也，興元入于蜀；開平已後，邠、寧、鄜、坊入于梁，秦、鳳、階、成又入于蜀；當梁末年，所有七州而已。【一】

【一】二十州者：岐、隴、涇、原、渭、武、秦、成、階、鳳、邠、寧、慶、衍、鄜、坊、丹、延、梁、洋也。

莊宗已破梁，茂貞稱岐王，上牋以季父行自處。及聞入洛，乃上表稱臣，遣其子從曮來朝。莊宗以其耆老，甚尊禮之，改封秦王，詔書不名。同光二年，以疾卒，年六十九，謚曰忠敬。

從曮爲人柔而善書畫，茂貞承制拜從曮彰義軍節度使。茂貞卒，拜鳳翔節度使。魏王繼岌征蜀，爲供軍轉運應接使。

蜀平，繼岌遣從曮部送王衍，行至鳳翔，監軍使柴重厚拒而不納，從曮遂東至華州，聞莊宗之難，乃西歸。明宗入立，聞重厚嘗拒從曮，遣人誅之。從曮上書，言重厚守鳳翔，軍民無所擾，願貸其過，雖不許，士人以此多之。歷鎮宣武、天平。

從曮有田千頃、竹千畝在鳳翔，懼侵民利，未嘗省理，鳳翔人愛之。廢帝起鳳翔，將行，鳳翔人叩馬乞從曮。廢帝入立，復以從曮爲鳳翔節度使。卒，年四十九。

韓建

韓建，字佐時，許州長社人也。少爲蔡州軍校，隸忠武軍將鹿晏弘。從楊復光攻黃巢於長安，巢已破，復光亦死，晏弘與建等無所屬，乃以麾下兵西迎僖宗於蜀，所過攻劫。行至興元，逐牛叢[三]，據山南。已而不能守，晏弘東走許州，建乃奔于蜀，拜金吾衞將軍。

僖宗還長安，建爲潼關防禦使、華州刺史。華州數經大兵，户口流散，建少賤，習農事，乃披荊棘，督民耕植，出入閭里，問其疾苦。建初不知書，乃使人題其所服器皿牀榻，爲其名目以視之，久乃漸通文字。見玉篇，喜曰：「吾以類求之，何所不得也。」因以通音韻聲偶，暇則課學書史。是時，天下已亂，諸鎮皆武夫，獨建撫緝兵民，又好學。荊南成汭時冒姓郭，亦善緝荊楚。當時號爲「北韓南郭」。

大順元年，以兵屬張濬伐晉，濬敗，建自含山遯歸。河中王重盈死，諸子珂、珙爭立，晉人助珂，建與王行瑜、李茂貞助珙。昭宗不許，建等大怒，以三鎮兵犯京師。昭宗見建等責之，行瑜、茂貞惶恐戰汗不能語，獨建前自陳述。乃殺宰相韋昭度、李磎等，謀廢昭宗。會晉舉兵且至，建等懼，乃還。晉兵問罪三鎮，兵傅華州，建登城呼曰：「弊邑未常失禮於大國，何爲見攻？」晉人曰：「君以兵犯天子，殺大臣，是以討也。」已而與晉和。

乾寧三年，李茂貞復犯京師，昭宗將奔太原，次渭北，建遣子允請幸華州。昭宗又欲如鄜州，建追及昭宗於富平，泣曰：「藩臣倔彊，非止茂貞，若捨近畿而巡極塞，乘輿渡河，不可復矣！」昭宗亦泣，遂幸華州。

是時，天子孤弱，獨有殿後軍及定州三都將李筠等兵千餘人爲衞，以諸王將之。建已得昭宗幸其鎮，遂欲制之，因請罷諸王將兵，散去殿後諸軍，累表不報。昭宗登齊雲樓，西北顧望京師，作菩薩蠻辭三章以思歸，其卒章曰：「野煙生碧樹，陌上行人去。安得有英雄，迎歸大内中。」酒酣，與從臣悲歌泣下，建與諸王皆屬和之。建心尤不悦，因遣人告諸王謀殺建、劫天子幸佗鎮。昭宗召建，將辨之，建稱疾不出，乃遣諸王自詣建辨之〔四〕，建不見，請送諸王十六宅，昭宗難之。建乃率精兵數千圍行宫，請誅李筠。昭宗大懼，遽詔斬筠，悉散殿後及三都衞兵，幽諸王於十六宅。昭宗益悔幸華，遣延王戒丕使于晉，以謀興復。戒丕還，建與中尉劉季述誣諸王謀反，以兵圍十六宅，諸王皆登屋叫呼，遂見殺。昭宗無如之何，爲建立德政碑以慰安之。

建已殺諸王，乃營南莊，起樓閣，欲邀昭宗遊幸，因以廢之而立德王裕。其父叔豐謂建曰：「汝陳許間一田夫爾，遭時之亂，蒙天子厚恩至此，欲以兩州百里之地行大事，覆族之禍，吾不忍見，不如先死！」因泣下歔欷。李茂貞、梁太祖皆欲發兵迎天子，建稍恐懼，乃止。光化元年，昭宗還長安，自爲建畫像，封建潁川郡王，賜以鐵券。建辭王爵，乃封建許國公。

梁太祖以兵嚮長安，遣張存敬攻同州，建判官司馬鄴以城降，太祖使鄴召建，建乃出降。太祖責建背己，建曰：「判官李巨川之謀也。」太祖怒，即殺巨川，以建從行。昭宗東遷，建從至洛，昭宗舉酒屬太祖與建曰：「遷都之後，國步小康，社稷安危，繫卿兩人。」次何皇后舉觴，建躡太祖足，太祖乃陽醉去。建出，謂太祖曰：「天子與宫人眼語，幕下有兵仗聲，恐公不免也！」太祖以故尤德之，表建平盧軍節度使。太祖即位，拜司徒、同中書門下平章事。太祖性剛暴，臣下莫敢諫諍，惟建時有言，太祖亦優容之。太祖郊于洛，建爲大禮使。罷相，出鎮許州。太祖崩，許州軍亂，見殺，年五十八。

李仁福

李仁福，不知其世家。當唐僖宗時，有拓拔思恭者〔五〕，爲夏州偏將，後以與破黄巢功，賜姓李氏，拜夏州節度使。思恭卒，乾寧二年，以其弟思諫爲節度使。

自唐末天下大亂，史官實録多闕，諸鎮因時倔起，自非有大善惡暴著于世者，不能紀其始終。是時，興元、鳳翔、邠寧、鄜坊、河中、同華諸鎮之兵，四面並起而交爭，獨靈夏未嘗爲唐患，而亦無大功。朱玫之亂，思恭與鄜州李思孝皆以兵屯渭橋。其後，黄巢陷京師，王重榮、李克用等會諸鎮兵討賊，思恭與破巢復京師，然皆未嘗有所可稱，故思恭之世次、功過不顯而無傳。

梁開平二年，思諫卒，軍中立其子彝昌爲留後，梁即拜彝昌節度使〔六〕。明年，其將高宗益作亂，殺彝昌。是時，仁福爲蕃部指揮使，戍兵于外，軍中乃迎仁福立之，不知其於思諫爲親疎也。是歲四月，拜仁福檢校司空、定難軍節度使。終梁之世，奉正朔而已。是時，岐王李茂貞，晉王李克用，數會兵攻仁福，梁輒出兵救之。仁福累官至檢校太師兼中書令，封朔方王。長興四年三月卒，其子彝超自立爲留後。

自仁福時，邊將多言仁福通於契丹，恐爲邊患。明宗因其卒，乃以彝超爲延州刺史、彰武軍節度使，而徙彰武安從進代之。恐彝超不受代，遣邠州藥彦稠以兵五萬送從進之鎮。彝超果不受代，從進與彦稠以兵圍之，百餘日不克。夏州城壁素堅，故老傳言赫連勃勃蒸土築之，從進等穴地道至城下，堅如鐵石，鑿不能入。彝超外招党項，抄掠從進等糧道，自陝以西，民運斗粟束芻，其費數千，人不堪命，道路愁苦。明宗遂釋不攻，以彝超爲定難軍節度使。清泰二年，卒〔七〕。

其弟彝興，累官檢校太師兼侍中，周顯德中，封西平王，其後事具國史。

韓遜

韓遜，不知其世家。初爲靈武軍校，當唐末之亂，據有靈鹽，唐即以爲節度使，而史失不録，不見其事。梁開平三年，封朔方節度使韓遜爲潁川王，始見於史。是時，邠寧楊崇本、鄜延李周彝、鳳翔李茂貞，皆與梁爭戰，獨遜與夏州李思諫臣屬于梁，未嘗以兵爭。李茂貞嘗遣劉知俊攻遜，不能克。遜亦善撫其部，部人皆愛之〔八〕，爲遜立生祠。

貞明中，遜卒，軍中立其子洙爲留後，梁即以爲節度使。至莊宗時，又以洙兼河西節度。天成四年，洙卒，即以洙子澄爲朔方軍留後〔九〕。其將李賓作亂，澄乃上章請帥於朝，明宗以康福爲朔方河西節度使以代澄，由是命吏而相代矣。韓氏自遜有靈武，傳世皆無所稱述，澄後不知其所終。

楊崇本

楊崇本，幼事李茂貞，養以爲子，冒姓李，名曰繼徽，茂貞表崇本靜難軍節度使。梁太祖攻岐未下，乃移兵攻邠州，崇本迎降，太祖使復其姓，賜名崇本，遷其家於河中以爲質。

崇本妻有美色，太祖用兵，往來河中，嘗幸之。崇本妻頗媿恥，間遣人誚崇本曰：「大丈夫不能庇其伉儷，我已爲朱公婦矣，無面視君，有刀繩而已！」崇本涕泣憤怒。其後梁兵解岐圍，崇本妻得歸，崇本乃復背梁歸茂貞。

茂貞西連蜀兵會崇本攻雍、華，關西大震。太祖以兵西至河中，遣郴王友裕擊之，友裕至永壽而卒，梁兵乃旋。崇本屯美原，太祖復遣劉知俊、康懷英等擊之，崇本大敗，自此不復東。

乾化四年，爲其子彥魯所弒，崇本養子李保衡殺彥魯以降梁。

高萬興

高萬興，河西人也。唐末，河西屬李茂貞，茂貞將胡敬璋爲延州刺史，萬興與其弟萬金俱事敬璋爲騎將。敬璋死，其將劉萬子代爲刺史。梁開平二年〔一〇〕，葬敬璋於州南〔一一〕，萬子在會，其將許從實殺萬子〔一二〕，自爲延州刺史。是時，萬興兄弟皆將兵戍境上，聞萬子死，以其部下數千人降梁。

梁太祖兵屯河中，遣同州劉知俊以兵應萬興，攻丹州，執其刺史崔公實。進攻延州，執許從實。鄜州李彥容、坊州李彥昱皆棄城走。梁太祖乃以萬興爲延州刺史、忠義軍節度使，以牛存節爲保大軍節度使。已而劉知俊叛，乃徙存節守同州，以萬金爲保大軍節度使〔一三〕。萬興累遷檢校太師兼中書令，封渤海郡王〔一四〕。貞明四年，萬金卒，乃以萬興爲鄜延節度使。進封延安郡王〔一五〕，徙封北平王。梁亡，莊宗入洛，萬興嘗一來朝。同光三年，卒于鎮。

萬興兄弟皆驍勇，而未嘗立戰功，然以戍兵降梁，梁取鄜、坊、丹、延自萬興始，故其兄弟世守其土。

萬興死〔一六〕，子允韜代立，長興元年徙鎮安國，又徙義成，清泰中卒。

萬金子允權，開運中爲膚施令，罷居于家。是時，周密爲彰信軍節度使〔一七〕，契丹滅晉，延州軍亂，逐密，密守東城，而西城之兵以允權爲留後。聞漢高祖起太原，遂歸漢，即拜節度使。廣順三年，卒。

温韜

温韜，京兆華原人也。少爲盜，後事李茂貞，爲華原鎮將，冒姓李，名彦韜。茂貞以華原縣爲耀州，以韜爲刺史。梁太祖圍茂貞於鳳翔，韜以耀州降梁，已而復叛歸茂貞。茂貞又以美原縣爲鼎州，建義勝軍，以韜爲節度使。末帝時，韜復叛茂貞降梁，梁改耀州爲崇州，鼎州爲裕州，義勝軍爲静勝軍〔八〕，即以韜爲節度使，復其姓温，更其名曰昭圖。

韜在鎮七年，唐諸陵在其境内者，悉發掘之，取其所藏金寶，而昭陵最固，韜從埏道下，見宫室制度閎麗，不異人間，中爲正寢，東西廂列石牀，牀上石函中爲鐵匣，悉藏前世圖書，鍾王筆迹，紙墨如新，韜悉取之，遂傳人間，惟乾陵風雨不可發。

其後朱友謙叛梁，取同州，晉王以兵援友謙而趨華原，韜懼，求徙佗鎮，遂徙忠武。莊宗滅梁，韜自許來朝，因伶人景進納賂劉皇后，皇后爲言之，莊宗待韜甚厚，賜姓名曰李紹沖。郭崇韜曰：「此刦陵賊爾，罪不可赦！」莊宗曰：「已宥之矣，不可失信。」遽遣還鎮。

明宗入洛，與段凝俱收下獄，已而赦之，勒歸田里。明年，流于德州，賜死。

嗚呼，厚葬之弊，自秦漢已來，率多聰明英偉之主，雖有高談善説之士，極陳其禍福，有不能開其惑者矣！豈非富貴之欲，溺其所自私者篤，而未然之禍，難述於無形，不足以動其心歟？然而聞温韜之事者，可以少戒也！

五代之君，往往不得其死，何暇顧其後哉。獨周太祖能鑒韜之禍，其將終也，爲書以遺世宗，使以瓦棺、紙衣而斂，將葬，開棺示人，既葬，刻石以告後世，毋作下宫，毋置守陵妾，其意丁寧切至，然實録不書其葬之薄厚也。又使葬其平生所服衮冕、通天冠、絳紗袍各二，其一于京師，其一于澶州；又葬其劍、甲各二，其一于河中，其一于大名者，莫能原其旨也。

校勘記

〔一〕僖宗遺茂貞追擊　「追」字原闕，據宋丙本、宗文本補。

〔二〕明年　本書卷四唐本紀、舊唐書卷二〇上昭宗紀、新唐書卷一〇昭宗紀、通鑑卷二六〇皆云王重盈卒於乾寧二年。按本卷上文云「大順二年」，吴縝纂誤卷中：「所謂『明年』者誤也，當爲乾寧二年。」

〔三〕牛叢　舊五代史卷一三六王建傳、册府卷二二三同，新唐書卷九僖宗紀、册府卷一七八、通鑑卷二五五作「牛勗」。

〔四〕乃遣諸王自詣建辨之　「建辨之」三字原闕，據宋丙本、宗文本補。通鑑卷二六一敍其事作「令諸王詣建自陳」。

〔五〕有拓拔思恭者　「拓拔思恭」，原作「拓拔思敬」，據吴縝纂誤卷中引五代史、舊五代史卷一三二李仁福傳改。通鑑卷二五四考異：「按舊唐書、實録皆作『思恭』。實録：『天復二年九月，武定軍節度使李思敬以城降王建。思敬本姓拓跋，鄜夏節度使思恭、保大節度使思孝之弟也。思孝致仕，以思敬爲保大留後，遂升節度，又徙武定軍。』新唐書党項傳曰：『思恭爲定難節度使，卒，弟思諫代爲節度。思孝爲保大節度，以老，薦弟思敬爲保大留後，俄爲節度。』然則思恭、思敬乃是兩人。」本卷下文同。

〔六〕梁即拜彝昌節度使　「梁」字原闕，據宋丙本、宗文本補。

〔七〕清泰二年卒　何德璘墓誌（拓片刊中國藏西夏文獻第十八册）：「清泰元年，今府主紹位。」按今府主爲李彝興，疑李彝超卒於清泰元年。

〔八〕部人皆愛之　「部」字原闕，據宋丙本、宗文本補。

〔九〕即以洙子澄爲朔方軍留後　本書卷四六康福傳：「韓洙死，其弟澄立。」通鑑卷二七六略同。舊五代史卷一三二韓遜傳、册府卷四三六亦稱「以其弟澄爲朔方軍節度觀察留後」。此云「洙子澄」，疑誤。

〔一〇〕梁開平二年　本書卷一梁本紀、通鑑卷二六七皆繫其事於開平三年。舊五代史卷一三二高萬興傳繫其事於天祐六年，按天祐六年即開平三年。

〔一一〕葬敬璋於州南　「敬璋」二字原闕，據宗文本補。舊五代史卷一三二高萬興傳敍其事云：「萬子葬敬璋，將佐皆集於葬所。」通鑑卷二六七亦云：「延實因萬子葬胡敬璋，攻而殺之。」

〔一二〕許從實　通鑑卷二六七敍其事作「李延實」。本卷下一處同。

〔一三〕以萬金爲保大軍節度使　舊五代史卷二二牛存節傳：「三年四月，除鄜州留後。六月，劉知俊以同州叛，尋授同州留後。」卷二一徐懷玉傳：「三年，制授鄜坊節度使、特進、檢校太保。」按鄜州置保大軍。另據舊五代史卷六梁太祖紀六，高萬金直至乾化元年仍爲延州當軍都指揮使，則代牛存節者乃徐懷玉，非高萬金。

〔一四〕封渤海郡王　「封」字原闕，據宋丙本、宗文本補。

〔一五〕進封延安郡王　「延安郡王」，舊五代史卷一〇梁末帝紀下作「延安王」。按册府卷一九六：「貞明元年二月，進封延州節度使、渤海郡王高萬興爲渤海王。六年四月，進封延安王。」

〔一六〕萬興死　「死」字原闕，據宋丙本、宗文本補。按舊五代史卷一三二高萬興傳：「卒於位，以其子允韜權典留後。」

〔一七〕周密爲彰信軍節度使　「彰信」，通鑑卷二八六、同卷考異引晉少帝實録作「彰武」。按舊五代史卷八四晉少帝紀三（開運三年八月）以右龍武統軍周密爲延州節度使」，又卷九九漢高祖紀二「（天福十二年）權延州留後高允權遣判官李彬奏：本道節度使周密爲三軍所逐」，周密實爲延帥。又據本書卷六〇職方考，延州置彰武軍，彰信軍後周始置於曹州。

〔一八〕義勝軍爲靜勝軍　「義勝軍」，原作「義勝」，據宗文本改。

新五代史卷四十一

雜傳第二十九

盧光稠　譚全播

盧光稠、譚全播，皆南康人也。光稠狀貌雄偉，無佗材能，而全播勇敢有識略，然全播常奇光稠爲人。

唐末，羣盜起南方，全播謂光稠曰：「天下洶洶，此真吾等之時，無徒守此貧賤爲也！」乃相與聚兵爲盜。衆推全播爲主，全播曰：「諸君徒爲賊乎？而欲成功乎？若欲成功，當得良帥，盧公堂堂，真君等主也。」衆陽諾之，全播怒，拔劍擊木三，斬之，曰：「不從令者如此木！」衆懼，乃立光稠爲帥。

是時，王潮攻陷嶺南，全播攻潮，取其虔、韶二州，又遣光稠弟光睦攻潮州。光睦好勇而輕進，全播戒其持重，不聽，度其必敗，乃爲奇兵伏其歸路。光睦果敗走，潮人追之，全播以伏兵邀擊，大敗之，遂取潮州。

是時，劉巖起南海，擊走光睦，以兵數萬攻虔州。光稠大懼，謂全播曰：「虔、韶皆公取之〔一〕，今日非公不能守也。」全播曰：「吾知劉巖易與爾！」乃選精兵萬人，伏山谷中，陽治戰地於城南，告巖戰期。以老弱五千出戰，戰酣，僞北，巖急追之，伏兵發，巖遂大敗。光稠第戰功，全播悉推諸將，光稠心益賢之。

梁初，江南、嶺表悉爲吴與南漢分據，而光稠獨以虔、韶二州請命于京師，願通道路，輸貢賦。太祖爲置百勝軍，以光稠爲防禦使、兼五嶺開通使，又建鎮南軍，以爲留後。

開平五年〔二〕，光稠病，以符印屬全播，全播不受。光稠卒，全播立其子延昌而事之。延昌好遊獵，其將黎求閉門拒延昌〔三〕，延昌見殺。求因謀殺全播，全播懼，稱疾不出。求乃自立，請命于梁。

乾化元年，拜求防禦使。求暴病死，其將李彦圖自立，全播益懼，遂稱疾篤，杜門自絶。彦圖疑之，使人覘其動静，全播應覘爲狀以自免。彦圖死，州人相率詣全播第，扣門請之，全播乃起，遣使請命于梁，拜防禦使。

全播治虔州七年，有善政，楊隆演遣劉信攻破虔州，以全播歸廣陵。卒，年八十五。

當盧氏時，劉龔已取韶州，及全播被執，虔州遂入于吴。

雷滿

雷滿，武陵人也。爲人兇悍獢勇，文身斷髮。唐廣明中，湖南饑，盜賊起，滿與同里人區景思、周岳等聚諸蠻數千，獵于大澤中，乃擊鮮釃酒，擇坐中豪者，補置伍長，號「土團軍」，諸蠻從之，推滿爲帥。

是時，高駢鎮荆南，召滿隸麾下，使以蠻軍擊賊。駢徙淮南，滿從至廣陵，逃歸，殺刺史崔翥，遂據朗州，請命于唐。昭宗以澧、朗爲武貞軍，拜滿節度使。

是時，澧陽人向瓌殺刺史吕自牧據澧州，而溪洞諸蠻宋鄴昌、師益等，皆起兵剽掠湖外，滿亦以輕舟上下荆江，攻劫州縣。楊行密攻杜洪于鄂州，荆南成汭出兵救洪，汭戰敗，溺死於君山。滿襲破荆南〔四〕，不能守，焚掠殆盡而去。

滿嘗鑿深池於府中，客有過者，召宴池上，指其水曰：「蛟龍水怪皆窟於此，蓋水府也。」酒酣，取坐上器擲池中，因裸而入，取器嬉水上，久之乃出，治衣復坐，意氣自若。

滿居朗州，引沅水塹其城，上爲長橋，爲不可攻之計。天祐中，滿卒〔五〕，子彦恭自立。

彥恭附于楊行密，亦嘗攻劫，爲荆湖患。開平元年，馬殷發兵攻彥恭，彥恭恃塹爲阻〔六〕，逾年不能破。三年，彥恭奔于楊行密，馬殷擒其弟彥雄等七人送于梁，斬于汴市，彥恭卒於淮南，澧、朗遂入于楚。

鍾傳

鍾傳，洪州高安人也。事州爲小校，黄巢攻掠江淮，所在盜起，往往據州縣。傳以州兵擊賊，頻勝，遂逐觀察使，自稱留後。唐以洪州爲鎮南軍，拜傳節度使。江夏伶人杜洪者，亦據鄂州，楊行密屢攻之，洪頗倚傳爲首尾。久之，洪敗死。

是時，危全諷、韓師德等分據撫、吉諸州，傳皆不能節度，以兵攻之，稍聽命，獨全諷不能下，乃自率兵圍之〔七〕。城中夜火起，諸將請急攻之，傳曰：「吾聞君子不迫人之危。」乃掃地祭天，嚮城再拜，祝曰：「全諷不降，非民之罪，願天止火。」全諷聞之，明日乃亦聽命，請以女妻傳子匡時。

傳居江西三十餘年，累拜太保、中書令，封南平王。天祐三年，傳卒，子匡時自稱留後，請命于唐。全諷曰：「聽鍾郎爲節度使三年，吾將自爲之。」已而傳養子延規與匡時爭立，乞兵於楊渥，渥遣秦裴等攻匡時，匡時敗，被執歸廣陵。開平三年，全諷等起兵江西，謀復鍾氏故地，全諷爲楊隆演將周本所敗，江西遂入于吴。

趙匡凝

趙匡凝，字光儀，蔡州人也。其父德諲事秦宗權，爲申州刺史。宗權反，德諲攻下襄陽。梁太祖攻蔡州，宗權屢敗，德諲乃以山南東道七州降。梁太祖初鎮宣武，嘗爲宗權所困，聞德諲降，大喜，表爲行營副都統，河陽、保義、義昌三節度行軍司馬。會其兵以攻蔡州，破之，德諲功多。德諲卒，子匡凝自立。

是時，成汭死，雷彦恭襲取荆南，匡凝遣其弟匡明逐彦恭，太祖表匡凝荆襄節度使，以匡明爲荆南留後。是時，唐衰，藩鎮不復奉朝廷，獨匡凝兄弟貢賦不絶。

匡凝爲人氣貌甚偉，性方嚴，喜自脩飾，頗好學問，聚書數千卷，爲政有威惠。

太祖攻兗州，朱瑾求救於晉，晉遣史儼等將兵數千救瑾，瑾敗，與儼等奔于淮南。晉王李克用遣人以書幣假道于匡凝，以聘于楊行密，求歸儼等。晉王使者爲梁得，太祖大怒。是時，梁已破兗、鄆，遣氏叔琮、康懷英等攻匡凝，叔琮取泌、隨二州，懷英取鄧州，匡凝懼，請盟，乃止。

太祖已弑昭宗〔八〕，將謀代唐，畏匡凝兄弟不從，遣使告之。匡凝對使者流涕答曰：「受唐恩深，不敢妄有佗志。」太祖遣楊師厚攻之，太祖以兵殿漢北，匡凝戰敗，以輕舟奔于楊行密。師厚進攻荆南，匡明奔于蜀。

匡凝至廣陵，行密見之，戲曰：「君在鎮時，輕車重馬，歲輸于梁，今敗乃歸我乎？」匡凝曰：「僕世爲唐臣，歲時職貢，非輸賊也。今以不從賊之故，力屈歸公，惟公生死之耳！」行密厚遇之。其後行密死，楊渥稍不禮之。渥方宴，食青梅，匡凝顧渥曰：「勿多食，發小兒熱。」諸將以爲慢。渥遷匡凝海陵，後爲徐温所殺。匡明卒于蜀。

校勘記

〔一〕虔韶皆公取之　「韶」，原作「潮」，據宗文本改。按通鑑卷二六三：「是歲，虔州刺史盧光稠攻嶺南，陷韶州，使其子延昌守之，進圍潮州。清海劉隱發兵擊走之，乘勝進攻韶州……光稠自虔州引兵救之，其將譚全播伏精兵萬人於山谷，以羸弱挑戰，大破隱于城南，隱奔還。」本傳上文亦云：「全播攻潮，取其虔、韶二州。」則譚全播所守者蓋韶州。

〔二〕開平五年　通鑑卷二六七繫其事於開平四年。

〔三〕黎求　通鑑卷二六八、九國志卷二作「黎球」。

〔四〕滿襲破荆南　本卷下文趙匡凝傳、舊五代史卷一三三馬殷傳、册府卷四二〇皆記襲破荆南者爲雷彦恭。按新唐書卷一〇昭宗紀、卷一八六雷滿傳、通鑑卷二六二，雷滿卒於天復元年，舊唐書卷二〇上昭宗紀、新唐書卷一〇昭宗紀、通鑑卷二六四皆繫擊成汭事於天復三年，則破荆南時，雷滿已卒。

〔五〕天祐中滿卒　新唐書卷一〇昭宗紀、卷一八六雷滿傳、通鑑卷二六二皆云雷滿卒於天復元年。

〔六〕彦恭恃塹爲阻　「彦恭」二字原闕，據宋丙本、宗文本補。

〔七〕乃自率兵圍之　「之」，宋丙本、宗文本作「其城」。

〔八〕太祖已弑昭宗　「已」字原闕，據宋丙本、宗文本補。

新五代史卷四十二

雜傳第三十

朱宣 弟瑾

朱宣，宋州下邑人也。少從其父販鹽爲盜，父抵法死，宣乃去事青州節度使王敬武爲軍校，敬武以隸其將曹全晟〔一〕。中和二年，敬武遣全晟入關與破黄巢。還過鄆州，鄆州節度使薛崇卒，其將崔君預自稱留後〔二〕。全晟攻殺君預，遂據鄆州。宣以戰功，爲鄆州馬步軍都指揮使。已而全晟死，軍中推宣爲留後，唐僖宗即拜宣天平軍節度使。

梁太祖鎮宣武，以兄事宣。太祖新就鎮，兵力尚少，數爲秦宗權所困，太祖乞兵於宣。宣與其弟瑾以兗、鄆之兵救汴，大破蔡兵，走宗權。是時，太祖已襲取滑州，稍欲并吞諸鎮，宣、瑾既還，乃馳檄兗、鄆，言宣、瑾多誘宣武軍卒亡以東，乃發兵收亡卒，因攻之，遂爲敵國，苦戰曹濮間。是時，梁又東攻徐州，西有蔡賊，北敵强晉，宣、瑾兄弟自相首尾，然卒爲梁所滅。

乾寧四年，宣敗走中都，爲葛從周所執，斬于汴橋下。【一】

【一】今流俗以宣瑾兄，於名加「玉」者〔三〕，非也。

瑾，宣從父弟也。從宣居鄆州，補軍校。少倜儻有大志，兗州節度使齊克讓愛其爲人，以女妻之。瑾行親迎，乃選壯士爲輿夫，伏兵器輿中。夜至兗州，兵發，遂虜克讓，自稱留後。僖宗即拜瑾泰寧軍節度使。

瑾與宣已破秦宗權於汴州，梁太祖責瑾誘宣武軍卒以歸，遣朱珍攻瑾，取曹州，又攻濮州，而太祖自攻鄆。瑾兄弟往來相救，凡十餘年，大小數十戰，與太祖屢相勝敗。

太祖得宣將賀瓌、何懷寶及瑾兄瓊，乃將瓊等至兗城下，告瑾曰：「汝兄敗矣！今瓊等已降，不如早自歸。」瑾僞曰：「諾。」乃遣牙將胡規持書幣詣軍門請降。太祖大喜，至延壽門與瑾交語，瑾曰：「願得瓊來送符印〔四〕。」太祖信之，遣客將劉捍送瓊往。瑾伏壯士橋下，單騎迎瓊，揮手語捍曰：「請瓊獨來！」瓊前，壯士擒之，遂閉門，責瓊先降，斬之，擲其首城外。太祖度不可下，乃留兵圍之而去。

瑾嬰城自守，而與葛從周等戰城下，瑾兵屢敗，宣亦敗於鄆州，乃乞兵於晉，晉遣李承嗣、史儼等以騎兵五千救之。太祖已破宣，乃急趨兖。瑾城中食盡，與承嗣等掠食豐沛間，梁兵奄至，瑾將康懷英等以城降梁。瑾等將麾下兵走沂州，沂州刺史尹處賓不納。又走海州，梁兵急追之，乃奔于淮南。楊行密聞瑾來，大喜，解其玉帶贈之，表瑾領武寧軍節度使，以爲行軍副使。其後，梁遣龐師古、葛從周等攻淮南，行密用瑾，大破梁兵於清口，斬師古。行密累表瑾東南諸道行營副都統、領平盧軍節度使、同中書門下平章事。

行密死，渥及隆演相繼立，皆年少，徐温與其子知訓專政，畏瑾，欲除之，瑾乃謀殺知訓。嘗以月旦遣愛妾候知訓家，知訓强通之，妾歸自訴，瑾益不平。屢勸隆演誅徐氏，以去國患，隆演不能爲。

既而知訓以泗州建靜淮軍，出瑾爲節度使。將行，召之夜飲。明日，知訓過瑾謝，延之升堂，出其妻陶氏，知訓方拜，瑾以笏擊踣之，伏兵自户突出，殺之。初，瑾以二惡馬繫庭中，知訓入而釋馬，使相踶鳴，故外人莫聞其變。瑾攜其首馳示隆演，曰：「今日爲吴除患矣！」隆演曰：「此事非吾敢知！」遽起入内。瑾忿然以首擊柱，提劍而出，府門已闔，因踰垣，折其足。瑾顧路窮，大呼曰：「吾爲萬人去害，而以一身死之！」遂自剄。

潤州徐知誥聞亂，以兵趨廣陵，族瑾家。瑾妻陶氏臨刑而泣，其妾曰：「何爲泣乎？

今行見公矣！」陶氏收淚，欣然就戮，聞者哀之。

瑾名重江淮，人畏之，其死也，尸之廣陵北門，路人私共瘞之。是時，民多病瘧，皆取其墓上土，以水服之，云病輒愈，更益新土，漸成高墳。徐温等惡之，發其尸，投於雷公塘。後温病，夢瑾挽弓射之。温懼，網其骨，葬塘側，立祠其上。初，瑾嘗病疽，醫者視之，色懼，瑾曰：「但理之，吾非以病死者。」於是果然。卒，年五十二。

王師範

王師範，青州人也。其父敬武，爲平盧軍牙將。唐廣明元年，無棣人洪霸郎爲盜齊棣間，平盧節度使安師儒遣敬武率兵擊破之。敬武反兵逐師儒，自稱留後，都統王鐸承制拜敬武節度使。

敬武卒，師範立〔五〕。師範尚幼，其棣州刺史張蟾叛。昭宗以爲師範年少，其下不服從，乃拜太子少師崔安潛爲平盧節度使。師範不受代，蟾迎安潛入棣州。師範遣其將盧洪攻蟾，洪以兵返襲青州，師範陽爲好辭，遣人迎語洪曰：「吾幼未能任事，賴諸將共持之爾。不然，聽公所爲也。」洪以師範無能爲，遽還，不爲備。師範伏兵於道，語其僕劉鄩曰：「洪來，爲我斬之，用爾爲牙將。」明日，洪來，師範出迎，鄩於坐上斬之，伏兵發，盡殺其餘兵，乃急攻棣州，破張蟾，安潛奔歸于京師。昭宗乃拜師範節度使。

師範頗好儒學，聚書至萬卷，爲政有威愛。梁太祖圍昭宗於鳳翔，宦官韓全誨等矯詔召諸鎮兵以擊梁。詔至青州，師範泣曰：「諸鎮有兵，所以藩扞天子，今天子危辱，而諸鎮反以兵自衛；吾雖力不足，當成敗以之。」乃遣使乞兵於楊行密。是時，梁已東下兗、鄆，師範乃遣劉鄩與其弟師魯分攻兗、密諸州。遣張居厚以壯士二百爲輿夫，伏兵輿中，西馳梁軍，稱師範使者聘梁，因欲劫殺太祖。居厚至華州東城，華州將婁敬思疑其有異，剖輿視之，見其兵。居厚遂擊殺敬思，以兵攻西城，不克而反。劉鄩逐葛從周取兗州，而平盧諸州皆起兵攻梁。

其後，梁太祖自鳳翔東還，遣朱友寧攻師範，友寧戰死。復遣楊師厚攻之，屯于臨朐。師範以兵迫之，師厚陽爲怯不敢出，間遣人陽言曰：「梁兵少，方乞兵於鳳翔，今糧且絶，當還軍。」師範以爲然，乃遣師魯悉兵攻之，師厚拒而不戰。師魯兵却，師厚追擊至聖王山，師魯大敗，遂傳其城，而梁別將劉重霸下其棣州，師範乃請降，太祖許之。師範素服乘驢詣太祖請罪，太祖待以客禮。久之，表師範河陽節度使。

太祖即位，召爲右金吾衞上將軍，居于洛陽。太祖心欲誅之，未有以發。太祖諸子已封王，宴於宫中，友寧妻泣謂太祖曰：「陛下化家爲國，諸子人人皆得封，而妾夫獨以戰死，奈何讎人猶在朝廷！」太祖奮然戟手曰：「吾亦幾忘此賊！」乃遣人就洛陽族滅之。使者至，先掘坑於外，乃入告之。師範設席爲具，與諸宗族飲酒，謂使者曰：「死，人之所不免，況有罪乎？然懼少長失序，下愧於先人。」酒半，令少長以次起，就戮於坑所，聞者皆哀憐之。同光三年，贈師範太尉。

李罕之

李罕之，陳州項城人也。爲人驍勇，力兼數人。少學，讀書不成，去爲僧，以其無賴，所往皆不容。乃乞食酸棗市中，市中人皆不與，罕之擲器于地，裂其衣，又去爲盜。

是時，黄巢起曹濮，乃往依之。巢北渡江，罕之與其麾下走淮南，自歸於高駢，駢表光州刺史。歲餘，秦宗權急攻光州，罕之不能守，還走項城，收其餘衆，依諸葛爽於河陽，爽以罕之爲懷州刺史。巢已敗走，爽降唐，僖宗拜爽東南面招討使，以攻宗權，爽表罕之副使，以兵屯宋州，又表河南尹、東都留守。秦宗權遣孫儒攻河南，罕之兵少，西走澠池，儒燒宫闕，剽掠而去。罕之壁澠池。

歲餘，諸葛爽死，其將劉經立爽子仲方。仲方年少，事皆任經，經慮罕之兇勇難制，以兵攻之，罕之返擊走經。罕之追至鞏縣，陳舟于汜水，將渡河，經遣張言拒之河上，言反背經，與罕之合攻河陽，爲經所敗，退保懷州。已而孫儒陷河陽，仲方奔于梁。梁兵擊走儒，罕之襲取河陽，言取河南，皆附于梁。

罕之與言皆爽叛將，事已成，乃相與交臂爲盟，誓同休戚不相忘。罕之御衆無法，性苛暴，頗失士心。而言善治軍旅，教民播殖，務爲積聚。罕之用兵，言嘗供給其乏。罕之求取無已，言頗苦之，不能輸，罕之召言軍吏笞責之，言益不平。罕之悉兵攻晉、絳，言夜襲河陽，罕之奔晉。晉表罕之澤州刺史，使李存孝以兵三萬助罕之攻言。言求救於梁。罕之敗于沇河，乃歸太原，李克用延之帳中。罕之留其子頎事晉[六]，乃之澤州，日以兵鈔懷孟間，啖人爲食。居民屯聚摩雲山，罕之悉攻殺之，立栅其上，時人號曰「李摩雲」。是時，晉方徇地山東，頗倚罕之爲扞蔽。李茂貞等犯京師，克用以兵至渭北，僖宗以克用爲邠州四面行營都統，表罕之爲副。破王行瑜，加檢校太尉，食邑千户。

罕之自以功多於晉，私謂蓋寓曰：「自吾脱身河陽，賴晉容我，未能有以報之，今行老矣，無能爲也。若吾王見憐，與一小鎮，使休兵養疾而後歸老，幸也！」寓爲言之，克用不對。佗日，諸鎮擇守將，未嘗及罕之，罕之心益怏怏。寓告克用，懼罕之有佗心，克用曰：

「吾於罕之，豈惜一鎮，然鷹鳥之性，飽則颺矣！」

光化元年，潞州薛志勤卒，罕之遽入潞州，使人啓晉王曰：「志勤且死，新帥未至，所以然者，備佗盜耳。」克用大怒，遣李嗣昭攻之。罕之執晉守將馬溉、伊鐔等〔七〕，遣子顥送于梁以乞兵。梁太祖遣丁會守潞州，以罕之爲河陽節度使。行至懷州，以疾卒，年五十八。

罕之初背梁而歸晉，晉王以罕之守澤州，罕之留其子頎與莊宗遊，甚狎。後罕之背晉以歸梁，晉王怒，欲殺頎，莊宗與之駿馬，使奔于梁。梁太祖得頎父子大喜〔八〕，使與友倫將兵以衞昭宗，故頎當太祖時，常掌禁兵。末帝誅友珪，頎與其謀，拜右羽林統軍、澶州刺史。事唐歷衞、衍二州刺史，累遷右領軍衞上將軍。天福中卒，年七十，贈太師〔九〕。

孟方立

孟方立，邢州平鄉人也。少爲軍卒，以勇力選爲隊將。唐廣明中，潞州節度使高潯攻諸葛爽于河陽，遣方立將兵出天井關爲先鋒。潯爲其將劉廣所逐〔一〇〕，廣爲亂軍所殺。方立聞亂，引兵自天井入據潞州，唐因以爲昭義軍節度使。

昭義所節制澤、潞、邢、洺、磁五州，而治潞州。方立以謂潞州山川高險，而人俗勁悍，自劉稹以來嘗逐其帥，且己邢人也，因徙其軍于邢州。而潞人怨方立之徙也，因以澤、潞二州歸于晉。晉遣李克修爲澤潞節度使，方立以邢、洺、磁三州自爲昭義軍。

晉數遣李存孝等出兵以窺山東，三州之人俘掠殆盡，赤地數千里，無復耕桑者累年。方立以孤城自守，求救于梁，梁方東事兗、鄆，不能救也。文德元年，方立乞兵于王鎔以攻晉，鎔許之。方立乃遣其將奚忠信攻晉遼州，而鎔以佗故不能出兵。兵既失約，忠信大敗，而晉兵乘勝攻之。

方立將石元佐者，善兵而多智，方立嘗信用之。忠信之敗也，元佐爲晉將安金俊所得，金俊厚遇之，問以攻邢之策，元佐曰：「方立善守而邢城堅，若攻之，必不得志。宜急攻其磁州，方立來救，可以敗也。」金俊以爲然。軍滏水之西[一二]，方立果帥兵來救，爲金俊所敗，馳入邢州，閉壁不復出。外無救兵，城中食且盡，方立夜出巡城，號令守者，守者皆不應，方立知不可，乃歸，飲酖而卒。

軍中以其弟洺州刺史遷爲留後，求救於梁。梁太祖遣王虔裕將騎兵三百助遷守，遷執虔裕降晉。晉徙遷族于太原，以爲汾州刺史，後以爲澤潞節度使。

天復元年，梁遣氏叔琮攻晉，出天井關，遷開門降，爲梁兵鄉道以攻太原，不克。叔琮軍還過潞，以遷歸于梁，梁太祖惡其返覆，殺之。

王珂

王珂，河中人也。其仲父重榮以河中兵破黄巢，有功於唐〔三〕，拜河中節度使。重榮無子，以其兄重簡子珂爲後。重榮卒，弟重盈立，重盈卒，軍中乃以珂重榮子，立之。重盈子陜州節度使珙、絳州刺史瑶，與珂爭立，珙、瑶以書與梁太祖，言珂故王氏蒼頭，小字忠兒，不應得立。珂亦求援於晉，晉人言之朝，昭宗以晉故，許之。而珙、瑶亦西結王行瑜、韓建、李茂貞爲援，行瑜等交章論列，昭宗報以重榮與晉於唐嘗有大功，業許之，不可易。行瑜等怒，以兵犯京師，殺宰相李磎等而去。珙、瑶連兵攻珂河中，珂求援於晉，晉兵西討三鎮，行下絳州，斬瑶而過，至于渭北，擊破行瑜。昭宗卒以珂爲河中節度使。晉以女妻之，遣李嗣昭將兵助珂攻珙陜州。珙爲人慘刻，嘗斬人擲其首於前，言笑自若，其下苦之。偏將李璠因珙戰敗，殺珙，自稱留後。

是時，梁已下鎮、定，將移兵西，而昭宗爲劉季述所廢，京師大亂。崔胤陰召梁以兵西，梁太祖以珂在河中，懼爲患，乃顧張存敬、侯言，以一大繩與之，曰：「爲我持此縛珂來〔一三〕！」存敬等兵出含山，破晉、絳二州，遣何絪以兵守之，絕晉援。存敬圍河中，珂告急於晉，晉以絪故不得前。珂乃遣其妻以書告晉王曰：「賊勢如此，朝夕乞食於梁矣！大人何忍而不救邪？」晉王報之曰：「梁兵爲阻，衆寡不敵，救之則并晉俱亡，不若與王郎自歸朝廷。」珂乃爲書與李茂貞曰：「天子初返正，詔藩鎮無相侵以安王室。今朱公棄約以見攻，其勢不止於弊邑，若弊邑朝亡，則西北諸鎮非諸君所能守也。願與華州出兵潼關以爲應。」茂貞不報。珂計窮，乃治舟于河，將歸于京師。

珂夜登城諭守陴者，守陴者皆不應。牙將劉訓夜入珂寢白事，珂叱之曰：「兵欲反邪！」訓乃解衣自索而入曰：「公苟懷疑，請先斷臂！」珂曰：「事急矣！計安出乎？」訓曰：「公若攜家夜濟，人必爭舟，一夫鴟張，大事即去。不若遲明以情諭軍中，願從者猶得其半。不然，且爲款狀以緩梁兵，徐圖向背。」珂以爲然。

梁太祖自同州降唐，即依重榮，以母王氏，故事重榮爲舅。珂乃登城呼存敬曰：「吾於梁王有家世之舊，兵當退舍，俟梁王來，吾將聽命。」存敬乃退舍，使人馳詣太祖於洛陽〔一四〕。太祖至河中，先之城東，哭於重榮之墓而後入。珂欲面縛牽羊以見太祖，太祖謂曰：「太師阿舅之恩何時可忘，郎君若以亡國之禮見，太師其謂我何？」珂迎於路，太祖握手噓唏〔一五〕，乃從珂於汴。太祖以珂晉壻也，疑其貳己，使珂西入覲，行至華州，使人殺之傳舍。

瓚，重盈之諸子也，梁太祖已執珂，自領河中節度使，以瓚爲吏。瓚事梁，爲諸衛大將軍，泰寧、鎮國軍節度使。末帝時，爲開封尹。貞明五年，代賀瓌爲北面行營招討使。是時，晉已城德勝，瓚自黎陽渡河攻澶州，不克，退屯楊村，扼河上流，與晉人相持經年，大小百餘戰，瓚卒無功，末帝遣戴思遠代，瓚復爲開封尹。

莊宗自鄆入京師，末帝聞唐兵且至，日夜涕泣，不知所爲，自持國寶，指其宮室謂瓚曰：「使吾能保有此者〔一六〕，繫卿之畫如何耳！」唐兵已過宛朐，瓚驅率市人登城拒守。唐兵攻封丘門，瓚開門迎降，伏地請死，莊宗勞而起之曰：「朕與卿家世婚姻，然人臣各爲其主耳〔一七〕，復何罪邪！」因以爲開封尹，遷宣武軍節度使。已而故梁臣趙巖、張漢傑等相次誅死，瓚以憂卒，贈太子太師。

趙犨

趙犨，其先青州人也，世爲陳州牙將。犨幼與羣兒戲道中，部分行伍，指顧如將帥，雖諸大兒皆聽其節度，其父叔文見之，驚曰：「大吾門者，此兒也！」及壯，善用弓劍，爲人勇果，重氣義，刺史聞其材，召置麾下。累遷忠武軍馬步軍都虞候。

王仙芝寇河南，陷汝州，將犯東都，犨引兵擊敗之，仙芝乃南去。已而黃巢起，所在州縣，往往陷賊。陳州豪傑數百人，相與詣忠武軍，求得犨爲刺史以自保，忠武軍表犨陳州刺史。已而巢陷長安，犨語諸將吏曰：「以吾計，巢若不爲長安市人所誅，必驅其衆東走，吾州適當其衝矣！」乃治城池爲守備，遷民六十里内者皆入城中，選其子弟，配以兵甲，以其弟昶、珝爲將。巢敗，果東走，先遣孟楷據項城，昶擊破之，執楷以歸。巢從後至，聞楷被執，大怒。

既而秦宗權以蔡州附巢，巢勢甚盛，乃悉其衆圍犨〔一八〕，置舂磨寨〔一九〕，糜人之肉以爲食，陳人大恐〔二〇〕。犨語其下曰：「吾家三世陳將，必能保此。爾曹男子，當於死中求生，建功立業，未必不因此時。」陳人皆踴躍。巢柵城北三里爲八仙營，起宮闕，置百官，聚糧餉，欲以久弊之，其兵號二十萬。陳州舊有巨弩數百〔二一〕，皆廢壞，後生弩工皆不識其器。珝創意理之，弩矢激五百步，人馬皆洞，以故巢不敢近。圍凡三百日，犨食將盡，乃乞兵於梁。梁太祖與李克用皆自將會陳，擊敗巢將黃鄴于西華。西華有積粟，巢恃以爲餉，及鄴敗，巢乃解圍去。

梁太祖入陳州，犨兄弟迎謁馬首甚恭。然犨陰識太祖必成大事，乃降心屈迹，爲自託之計。以梁援己恩，爲太祖立生祠，朝夕拜謁。以其子巖尚太祖女，是謂長樂公主。黄巢已去，秦宗權復亂淮西，陷旁二十餘州，而陳去蔡最近，犨兄弟力拒之，卒不能下。後巢、宗權皆敗死，唐昭宗即以陳州爲忠武軍，拜犨節度使。犨已病，乃以位與其弟昶，後數月卒。

昶乘大寇新滅，乃休兵課農，事梁尤謹。梁兵攻戰四方，昶饋輓供億，未嘗少懈。昶卒，珝代立。

珝頗知書，乃求鄧艾故迹，決翟王陂溉民田。兄弟居陳二十餘年，陳人大賴之。梁太祖已降韓建，取同、華，徙珝爲同州留後。入唐，爲右金吾衞上將軍。歲餘，以疾免官歸陳〔二二〕，卒于家，陳人爲之罷市。

犨次子巖，梁末帝時爲户部尚書、租庸使，與張漢傑、漢倫等居中用事。梁自太祖以暴虐殺戮爲事，而末帝爲人特和柔恭謹，然性庸愚，以漢傑婦家，而巖壻也，故親信之。梁之大臣老將皆切齒〔二三〕，末帝獨不悟，以至於亡。

初，友珪弑太祖自立〔二四〕，以末帝爲東都留守。巖如東都，末帝與之飲酒，從容以誠款告之。巖爲末帝謀，遣人召楊師厚兵起事。巖還西都，卒與袁象先以禁兵誅友珪，取傳國寶以授末帝。

末帝立，巖自以有功於梁，又尚公主，聞唐駙馬杜悰位至將相，自奉甚豐，恥其不及。乃占天下良田大宅，裒刻商旅，其門如市，租庸之物，半入其私，巖一飲食必費萬錢〔三五〕。

故時，魏州牙兵驕，數爲亂，羅紹威盡誅之。太祖崩，楊師厚逐羅氏，據魏州，復置牙兵二千，末帝患之。師厚死，巖與租庸判官邵贊議曰：「魏爲唐患，百有餘年，自先帝時，嘗切齒紹威，以其前恭而後倨。今先帝新棄天下，師厚復爲陛下憂，所以然者，以魏地大而兵多也。陛下不以此時制之，寧知後人不爲師厚也？不若分相、魏爲兩鎮，則無北顧之憂矣。」末帝以爲然，乃分相、澶、衞爲昭德軍。牙兵亂，以魏博降晉，梁由是盡失河北。

是時，梁將劉鄩等與莊宗相距澶、魏之間，兵數敗。巖曰：「古之王者必郊祀天地，陛下即位猶未郊天，議者以爲朝廷無異藩鎮，如此何以威重天下？今河北雖失，天下幸安，願陛下力行之。」敬翔以爲不可，曰：「今府庫虛竭，箕斂供軍，若行郊禋，則必賞賚，是取虛名而受實弊也。」末帝不聽，乃備法駕幸西京，而莊宗取楊劉，或傳：「晉兵入東都矣！」或曰：「扼汜水矣！」或曰：「下鄆、濮矣！」京師大風拔木，末帝大懼，從官相顧而泣，末帝乃還東都，遂不果郊。

鎮州張文禮殺王鎔，使人告梁曰：「臣已北召契丹，願梁以兵萬人出德、棣州，則晉兵憊矣。」敬翔以爲然，巖與漢傑皆以爲不可，乃止。其後黜王彥章用段凝，皆巖力也。

莊宗兵將至汴，末帝惶惑不知所爲，登建國樓以問羣臣，或曰：「晉以孤軍遠來，勢難持久，雖使入汴，不能守也。宜幸洛陽，保嶮以召天下兵，徐圖之，勝負未可知也。」末帝猶豫，巖曰：「勢已如此，一下此樓，何人可保！」末帝卒死於樓上。

當巖用事時，許州溫韜尤曲事巖，巖因顧其左右曰：「吾常待韜厚，今以急投之，必不幸吾爲利。」乃走投韜，韜斬其首以獻。莊宗已滅梁，巖素所善段凝奏請誅巖家屬，乃族滅之。

嗚呼，禍福之理，豈可一哉！君子小人之禍福異也。老子曰：「禍兮福所倚，福兮禍所伏。」後世之談禍福者，皆以其言爲至論也。夫爲善而受福，焉得禍？爲惡而受禍，焉得福？惟君子之罹非禍者，未必不爲福；小人之求非福者〔二六〕，未嘗不及禍，此自然之理也。始韡自以先見之明，深結梁太祖，及其子孫皆享其祿利，自謂知所託矣，安知其族卒與梁俱滅也？韡之求福於梁，蓋老氏之所謂福也，非君子之所求也，可不戒哉！

馮行襲

馮行襲，字正臣，均州人也。唐末，山南盜孫喜以衆千人襲均州，刺史呂燁，燁不能禦。

行襲爲州校，乃陰選勇士伏江南，獨乘小舟逆喜，告曰：「州人聞公至，皆欲歸矣，然知公兵多，民懼虜掠，恐其驚擾，請留兵江北，獨與腹心數人從行，願爲前導，以慰安州民，事可立定。」喜以爲然，乃留其兵江北，獨與行襲渡江。軍吏前謁，行襲擊喜仆地，斬之，伏兵發，盡殺從行者。餘兵在江北，聞喜死，皆潰。山南節度使劉巨容表行襲均州刺史。

是時，僖宗在蜀，諸鎮貢獻行在者皆道山南，盜賊多據州西長山以邀劫之，行襲盡破諸賊。洋州葛佐辟行襲行軍司馬，使以兵鎮谷口，通秦、蜀道，行襲由此知名。

李茂貞兼領山南，遣子繼臻守金州，行襲逐之，遂據金州。昭宗乃以金州爲戎昭軍，拜行襲節度使。昭宗在岐，梁太祖引兵而西，中尉韓全誨遣中官郄文晏等二十餘人召兵江淮，以拒太祖，行襲已附梁，乃盡殺文晏等。太祖攻趙匡凝于襄陽，行襲遣子勗以舟兵會均、房，以功遷匡國軍節度使。

行襲爲人嚴酷少恩，而所至輒天幸：境旱有蝗，則飛鳥食之；歲凶，田中鹵穀自生。唐衰，知梁必興，尤盡心傾附事梁，官至司空，封長樂郡王。卒，贈太傅，謚曰忠敬。

校勘記

〔一〕曹全晸　舊五代史卷一三朱瑄傳作「曹全晸」。按舊唐書、新唐書、通鑑數見鄆帥曹全晸。

〔二〕崔君預　舊五代史卷一三朱瑄傳同，舊唐書卷一八二朱瑄傳、新唐書卷一八八朱宣傳、通鑑卷二五三作「崔君裕」。

〔三〕於名加玉者　「玉」，原作「王」，據北監本、通鑑卷二五五考異引五代史記注改。

〔四〕顧得瓊來送符印　「來」字原闕，據宋丙本、宗文本補。舊五代史卷一三朱瑾傳敍其事云：「欲令大將送符印，願得兄瓊來押領。」通鑑卷二六〇作「欲送符印，願使兄瓊來領之」。

〔五〕師範立　以上三字原闕，據宋丙本、宗文本補。

〔六〕罕之留其子頎事晉　「頎」，通鑑卷二五七同，舊五代史卷九一李頎傳作「頊」。本卷下一處同。

〔七〕伊鐔　册府卷一四〇同，舊五代史卷一五李罕之傳、册府卷九二作「伊鐸」。

〔八〕梁太祖得頎父子大喜　「梁」字原闕，據宗文本補。

〔九〕贈太師　「太師」，原作「太尉」，據宗文本、舊五代史卷九一李頊傳改。按舊五代史卷九一李頊傳：「高祖即位之二年，加特進、檢校太尉、右領軍衞上將軍。」

〔一〇〕潯爲其將劉廣所逐　通鑑卷二五四、新唐書卷一八七孟方立傳皆云殺高潯者乃成麟，另據通鑑卷二五二，劉廣所逐者乃高湜。

〔一一〕軍滏水之西　「滏水之」三字原闕，據宋丙本補。宗文本作「于淦水之」，「淦」係「滏」之訛。

〔一二〕有功於唐　「功」，宗文本作「大功」。

〔一三〕爲我持此縛珂來　「此」字原闕，據宗文本補。

〔一四〕使人馳詣太祖於洛陽　「人」字原闕，據宗文本補。

〔一五〕太祖握手噓唏　「太祖」二字原闕，據宗文本補。

〔一六〕使吾能保有此者　「能」、「有」二字原闕，據宗文本補。

〔一七〕然人臣各爲其主耳　「其」字原闕，據宗文本補。

〔一八〕乃悉其衆圍犨　「其」字原闕，據宋丙本、宗文本補。

〔一九〕置舂磨寨　「寨」字原闕，據宋丙本、宗文本補。舊唐書卷一九下僖宗紀、卷二〇〇下黄巢傳、通鑑卷二五五敍其事皆作「舂磨寨」。

〔二〇〕陳人大恐　「大」字原闕，據宋丙本、宗文本補。

〔二一〕陳州舊有巨弩數百　「陳州」，原作「陳人」，據宋丙本、宗文本改。舊五代史卷一四趙犨傳敍其事云：「府庫舊有巨弩數百枝。」

〔二二〕以疾免官歸陳　「陳」字原闕，據宗文本補。

〔二三〕梁之大臣老將皆切齒　「梁之」二字原闕，據宗文本補。

〔二四〕友珪弑太祖自立　「弑」，原作「殺」，據宗文本改。

〔二五〕巖一飲食必費萬錢　「一」字原闕，據宗文本補。

〔二六〕小人之求非福者　「之」字原闕，據宗文本補。

新五代史卷四十三

雜傳第三十一

氏叔琮

氏叔琮，開封尉氏人也。爲梁騎兵伍長，梁兵擊黄巢陳許間，叔琮戰數有功，太祖壯之，使將後院馬軍，從攻徐、兗，表宿州刺史。使攻襄陽，戰數敗，降爲陽翟鎮遏使。久之，遷曹州刺史。

太祖下河中，取晉、絳，晉王遣使致書太祖求成，太祖以晉書詞嫚，乃遣叔琮與賀德倫等攻之。叔琮自太行入，取澤、潞，出石會，營于洞渦，久之糧盡，乃旋。表晉州刺史。

晉人復取絳州，攻臨汾，叔琮選壯士二人深目而胡鬚者，牧馬襄陵道旁，晉人以爲晉兵，雜行道中，伺其怠，擒晉二人而歸。晉人大驚，以爲有伏兵，乃退屯于蒲縣。太祖遣友寧兵萬人會叔琮禦晉〔一〕，友寧欲休兵以待，叔琮曰：「敵聞救至必走，走則何功邪？」乃夜擊之，晉人大敗，逐之至于太原。太祖大喜曰：「破太原非氏老不可。」已而兵大疫，叔琮班師，令曰：「病不能行者焚之。」病者懼，皆言無恙，乃以精卒爲殿而還。至石會〔二〕，留數騎，以大將旗幟立于高岡，晉兵疑其有伏，乃不敢追。久之，徙保大軍節度使。昭宗遷洛，拜右龍武統軍。太祖遣叔琮與李彦威等弑昭宗，已而殺之。

李彦威

李彦威，壽州人也。少事梁太祖，爲人穎悟，善揣人意，太祖憐之，養以爲子，冒姓朱氏，名友恭。歷汝、潁二州刺史。昭宗遷洛〔三〕，拜右龍武統軍〔四〕。初〔五〕，劉季述廢昭宗，立皇太子裕爲天子。昭宗反正，以爲太子年幼〔六〕，爲賊所立，赦之，復其始封爲德王。昭宗自岐還，太祖見裕眉目疏秀，惡之，謂宰相崔胤曰：「德王嘗爲季述所立，安得猶在乎？公白天子殺之。」胤奏之，昭宗不許，佗日以問太祖，太祖曰：「臣安敢及之，胤欲賣臣爾。」昭宗遷洛，謂蔣玄暉曰：「德王，朕愛子也，全忠何爲欲殺之？」因泣下，齧指流血。玄暉具以白太祖，太祖益惡之。

是時，昭宗改元天祐，遷于東都，爲梁所迫，而晉人、蜀人以爲天祐之號非唐所建，不復稱之，但稱天復。王建亦傳檄天下，舉兵誅梁。太祖大懼，恐昭宗奔佗鎮，以兵七萬如河中，陰遣敬翔至洛〔七〕，告彥威與氏叔琮等，使行弒逆。八月壬辰，彥威、叔琮以龍武兵宿禁中，夜二鼓，以兵百人叩宮門奏事，夫人裴正一開門問曰：「奏事安得以兵入？」龍武牙官史太殺之，趨椒蘭殿，問昭宗所在，昭宗方醉，起走，太持劍逐之，昭宗單衣旋柱而走，太劍及之，昭宗崩。訃至河中，太祖陽爲驚駭，投地號哭，罵曰：「奴輩負我，俾我被惡名於後世邪！」太祖至洛，流彥威、叔琮嶺南，使張廷範殺之。彥威臨刑大呼曰：「賣我以滅口，其如神理何！」顧廷範曰：「勉之，公行自及。」遂見殺。已而還其姓名。

莊宗時，得故唐内人景妭，言當彥威等弒昭宗時〔八〕，諸王宗屬數百人皆遇害，而同爲一坑〔九〕，瘞于龍興寺北，請合爲一冢而改葬之。詔以故濮王爲首，葬以一品禮云。

李振

李振，字興緒。其祖抱真〔一〇〕，唐潞州節度使。振爲唐金吾衞將軍，拜台州刺史。盜起浙東，不果行，乃西歸，過梁〔一一〕，以策干太祖，太祖留之。太祖兼領鄆州，表振節度副使。

振奏事長安，舍梁邸。宦官劉季述謀廢昭宗，遣其姪希正因梁邸吏程巖見振曰：「今主上嚴急，誅殺不辜，中尉懼及禍，將行廢立，請與諸邸吏協力以定中外，如何？」振駭然曰：「百歲奴事三歲主，而敢爾邪！今梁王百萬之師，方仗大義尊天子，君等無爲此不祥也！」振還，季述卒與巖等廢昭宗，幽之東宮，號太上皇，立皇太子裕爲天子。是時，太祖用兵在邢洺間〔二〕，季述詐爲太上皇誥告太祖，太祖猶豫，未知所爲，振曰：「夫豎刁、伊戾之亂，所以爲霸者資也。今閹宦作亂，天子危辱，此王仗義立功之時。」太祖大悟，乃囚季述使者，遣振詣京師見崔胤，謀出昭宗。昭宗返正，太祖大喜，執振手曰：「卿謀得之矣！」

王師範以青州降梁，遣振往代師範，師範疑懼，不知所爲，振曰：「獨不聞漢張繡乎？繡與曹公爲敵，然不歸袁紹而歸曹公者，知其志大，不以私讎殺人也。今梁王方欲成大事，豈以故怨害忠臣乎！」師範洗然自釋，乃西歸梁。

昭宗遷洛，振往來京師，朝臣皆仄目。振視之若無人，有所小怒，必加譴謫。故振一至京師，朝廷必有貶降，時人目振爲鴟梟。

太祖之弒昭宗也，遣振至京師與朱友恭、氏叔琮謀之。昭宗崩，太祖問振所以待友恭等宜如何。振曰：「昔晉司馬氏殺魏君而誅成濟，不然，何以塞天下口？」太祖乃歸罪友恭等而殺之。

振嘗舉進士咸通、乾符中，連不中，尤憤唐公卿，及裴樞等七人賜死白馬驛，振謂太祖曰：「此輩嘗自言清流，可投之河，使爲濁流也。」太祖笑而從之。

太祖即位，累遷户部尚書。友珪時，以振代敬翔爲崇政院使。莊宗滅梁入汴，振謁見郭崇韜，崇韜曰：「人言李振一代奇才，吾今見之，乃常人爾！」已而伏誅。

裴迪

裴迪，字昇之，河東聞喜人也。爲人明敏，善治財賦，精於簿書。唐司空裴璩判度支，辟爲出使巡官。都統王鐸鎮滑州，奏迪汴宋鄆等州供軍院使。鐸爲租庸使，辟租庸招納使。

梁太祖鎮宣武，辟節度判官。太祖用兵四方，常留迪以調兵賦。太祖乃牓院門[一三]，以兵事自處，而以貨財獄訟一切任迪。

太祖西攻岐，王師範謀襲汴，遣健卒苗公立持書至汴，陰伺虚實。迪召公立問東事，公立色動，乃屏人密詰之，具得其事。迪不暇啓，遣朱友寧以兵巡兗、鄆，以故師範雖竊發而事卒不成。太祖自岐還，將吏皆賜迎鑾叶贊功臣，將吏入見，太祖目迪曰：「叶贊之功，惟裴公有之，佗人不足當也。」

迪入唐，累遷太常卿。太祖即位，召拜右僕射，居一歲告老，以司空致仕，卒于家。

韋震

韋震，字東卿，雍州萬年人也，初名肇。爲人彊敏，有口辯。事梁太祖爲都統判官。申叢執秦宗權，欲送于太祖，又欲自獻於京師，又欲挾宗權奪其兵。太祖遣震入蔡州視之，叢遣騎兵三百迎震，欲殺之，震以計得免。還白太祖曰：「叢不足慮，爲其謀者牙將裴涉，妄庸人也。」叢後果爲郭璠所殺。璠以宗權歸于太祖，太祖欲大其事，請獻俘于唐，唐以時溥破黄巢，獻馘而已，宗權不足俘，左拾遺徐彦樞亦疏請所在斬決。太祖遣震奏事京師，往復論列，卒俘宗權。太祖德之，表爲節度副使。

昭宗幸石門，太祖遣震由虢略間道奉表行在，昭宗賜其名震。太祖已破兗、鄆，遂攻吴，大敗于清口。太祖懼諸鎮乘間圖己，乃諷杜洪、鍾傳、王師範、錢鏐等薦己爲元帥，且求兼領鄆州。昭宗初不許，震彊辯，敢大言，語數不遜，昭宗卒許梁以鄆州，太祖遂兼四鎮，表震鄆州留後。

昭宗遷洛，震入爲河南尹、六軍諸衞副使，以病瘖，守太子太保致仕。太祖受禪，改太子太傅。末帝即位，加太師，卒。

孔循

孔循，不知其家世何人也。少孤，流落於汴州，富人李讓闌得之，養以爲子。梁太祖鎮宣武，以李讓爲養子，循乃冒姓朱氏。稍長，給事太祖帳中，太祖諸兒乳母有愛之者，養循爲子，乳母之夫姓趙，循又冒姓爲趙氏，名殷衡。昭宗東遷洛陽，太祖盡去天子左右，悉以梁人代之，以王殷爲宣徽使、循爲副使。

循與蔣玄暉、張廷範等共與弑昭宗之謀，其後循與玄暉有隙，哀帝即位，將有事于南郊，循因與王殷譺于太祖曰：「玄暉私侍何太后，與廷範等奉天子郊天，冀延唐祚。」太祖大怒。是時，梁兵攻壽春，大敗而歸，哀帝遣裴迪勞軍，太祖見迪，怒甚。迪還，哀帝不敢郊，封太祖魏王，備九錫，太祖拒而不受。玄暉與宰相柳璨相次馳至梁自解，璨曰：「自古王者之興，必有封國，而唐所以不即遜位者，當先建國備九錫，然後禪也。」太祖曰：「我不由九錫作天子，可乎？」璨懼，馳去。太祖遣循與王殷弒何皇后，因殺璨及玄暉、廷範等，以循爲樞密副使。

唐亡，事梁爲汝州防禦使、左衞大將軍、租庸使，始改姓孔，名循。莊宗時，權知汴州。明宗自魏兵反而南，莊宗東出汜水，循持兩端，遣迎明宗於北門，迎莊宗於西門，供帳牲餼，其禮如一，而戒其人曰：「先至者入之。」明宗先至，遂納之。明宗即位，以爲樞密使。明宗幸汴州，循留守東都，民有犯麴者，循族殺其家，明宗知其冤，因詔天下除麴禁，許民得造麴。

循爲人柔佞而險猾，安重誨尤親信之，凡循所言，無不聽用。明宗嘗欲以皇子娶重誨女，重誨以問循，循曰：「公爲機密之臣，不宜與皇子婚。」重誨信之，乃止。而循陰使人白明宗，求以女妻皇子〔四〕，明宗即以宋王從厚娶循女。重誨始惡其爲人，出循爲忠武軍節度使。徙鎮橫海，卒于鎮，年四十八，贈太尉。

孫德昭

孫德昭，鹽州五原人也。其父惟晸〔一五〕，有材略。黄巢陷長安，惟晸率其鄉里子弟，得義兵千人，南攻巢于咸陽，興平州將壯其所爲，益以州兵二千。與破賊功，拜右金吾衛大將軍。

朱玫亂京師，僖宗幸興元，惟晸率兵擊賊。累遷鄜州節度使，留京師宿衛。鄜州將吏詣闕請惟晸之鎮，京師民數萬與神策軍復遮留不得行，改荆南節度使，在京制置，分判神策軍，號「扈駕都」。是時，京師數亂〔一六〕，民皆賴以爲保。

德昭以父任爲神策軍指揮使。光化三年，劉季述廢昭宗，幽之東宫，宰相崔胤謀反正，陰使人求義士可共成事者，德昭乃與孫承誨〔一七〕、董從實應胤，胤裂衣襟爲書以盟。天復元年正月朔，未旦，季述將朝，德昭伏甲士道旁，邀其輿斬之，承誨等分索餘黨皆盡。昭宗聞外諠譁，大恐。德昭馳至，扣門曰：「季述誅矣，皇帝當反正！」何皇后呼曰：「汝可進逆首！」德昭擲其首入。已而承誨等悉取餘黨首以獻，昭宗信之。德昭破鎖出昭宗，御丹鳳樓反正，以功拜靜海軍節度使，賜姓李，號扶傾濟難忠烈功臣，與承誨等皆拜節度使、同中書門下平章事，圖形凌煙閣，俱留京師，號「三使相」，恩寵無比。

是時，崔胤方欲誅唐宦官，外交梁以爲恃，而宦官亦倚李茂貞爲扞蔽，梁、岐交爭。冬十月〔一八〕，宦者韓全誨劫昭宗幸鳳翔，承誨、從實皆從，而德昭獨與梁，乃率兵衛胤及百官保東街〔一九〕，趣梁兵以西，梁太祖頗德其附己，以龍鳳劍、鬬鷄紗遺之。

太祖至華州，德昭以軍禮迎謁道旁。太祖至京師，表同州留後，將行，京師民復請留，遂留爲兩街制置使〔二〇〕。梁兵圍鳳翔，德昭以其兵八千屬太祖，太祖益德之，使先之洛陽，賜甲第一區。

昭宗東遷，拜左威衛上將軍，以疾免。太祖即位，以烏銀帶、袍笏、名馬賜之。疾少間，以爲左衛大將軍。末帝立，拜左金吾大將軍以卒。承誨、從實至鳳翔，與宦者俱見殺。

王敬蕘

王敬蕘，潁州汝陰人也。事州爲牙將。唐末，王仙芝等攻劫汝潁間，刺史不能拒，敬蕘遂代之，即拜刺史。敬蕘爲人狀貌魁傑，而沈勇有力，善用鐵槍，重三十斤〔二一〕。潁州與淮西爲鄰境，數爲秦宗權所攻，力戰拒之，宗權悉陷河南諸州，獨敬蕘不可下，由是潁旁諸州民，皆保敬蕘避賊。是時，所在殘破，獨潁州户二萬。

梁太祖攻淮南，道過潁州，敬蕘供饋梁兵甚厚，太祖大喜，表敬蕘沿淮指揮使。其後梁兵攻吴，龐師古死清口，敗兵亡歸，過潁，大雪，士卒飢凍，敬蕘乃沿淮積薪爲燎〔三〕，作糜粥餔之，亡卒多賴以全活，太祖表敬蕘武寧軍留後，遂拜節度使。

天祐三年，爲左衛上將軍。太祖即位，敬蕘以疾致仕，後卒于家。

蔣殷

蔣殷，幼爲王重盈養子，冒姓王氏。梁太祖取河中，以王氏舊恩録其子孫，表殷牙將，太祖尤愛之。

唐遷洛陽，殷爲宣徽北院使。太祖已下襄陽，轉攻淮南，還屯正陽，哀帝遣殷勞軍。是時，哀帝方卜郊，殷與樞密使蔣玄暉等有隙，因譖之太祖，言玄暉等教天子卜郊祈天，且待諸侯助祭者以謀興復，太祖大怒，哀帝爲改卜郊。是時，太祖將有篡弑之謀，何太后嘗泣涕叩頭爲玄暉等言：「梁王禪位後，願全唐家子母。」殷乃誣玄暉嘗私侍太后，太祖斬玄暉及張廷範、柳璨等，遣殷弑太后於積善宫。哀帝下詔慚愧，自言以母后故無以奉天，乃卒不郊。

庶人友珪與殷善，友珪弑太祖自立，拜殷武寧軍節度使。末帝即位，以福王友璋代殷，殷懼[二三]，不受代。王瓚亦王氏子，懼爲殷所累，乃言殷非王氏子，本姓蔣。末帝詔削殷官爵[二四]，還其姓，遣牛存節討之，殷舉族自燔死。

校勘記

[一] 太祖遣友寧兵萬人會叔琮禦晉　「兵」，宋乙本作「將」。舊五代史卷一九氏叔琮傳、卷二六武皇紀下、卷五二李嗣昭傳、通鑑卷二六三敍其事皆作「將兵」。

[二] 至石會　「至」字原闕，據宋乙本、宗文本補。冊府卷三六七敍其事云：「因選精卒殿後，徐而退之，至石會關，留數馬及旌旗，虛設于高岡之上。」

[三] 昭宗遷洛　「遷」，原作「下」，據宋乙本、宋丙本、宗文本改。

[四] 拜右龍武統軍　「右」，舊五代史卷一九朱友恭傳、新唐書卷二二三下蔣玄暉傳、通鑑卷二六四作「左」。按本卷氏叔琮傳、通鑑卷二六四，時爲右龍武統軍者乃氏叔琮。

[五] 初　此字原闕，據宋乙本、宋丙本、宗文本補。

[六] 以爲太子年幼　「年」字原闕，據宗文本補。

[七] 陰遣敬翔至洛　按本卷李振傳：「太祖之弒昭宗也，遣振至京師與朱友恭、氏叔琮謀之。」舊唐書卷二〇上昭宗紀、新唐書卷二二三下蔣玄暉傳、通鑑卷二六五略同。是至洛者乃李振。

[八] 言當彥威等弒昭宗時　「弒」，原作「殺」，據宗文本改。

〔九〕而同爲一坑　舊五代史卷三四唐莊宗紀八敍其事云：「爲三穴瘞於宫城西古龍興寺北。」五代會要卷二略同。

〔一〇〕其祖抱真　舊五代史卷一八李振傳、通鑑卷二六一記其爲「唐潞州節度使抱真之曾孫也」。

〔一一〕過梁　通鑑卷二六一胡注引歐史、舊五代史卷一八李振傳作「過汴」。

〔一二〕太祖用兵在邢洺間　「洺」，原作「洛」，據宋乙本、宋丙本、宗文本改。

〔一三〕太祖乃牓院門　「院」字原闕，據宗文本補。

〔一四〕求以女妻皇子　「以」字原闕，據宗文本補。

〔一五〕其父惟晸　「惟晸」，原作「惟最」，據宋乙本、宋丙本、宗文本、舊五代史卷一五孫德昭傳改。本卷下文同。

〔一六〕京師數亂　「數」字原闕，據宗文本補。

〔一七〕孫承誨　舊唐書卷二〇上昭宗紀、新唐書卷一〇昭宗紀、通鑑卷二六二作「周承誨」。

〔一八〕冬十月　「十月」，舊五代史卷一五孫德昭傳作「十一月」。按舊唐書卷二〇上昭宗紀、通鑑卷二六二皆繫其事於十一月。

〔一九〕乃率兵衞胤及百官保東街　「東街」，舊五代史卷一五孫德昭傳作「街東」。

〔二〇〕遂留爲兩街制置使　「留」字原闕，據宗文本補。舊五代史卷一五孫德昭傳敍其事作「留充兩街制置使」，通鑑卷二六二作「復留爲兩街制置使」。

〔二一〕重三十斤　「三十」，原作「二十」，據宋乙本、宋丙本、宗文本、舊五代史卷二〇王敬蕘傳改。

〔二二〕敬蕘乃沿淮積薪爲燎　「燎」字原闕，據宋乙本、宗文本補。

〔二三〕殷懼　「懼」字原闕，據宋乙本、宗文本補。舊五代史卷一三蔣殷傳敍其事云：「殷自以爲友珪之黨，懼不受代。」通鑑卷二六九略同。

〔二四〕末帝詔削殷官爵　「殷」字原闕，據宗文本補。

新五代史卷四十四

雜傳第三十二

劉知俊

劉知俊，字希賢，徐州沛人也。少事時溥，溥與梁相攻，知俊與其麾下二千人降梁，太祖以爲左開道指揮使。

知俊姿貌雄傑，能被甲上馬，輪劍入敵，勇出諸將。當是時，「劉開道」名重軍中。歷海、懷、鄭三州刺史，從破青州，以功表匡國軍節度使。

邠州楊崇本以兵六萬攻雍州，屯于美原。是時，太祖方與諸將攻滄州，知俊不俟命，與康懷英等擊敗崇本，斬馘二萬，獲馬三千匹，執其偏裨百人。

李思安爲夾城攻潞州，久不下，太祖罷思安，拜知俊行營招討使，未至潞，夾城已破，徙西路行營招討使，敗邠、岐兵於幕谷。是時，延州高萬興叛楊崇本降梁，太祖遣知俊會萬興，攻下丹、延、鄜、坊四州，加檢校太尉兼侍中，封大彭郡王。知俊功益高，太祖性多猜忌，屢殺諸將，王重師無罪見殺，知俊益懼，不自安。太祖已下鄜坊，遣知俊復攻邠州，知俊以軍食不給未行。

太祖幸河中，使宣徽使王殷召知俊。其弟知浣爲親軍指揮使，間遣人告知俊以不宜來。知俊遂叛，臣於李茂貞，以兵攻雍、華，執劉捍送于鳳翔。太祖使人謂知俊曰：「朕待卿至矣，何相負邪？」知俊報曰：「王重師不負陛下而族滅，臣非背德，但畏死爾！」太祖復使語曰：「朕固知卿以此，吾誅重師，乃劉捍誤我，致卿至此，吾豈不恨之邪？今捍已死，未能塞責。」知俊不報，以兵斷潼關。

太祖遣劉鄩、牛存節攻知俊，知俊遂奔于茂貞。茂貞地狹，無以處之，使之西攻靈武。韓遜告急，太祖遣康懷英、寇彥卿等攻邠寧以牽之。知俊大敗懷英於昇平，殺梁將許從實。茂貞大喜，以知俊爲涇州節度使，使攻興元，取興、鳳，圍西縣。

已而茂貞左右忌知俊功，以事間之，茂貞奪其軍。知俊乃奔于蜀，王建以爲武信軍節度使，使返攻茂貞，取秦、鳳、階、成四州。建雖待知俊甚厚，然亦陰忌其材，嘗謂左右曰：「吾老矣，吾且死，知俊非爾輩所能制，不如早圖之！」而蜀人亦共嫉之。知俊爲人色黑，而其生歲在丑。建之諸子，皆以「宗」、「承」爲名〔一〕，乃於里巷構爲謠言曰：「黑牛出圈棧繩斷。」建益惡之，遂見殺。

丁會

丁會，字道隱，壽州壽春人也。少工挽喪之歌，尤能悽愴其聲以自喜。後去爲盜，與梁太祖俱從黃巢。梁太祖鎮宣武，以爲宣武都押衙。

光啓四年，東都張全義襲破河陽，逐李罕之，罕之召晉兵圍河陽，全義告急。是時，梁軍在魏，乃遣會及葛從周等將萬人救之。會等行至河陰，謀曰：「罕之料吾不敢渡九鼎，以吾兵少而來遠，且不虞吾之速至也。出其不意，掩其不備者，兵家之勝策也。」乃渡九鼎，直趨河陽，戰于沇水，罕之大敗，河陽圍解。

大順元年，梁軍擊魏，會及葛從周破黎陽、臨河，遂敗羅弘信于內黃。梁軍攻時溥於徐州，遣會別攻宿州，刺史張筠閉城距守，會堰汴水浸其東城〔二〕，城壞，筠降。兗州朱瑾以兵萬餘擊單父，會及瑾戰于金鄉，大敗之。

光化二年，李罕之叛晉，以潞州降梁。會自河陽攻晉澤州，下之。乃以會爲昭義軍留後，會畏梁太祖雄猜，常稱疾者累年。天復元年，太祖復起會爲昭義軍節度使。昭宗遇弒，會與三軍縞素發哀。梁軍攻燕滄州，燕王劉守光乞師于晉〔三〕，晉人爲攻潞州，會乃降晉。晉王以會歸于太原，賜以甲第，位在諸將上。

莊宗立，以會爲都招討使。天祐七年，以疾卒于太原。唐興，追贈太師。

賀德倫

賀德倫，河西人也。少爲滑州牙將。梁太祖兼領宣義，德倫從太祖征伐，以功累遷平盧軍節度使。

貞明元年，魏州楊師厚卒，末帝以魏兵素驕難制，乃分相、澶、衛三州建昭德軍，以張筠爲節度使；魏、博、貝三州仍爲天雄軍，以德倫爲節度使。遣劉鄩以兵六萬渡河，聲言攻鎮、定，王彥章以騎兵五百入魏州，屯金波亭以虞變，分魏牙兵之半入昭德。租庸使遣孔目吏閱魏兵籍，檢校府庫。德倫促牙兵上道，牙兵親戚相訣別，哭聲盈塗。效節軍將張彥謀於其衆曰：「朝廷以我軍府彊盛，設法殘破之。況我六州，舊爲藩府，未嘗遠出河門，一旦離親戚，去鄉里，生不如死。」乃相與夜攻金波亭，彥章走出。遲明，魏兵攻牙城，殺五百餘人，執德倫致之樓上，縱兵大掠。

末帝遣供奉官扈異馳至魏諭彥，許以刺史。彥謂異曰：「爲我報皇帝，三軍不負朝廷，朝廷負三軍，割隸無名，所以亂耳。但以六州還魏，而詔劉鄩反兵，皇帝可以高枕。」異還，言彥狂蹶不足畏，宜促鄩兵擊之。末帝使人諭彥，以制置已定，不可復易。使者三反，彥怒曰：「傭保兒敢如是邪！」乃召羅紹威故吏司空頲曰：「爲我作奏，若復依違，則渡河虜之耳！」末帝優詔答之，言：「王鎔死，鎮人請降，遣鄩以兵定鎮州，非有佗也，若魏不便之，即召鄩還。」戒彥勿爲朝廷生事。

彥乃以楊師厚鎮魏州嘗帶招討使，逼德倫論列之，末帝不許，諭以詔書，彥裂詔書抵于地，曰：「愚主聽人穿鼻，難與共事矣！」乃迫德倫降晉，德倫惶恐曰：「惟將軍命。」乃遣牙將曹廷隱奉書莊宗。

莊宗入魏，德倫以彥逼己，遣人陰訴於莊宗，莊宗斬彥於臨清而後入。徙德倫爲大同軍節度使。行至太原，監軍張承業留之。王檀攻太原，德倫麾下多奔檀，承業懼德倫爲變，殺之。

閻寶

閻寶，字瓊美，鄆州人也。少爲朱瑾牙將，瑾走淮南，寶降於梁。梁太祖時，爲諸軍都虞候，常從諸將征伐，未嘗獨立戰功。至末帝時，以寶爲保義軍節度使。

貞明三年〔四〕，賀德倫以魏博降晉，晉軍攻下洺、磁、相、衞，移兵圍邢州。末帝遣捉生都指揮使張温將五百騎救寶，温至内黄，遇晉軍，乃降晉。晉遣温將所降梁軍至城下招寶，寶遂降晉。晉王拜寶檢校太尉、同中書門下平章事，領天平軍節度使、東南面招討使，位在諸將上。

梁、晉戰胡柳，晉軍敗。莊宗欲引兵退保臨濮，寶曰：「夫決勝料勢，決戰料情，情勢既得，斷在不疑。今梁兵窘蹙，其勢可破；勝而驕怠，其情可知。此不可失之時也。」莊宗謝曰：「微公，幾敗吾事。」乃整軍復戰，遂敗梁兵。

十八年，晉軍討張文禮於鎮州，以寶爲招討使。明年三月，寶戰敗，退保趙州。慚憤發疽卒，追贈太師。晉天福中，追封太原王。

康延孝

康延孝，代北人也。爲太原軍卒，有罪亡命于梁。末帝遣段凝軍于河上，以延孝爲左右先鋒指揮使〔五〕。延孝見梁末帝任用羣小，知其必亡，乃以百騎奔于唐。見莊宗于朝城，莊宗解御衣金帶以賜之。拜延孝博州刺史、捧日軍使兼南面招收指揮使〔六〕。

莊宗屏人問延孝梁事，延孝具言：「末帝懦弱，趙巖婿也，張漢傑婦家，皆用事。段凝姦邪，以入金多爲大將，自其父時故將皆出其下。小人進任，而忠臣勇士皆見疎斥，此其必亡之勢也。」莊宗又問梁計如何，曰：「臣在梁時，竊聞其議：期以仲冬大舉，遣董璋以陝虢、澤潞之衆出石會以攻太原；霍彥威以關西、汝洛之兵掠邢洺以趨鎮、定；王彥章以京師禁衛擊鄆州；段凝以河上之軍當陛下。」莊宗初聞延孝言梁必亡，喜，及聞其大舉也，懼，曰：「其將何以禦之？」延孝曰：「梁兵雖衆，分則無餘。臣請待其既分，以鐵騎五千自鄆趨汴，出其不意，擣其空虛，不旬日，天下定矣。」莊宗甚壯其言。後董璋等雖不出兵，而梁兵悉屬段凝于河上〔七〕，京師無備，莊宗卒用延孝策，自鄆入汴，凡八日而滅梁。以功拜鄭州防禦使，賜姓名曰李紹琛。二年，遷保義軍節度使。

三年，征蜀，以延孝爲先鋒、排陣斬斫使，破鳳州，取固鎮，降興州。與王衍戰三泉，衍敗走，斷吉柏江浮橋，延孝造舟以渡，進取綿州。衍復斷綿江浮橋。延孝謂招撫使李嚴曰：「吾遠軍千里，入人之國，利在速戰。乘衍破膽之時，但得百騎過鹿頭關，彼將迎降不暇。若修繕橋梁，必留數日，使衍得閉關爲備，則勝負未可知也。」因與嚴乘馬浮江，軍士隨之濟者千餘人，遂入鹿頭關，下漢州，居三日，後軍始至。衍弟宗弼果以蜀降。延孝屯漢州，以俟魏王繼岌。

蜀平，延孝功爲多。左廂馬步軍都指揮使董璋位在延孝下〔八〕，然特見重於郭崇韜。崇韜有軍事，獨召璋與計議，而不問延孝，延孝大怒，責璋曰：「吾有平蜀之功，公等僕遬相從，反俛首郭公之門，吾爲都將，獨不能以軍法斬公邪？」璋訴于崇韜，崇韜解璋軍職，表爲東川節度使。延孝愈怒曰：「吾冒白刃，犯險阻，以定兩川，璋有何功而得旄節！」因見崇韜，言其不可。崇韜曰：「紹琛反邪？敢違吾節度！」延孝懼而退。明年，崇韜死，延孝謂璋曰：「公復俛首何門邪？」璋求哀以免。

繼岌班師，命延孝以萬二千人爲殿，行至武連，聞朱友謙無罪見殺。友謙有子令德在遂州，莊宗遣使者詔繼岌即誅之。繼岌不遣延孝，而遣董璋，延孝已自疑，及璋過延孝軍，又不謁，延孝大怒，謂其下曰：「南平梁，西取蜀，其謀盡出於郭公〔九〕，而汗馬之勞，攻城破敵者我也。今郭公已死，我豈得存？而友謙與我俱背梁以歸唐者，友謙之禍，次及我矣！」延孝部下皆友謙舊將，知友謙被族，皆號哭訴于軍門曰：「朱公無罪，二百口被誅，舊將往往從死，我等死必矣！」延孝遂擁其衆自劍州返入蜀，自稱西川節度、三川制置等使。馳檄蜀人，數日之間，衆至五萬。繼岌遣任圜以七千騎追之，及于漢州，會孟知祥夾攻之，延孝戰敗，被擒，載以檻車。

圜置酒軍中，引檻車至坐上，知祥酌大卮從車中飲之而謂曰：「公自梁朝脱身歸命，遂擁節旄。今平蜀之功，何患富貴，而入此檻車邪？」延孝曰：「郭崇韜佐命之臣，功在第一，兵不血刃而取兩川，一旦無罪，闔門受戮。顧如延孝，何保首領？以此不敢歸朝耳！」任圜東還，延孝檻車至鳳翔，莊宗遣宦者殺之。

校勘記

〔一〕建之諸子皆以宗承爲名　「諸子」，舊五代史卷一三劉知俊傳作「子孫」。按太平廣記卷一六三引王氏見聞云劉知俊流入蜀，蜀人謡曰：「黑牛無繫絆，椶繩一時斷。」王建聞之懼，曰：「黑牛者，劉之小字，椶繩者，吾子孫之名也。蓋前輩連宗字，後輩連承字爲名，椶繩與宗承音同。吾老矣，得不爲子孫之患乎！」是王建諸子皆以「宗」爲名，諸孫皆以「承」爲名。

〔二〕會堰汴水浸其東城　「城」字原闕，據宋乙本、宋丙本、宗文本補。

〔三〕燕王劉守光乞師于晉　「劉」字原闕，據宗文本補。

〔四〕貞明三年　本卷賀德倫傳、本書卷三梁本紀、舊五代史卷八梁末帝紀上、卷二一賀德倫傳、通鑑卷二六九皆繫其事於貞明元年。

〔五〕以延孝爲左右先鋒指揮使　「左右」，舊五代史卷二九唐莊宗紀三、册府卷一二六同，舊五代史卷七四康延孝傳、册府卷一六六、通鑑卷二七二作「右」。

〔六〕捧日軍使兼南面招收指揮使　「招收」，舊五代史卷七四康延孝傳、册府卷一六六、卷三八七、通鑑卷二七二作「招討」。

〔七〕而梁兵悉屬段凝于河上　「兵」字原闕，據宋乙本、宗文本補。

〔八〕左廂馬步軍都指揮使董璋位在延孝下　「左」，本書卷五一董璋傳、舊五代史卷三三唐莊宗紀七、卷七四康延孝傳作「右」。

〔九〕其謀盡出於郭公　「盡」，宋乙本、宋丙本、宗文本作「畫」。舊五代史卷七四康延孝傳敍其事云：「畫策之謀，始于郭公。」

新五代史卷四十五

雜傳第三十三

張全義

張全義，字國維，濮州臨濮人也。少以田家子役于縣，縣令數困辱之，全義因亡入黄巢賊中。巢陷長安，以全義爲吏部尚書、水運使。巢賊敗，去事諸葛爽于河陽。爽死，事其子仲方。

仲方爲孫儒所逐，全義與李罕之分據河陽、洛陽以附于梁，二人相得甚歡。然罕之性貪暴，日以寇鈔爲事；全義勤儉，御軍有法，督民耕殖。以故罕之常乏食，而全義常有餘。罕之仰給全義，全義不能給，二人因有隙。

罕之出兵攻晉、絳，全義襲取河陽，罕之奔晉，晉遣兵助罕之，圍全義甚急。全義乞兵于梁，梁遣牛存節、丁會等以兵萬人自九鼎渡河，擊敗罕之於沇水，晉軍解去。梁以丁會守河陽，全義還爲河南尹。全義德梁出己，由是盡心焉。

是時，河南遭巢、儒兵火之後，城邑殘破，户不滿百，全義披荆棘，勸耕殖，躬載酒食，勞民畎畝之間，築南、北二城以居之。數年，人物完盛，民甚賴之。及梁太祖劫唐昭宗東遷，繕理宫闕、府廨、倉庫，皆全義之力也。

全義初名言，唐昭宗賜名全義。唐亡，全義事梁，又請改名，太祖賜名宗奭。太祖猜忌，晚年尤甚，全義奉事益謹，卒以自免。

自梁與晉戰河北，兵數敗亡，全義輒蒐卒伍鎧馬，月獻之以補其缺。太祖兵敗蓨縣，道病，還洛，幸全義會節園避暑，留旬日，全義妻女皆迫淫之。其子繼祚憤恥不自勝，欲剸刃太祖，全義止之曰：「吾爲李罕之兵圍河陽，啖木屑以爲食，惟有一馬，欲殺以餉軍，死在朝夕，而梁兵出之，得至今日，此恩不可忘也。」繼祚乃止。

嘗有言全義於太祖者，太祖召全義，其意不測。全義妻儲氏明敏有口辯，遽入見，厲聲曰：「宗奭，種田叟爾，守河南三十年，開荒斸土，捃拾財賦，助陛下創業。今年齒衰朽，已無能爲，而陛下疑之，何也？」太祖笑曰：「我無惡心，嫗勿多言。」

全義事梁，累拜中書令，食邑至萬三千户，兼領忠武陜虢鄭滑河陽節度使、判六軍諸衞事、天下兵馬副元帥，封魏王。

初，全義爲李罕之所敗，其弟全武及其家屬爲晉兵所得，晉王給以田宅，待之甚厚，全義常陰遣人通問於太原。及梁亡，莊宗入汴，全義自洛來朝，泥首待罪，莊宗勞之曰：「卿家弟姪，幸復相見。」全義俯伏感涕。年老不能進趨，遣人掖扶而登，宴犒盡歡，命皇子繼岌、皇弟存紀等皆兄事之。全義因去梁所賜名，請復其故名。而全義猶不自安，乃厚賂劉皇后以自託。

初，梁末帝幸洛陽，將祀天於南郊而不果，其儀仗法物猶在，全義因請幸洛陽，白南郊儀物已具。莊宗大悦，加拜全義太師、尚書令。明年十一月〔一〕，莊宗幸洛陽，南郊而禮物不具，因改用來年二月，然不以前語責全義。以皇后故，待之愈厚，數幸其第，命皇后拜全義爲父，改封齊王。

初，莊宗滅梁，欲掘梁太祖墓，斲棺戮尸。全義以謂梁雖仇敵，今已屠滅其家，足以報怨，剖棺之戮，非王者以大度示天下也。莊宗以爲然，鏟去墓闕而已。

全義監軍嘗得李德裕平泉醒酒石，德裕孫延古，因託全義復求之。監軍忿然曰：「自黄巢亂後，洛陽園宅無復能守，豈獨平泉一石哉！」全義嘗在巢賊中，以爲譏己，因大怒，奏笞殺監軍者，天下冤之。其聽訟，以先訴者爲直，民頗以爲苦。

同光四年，趙在禮反於魏，元行欽討賊無功，莊宗欲自將討之，大臣皆諫以爲不可，因言明宗可將。是時，郭崇韜、朱友謙皆已見殺，明宗自鎮州來朝，處之私第，莊宗疑之，不欲遣也。羣臣固請，不從，最後全義力以爲言，莊宗乃從。已而明宗至魏果反，全義以憂卒，年七十五，謚曰忠肅。

子繼祚，官至上將軍。晉高祖時，與張從賓反於河陽，當族誅，而宰相桑維翰以其父珙嘗事全義有恩，乞全活之，不許，止誅繼祚及其妻子而已。

朱友謙

朱友謙，字德光，許州人也。初名簡，以卒隸澠池鎮，有罪亡去，爲盜石濠〔二〕、三鄉之間，商旅行路皆苦之。久之，去爲陝州軍校。

陝州節度使王珙，爲人嚴酷，與其弟珂爭河中，戰敗，其牙將李璠與友謙謀，共殺珙，附于梁，梁太祖表璠代珙〔三〕。璠立，友謙復以兵攻之，璠得逃去，梁太祖又表友謙代璠。梁兵西攻李茂貞，太祖往來過陝，友謙奉事尤謹，因請曰：「僕本無功，而富貴至此，元帥之力也，且幸同姓，願更名以齒諸子。」太祖益憐之，乃更其名友謙，録以爲子。太祖即位，徙鎮河中，累遷中書令，封冀王。

太祖遇弑，友珪立，加友謙侍中，友謙雖受命，而心常不平。已而友珪使召友謙入覲，友謙不行，乃附于晉。友珪遣招討使韓勍將康懷英等兵五萬擊友謙。晉王出澤潞以救之，遇懷英于解縣，大敗之，追至白逕嶺，夜秉炬擊之，懷英又敗，梁兵乃解去。友謙會晉王於猗氏〔四〕，友謙醉寢晉王帳中，晉王視之，顧左右曰：「冀王雖甚貴，然恨其臂短耳！」末帝即位，友謙復臣于梁而不絶晉也。貞明六年，友謙遣其子令德襲同州，逐節度使程全暉，因求兼鎮。末帝初不許，已而許之，制命未至，友謙復叛，始絶梁而附晉矣。末帝遣劉鄩等討之，鄩爲李存審所敗。晉封友謙西平王，加守太尉，以其子令德爲同州節度使。

莊宗滅梁入洛，友謙來朝，賜姓名曰李繼麟，賜予鉅萬。明年，加守太師、尚書令，賜鐵券恕死罪。以其子令德爲遂州節度使、令錫忠武軍節度使，諸子及其將校爲刺史者十餘人，恩寵之盛，時無與比。

是時，宦官、伶人用事，多求賂于友謙，友謙不能給而辭焉，宦官、伶人皆怒。唐兵伐蜀，友謙閱其精兵，命其子令德將以從軍。及郭崇韜見殺，伶人景進言：「唐兵初出時，友謙以爲討己，閱兵自備。」又言：「與崇韜謀反。」且曰：「崇韜所以反于蜀者，以友謙爲內應。友謙見崇韜死，謀與存乂爲郭氏報冤。」莊宗初疑其事，羣伶、宦官日夜以爲言。友謙聞之大恐，將入朝以自明，將吏皆勸其毋行。友謙曰：「郭公有大功於國，而以讒死，我不自明，誰爲我言者！」乃單車入朝。景進使人詐爲變書，告友謙反。莊宗惑之，乃徙友謙義成軍節度使，遣朱守殷夜以兵圍其館，驅友謙出徽安門外，殺之，復其姓名。詔魏王繼岌殺令德於遂州，王思同殺令錫於許州，夏魯奇族其家屬于河中。魯奇至其家，友謙妻張氏率其宗族二百餘口見魯奇曰：「朱氏宗族當死，願無濫及平人。」乃別其婢僕百人，以其族百口就刑。張氏入室取其鐵券示魯奇曰：「此皇帝所賜也，不知爲何語！」魯奇亦爲之慚。

友謙死，其將史武等七人皆坐友謙族誅，天下冤之。

袁象先

袁象先，宋州下邑人，唐南陽王恕己之後也。父敬初，梁太府卿、駙馬都尉，尚太祖妹，是爲萬安大長公主。象先以梁甥爲宣武軍内外馬步軍都指揮使，歷宿、洺、陳三州刺史。太祖即位，累遷左龍武統軍、在京馬步軍都指揮使。

太祖遇弑，友珪立。末帝留守東都，以大事謀於趙巖，巖曰：「此事如反掌耳，但得招討楊令公一言諭禁軍，則事可成。」末帝即遣人之魏州，以謀告楊師厚，師厚遣裨將王舜賢至洛陽與象先謀，象先許諾。是時，龍驤軍將劉重遇戍于懷州，以其軍作亂，友珪遣霍彦威擊敗于鄢陵，其餘兵奔散，捕之甚急。末帝即召龍驤軍在東京者告之曰：「上以重遇故，欲盡召龍驤軍至洛而誅之。」乃僞爲友珪詔書示之，龍驤軍恐懼，不知所爲，因告之曰：「友珪弑父與君，天下之賊也！爾能趨洛陽擒之，以其首祭先帝，則所謂轉禍而爲福也。」軍士踴躍曰：「王言是也。」末帝即馳奏，言龍驤軍反。象先聞之，即引禁軍千人入宮攻友珪，友珪死。末帝即位，拜象先鎮南軍節度使、同中書門下平章事、開封尹、判在京馬步軍諸軍事。貞明四年，爲平盧軍節度使，徙鎮宣武〔五〕。

象先爲梁將，未嘗有戰功，徒以甥故掌親軍。及誅友珪，有功於末帝。在宋州十餘年，誅斂其民，積貨千萬。莊宗滅梁，象先來朝洛陽，輦其資數十萬，賂唐將相、伶官、宦者及劉皇后等，由是内外翕然稱其爲人。莊宗待之甚厚，賜姓名爲李紹安，改宣武軍爲歸德軍，曰：「歸德之名，爲卿設也。」遣之還鎮。是歲卒，年六十一〔六〕，贈太師。

象先二子，正辭官至刺史，巘周世宗時爲横海軍節度使。象先平生所積財産數千萬，邸舍四千間，其卒也，不以分諸子，而悉與正辭。正辭初以父任爲飛龍副使。唐廢帝時，獻錢五萬緡，領衢州刺史。晉高祖入立，復獻五萬緡，求爲真刺史。拜雄州刺史，州在靈武之西，吐蕃界中。正辭憚，不欲行，復獻錢數萬，乃得免。正辭不勝其忿，以衣帶自經，其家人救之而止。出帝時，又獻錢三萬緡、銀萬兩，出帝憐之，欲與一内郡，未及而卒。

正辭積錢盈室，室中嘗有聲如牛，人以爲妖，勸其散積以禳之。正辭曰：「吾聞物之有聲，求其同類爾，宜益以錢，聲必止。」聞者傳以爲笑。

朱漢賓

朱漢賓，字績臣，亳州譙人也。其父元禮爲軍校，從梁軍戰，殁于清口。漢賓爲人有膽力，梁太祖以其父死戰，憐之，以爲養子。是時，梁方東攻兗、鄆，鄆州朱瑾募其軍中驍勇者，黥雙鴈于其頰，號「鴈子都」。太祖聞之，乃更選勇士數百人，號「落鴈都」，以漢賓爲指揮使。及漢賓貴，人猶以爲「朱落鴈」。漢賓事梁爲天威軍使，歷磁滑宋亳曹五州刺史、安遠軍節度使。

莊宗滅梁，罷漢賓爲右龍武統軍〔七〕，待之頗薄。後莊宗因出遊幸其第，漢賓妻有色而惠，因侍左右，進酒食，奏歌舞，莊宗懽甚，留至夜漏二更而去，漢賓自此有寵。

初，漢賓在梁也，與朱友謙俱爲太祖養子，而友謙年長，漢賓以兄事之。其後梁亡，漢賓數寓書友謙，友謙不答，漢賓銜之。其後友謙見族，人皆以爲漢賓有力。明宗入立，以漢賓爲莊宗所厚，惡之，以爲右衛上將軍。安重誨用事，漢賓依附之，相爲婚姻，由是復得爲昭義軍節度使。重誨死，漢賓罷爲上將軍，遂以太子少保致仕。漢賓爲將，未嘗有戰功，而臨政能守法，好施惠，人頗愛之。清泰二年卒，年六十四。晉高祖時，贈太子少傅，謚曰貞惠。

段凝

段凝，開封人也。初名明遠，後更名凝。爲澠池主簿。其父事梁太祖，以事坐徙。後凝棄官，亦事太祖，爲軍巡使。又以其妹内太祖，妹有色，後爲美人。

凝爲人憸巧，善窺迎人意，又以妹故，太祖漸親信之，常使監諸軍。爲懷州刺史，梁太祖北征，過懷州，凝獻饋甚豐，太祖大悦。過相州，相州刺史李思安獻饋如常禮，比凝爲薄，太祖怒，思安因以得罪死。遷凝鄭州刺史，使監兵於河上。李振亟請罷之，太祖曰：「凝未有罪。」振曰：「待其有罪，則社稷亡矣！」然終不罷也。

莊宗已下魏博，與梁相距河上。梁以王彥章爲招討使，凝爲副。是時，末帝昏亂，小人趙巖、張漢傑等用事，凝依附巖等爲姦。彥章爲招討使，三日，用奇計破唐德勝南城。而凝與彥章各自上其功，巖等從中匿彥章功狀，悉歸其功於凝。凝因納金巖等，求代彥章，末帝惑巖等言，卒以凝爲招討使，軍于王村。

是時，唐已下鄆州，凝乃自酸棗決河東注鄆，以隔絶唐軍，號「護駕水軍」〔八〕。莊宗自鄆趨汴，汴兵悉已屬凝，京師無備，乃遣張漢倫馳馹召凝于河上，漢倫中道墜馬，傷不能進。已而梁亡，凝率精兵五萬降唐，莊宗賜以錦袍、御馬。明日，凝奏：「故梁姦人趙巖、張漢傑等十餘人〔九〕，侮弄權柄，殘害生靈，請皆族之。」凝出入唐朝無媿色，見唐將相若倡優，因伶人景進納賂劉皇后，以求恩寵。莊宗甚親愛之，賜姓名曰李紹欽，以爲泰寧軍節度使。居月餘，用庫錢數十萬，有司請責其償，莊宗釋之。郭崇韜固請，以爲不可，莊宗怒曰：「朕爲卿所制，都不自由！」終釋之。

莊宗遣李紹宏監諸將備契丹，凝軍瓦橋關，以諂事紹宏，紹宏數薦凝可大用，郭崇韜每以爲不可。遷武勝軍節度使。趙在禮反，紹宏請以凝招討，莊宗使凝條奏方略，凝所請偏裨，皆其故黨，莊宗疑之，乃止。明宗即位，勒歸田里。明年，長流遼州，賜死。

劉玘

劉玘，汴州雍丘人也。世爲宣武軍牙將。梁太祖鎮宣武，玘以軍卒補隊長，稍以戰功遷牙將，爲襄州都指揮使。

山南節度使王班爲亂軍所殺，亂軍推玘爲留後，玘僞許之，明日饗士于庭，伏甲幕中，酒半，擒爲亂者殺之。會梁遣陳暉兵亦至，襄州平，以功拜復州刺史，徙亳、安二州。

末帝時，爲晉州觀察留後，凡八年，日與晉人交戰。莊宗滅梁，玘來朝，莊宗勞之曰：「劉侯亡恙，爾居晉陽之南鄙久矣，不早相聞，今日見訪，不其晚邪？」玘頓首謝罪，遣還鎮，遂以爲節度使，徙鎮安遠。天成元年，以史敬鎔代之，玘還京師，未至，拜武勝軍節度使，以疾卒于道中，贈侍中。

周知裕

周知裕，字好問，幽州人也。爲劉仁恭騎將，仁恭爲其子守光所囚，知裕去事守光兄守文。守光又攻殺守文，乃與張萬進立守文子延祚而事之。守光又殺延祚，以其子繼威代之。萬進殺繼威，與知裕俱奔于梁。

梁太祖得知裕喜甚，爲置歸化軍，以知裕爲指揮使，凡與晉戰所得，及兵背晉而歸梁者，皆以隸知裕。梁、晉相拒河上十餘年，其摧堅陷陣，歸化一軍爲最，然知裕位不過刺史。

莊宗入汴，知裕與段凝軍河上，聞梁已亡，欲自殺，爲賓客故人止之，乃降唐。莊宗尤寵待之，諸將嫉其寵，因獵射之，知裕走以免。莊宗爲殺射者，以知裕爲房州刺史。明宗時，歷絳、淄二州刺史，遷宿州團練使、安州留後，所居皆有善政。安州近淮，俗惡病者，父母有疾，置之佗室，以竹竿繫飲食委之，至死不近。知裕深患之，加以教道，由是稍革。罷爲右神武統軍。應順中卒，贈太傅。

陸思鐸

陸思鐸，澶州臨黄人也。少事梁爲宣武軍卒，以善射知名。累遷拱辰左廂都指揮使、領恩州刺史。

梁、晉相拒河上，思鐸鏤其姓名於箭筈以射晉軍，而矢中莊宗馬鞍，莊宗拔矢，見思鐸姓名，奇之。其後滅梁，思鐸謁見，莊宗出其矢以示之，思鐸伏地請死，莊宗慰而起之，拜龍武右廂都指揮使。

晉高祖時，爲陳、蔡二州刺史。卒，年五十四。思鐸在陳州，有善政，臨終戒其子曰：「陳人愛我，我死則葬焉。」遂葬于陳州。

校勘記

〔一〕明年十一月　按本卷上文云「加拜全義太師、尚書令」，下文又敍「莊宗幸洛陽，南郊而禮物不具」，據舊五代史卷三〇唐莊宗紀四、通鑑卷二七二，二事皆在同光元年。

〔二〕石濠　舊五代史卷六三朱友謙傳作「石壕」。

〔三〕梁太祖表璠代珙　「梁」字原闕，據宋乙本、宗文本補。

〔四〕友謙會晉王於猗氏　以上八字原闕，據宋乙本、宗文本補。舊五代史卷六三朱友謙傳敍其事作「因與友謙會於猗氏」。

〔五〕貞明四年爲平盧軍節度使徙鎮宣武　舊五代史卷五九袁象先傳記其乾化四年「授青州節度使」，青州即平盧軍。按通鑑卷二六九：「（貞明三年春正月）詔宣武節度使袁象先救潁州」，則袁象先徙鎮宣武在貞明三年前。朱玉龍方鎮表繫袁象先初徙宣武于貞明二年。吴蘭庭纂誤補卷三:「『貞明』二字當衍。」

〔六〕年六十一　「一」字原闕，據宋乙本、宗文本、舊五代史卷五九袁象先傳補。

〔七〕罷漢賓爲右龍武統軍　「右」，舊五代史卷三二唐莊宗紀六、卷六四朱漢賓傳，册府卷一一四、卷四四〇、卷九二二作「左」。

〔八〕號護駕水軍　「軍」，原作「鄆」，據宋乙本改。宋丙本、宗文本作「號護駕水」。

〔九〕故梁姦人趙巖張漢傑等十餘人　「姦人」，宗文本作「要人」。舊五代史卷三〇唐莊宗紀四敘其事作「梁朝權臣趙巖等」，卷五九王瓚傳作「梁朝掌事權者趙巖等」。

新五代史卷四十六

雜傳第三十四

趙在禮

趙在禮，字幹臣，涿州人也。少事劉仁恭爲軍校，仁恭遣佐其子守文襲取滄州。其後守文爲其弟守光所殺，在禮乃奔于晉。莊宗時，爲效節指揮使，將魏兵戍瓦橋關。還至貝州，軍士皇甫暉作亂，推其將楊仁晸爲首〔一〕，仁晸不從，殺之，又推一小校，小校不從，又殺之，乃攜二首詣在禮。在禮聞亂，衣不及帶，方踰垣而走，暉曳其足而下之，環以白刃，示之二首，曰：「不從我者如此首！」在禮從之，遂反。

在禮自貝州還攻魏，縱軍大掠。是時，興唐尹王正言年老病昏，聞在禮至，呼吏草奏，吏已奔散，正言猶不知，方據案大怒，左右告曰：「賊已市中殺人，吏民皆走，欲誰呼邪？」

正言大驚曰：「吾初不知此。」即索馬將去，厩吏曰：「公妻子爲虜矣，安得馬乎？」正言惶恐，步出府門，見在禮，望而下拜，在禮呼正言曰：「公何自屈之甚邪！此軍士之情，非予志也。」在禮即自稱兵馬留後。

莊宗遣元行欽討之，行欽攻魏不克，乃遣明宗代行欽。明宗至鄴，軍變，因入城與在禮合。明宗兵反嚮京師，在禮留于魏。明宗即位，拜在禮義成軍節度使，在禮不受命，遂拜鄴都留守、興唐尹。久之，皇甫暉等皆去，在禮獨在魏，患魏軍之驕，懼及禍，乃求徙鎮横海。歷鎮泰寧、匡國、天平、忠武、武寧、歸德、晉昌，所至邸店羅列，積貲巨萬。

晉出帝時，以在禮爲北面行營馬步都虞候，以擊契丹，未嘗有戰功。在禮在宋州，人尤苦之，已而罷去，宋人喜而相謂曰：「眼中拔釘，豈不樂哉！」既而復受詔居職，乃籍管内，口率錢一千，自號「拔釘錢」。

晉亡，契丹入汴，在禮自宋馳至洛陽，遇契丹拽剌等，拜於馬首，拽剌等兵共侵辱之，誅責貨財，在禮不勝其憤。行至鄭州，聞晉大臣多爲契丹所鎖，中夜惶惑，解衣帶就馬櫪自經而卒，年六十二〔二〕。漢高祖立，贈中書令。

霍彥威

霍彥威，字子重，洺州曲周人也。少遭兵亂，梁將霍存掠得之，愛其儁爽，養以爲子。嘗從存戰，中矢，眇其一目。後事梁太祖，太祖亦愛之，稍遷右龍驤軍使〔三〕、右監門衛上將軍。預誅友珪，以功拜洺州刺史，遷邠寧節度使。

李茂貞遣梁叛將劉知俊攻邠州，彥威固守踰年，每獲知俊兵，必縱還之，知俊德之，後不復攻。徙鎮義成，又徙天平、兼北面行營招討使，與晉軍相持河上，彥威屢敗，降爲陝州留後。

莊宗滅梁，彥威自陝來朝，莊宗置酒故梁崇元殿，彥威與梁將段凝、袁象先等皆在。莊宗酒酣，指彥威等舉酒屬明宗曰：「此皆前日之勍敵，今侍吾飲，乃卿功也。」彥威等惶恐伏地請死，莊宗勞之曰：「吾與總管戲爾，卿無畏也。」賜姓名曰李紹真。明年，徙鎮武寧，從明宗擊契丹，明宗愛其爲人，甚親厚之。

其後，趙在禮反，彥威別討趙太於邢州，破之，還以兵屬明宗討在禮。明宗軍變，從馬直軍吏張破敗率衆殺將校，縱火焚營譟呼，明宗叱之曰：「自吾爲帥十有餘年，何負爾輩！今賊城破在旦夕，乃爾輩立功名、取富貴之時。況爾天子親軍，返效賊邪！」軍士對曰：「城中之人何罪，戍卒思歸而不得耳。天子不垂原宥，志在勦除。且聞破魏之後，欲盡坑魏博諸軍，某等初無叛心，直畏死耳。今宜與城中合勢，擊退諸鎮之兵，請天子帝河南，令公帝河北〔四〕。」明宗涕泣諭之，亂兵環列而呼曰：「令公不欲帝河北，則佗人有之，我輩狼虎，豈識尊卑！」彦威與安重誨勸明宗許之，乃擁兵入城，與在禮合，彦威獨不入。明宗入城，與在禮置酒大會，而部兵在外者聞明宗反，皆潰去，獨彦威所將五千人營城西北隅不動。居二日，明宗復出，得彦威兵，乃之魏縣，謀欲還鎮州，彦威、重誨勸明宗以兵南向。

莊宗崩，彦威從明宗入洛陽，首率羣臣勸進，内外機事，皆決彦威。彦威素與段凝、温韜有隙，因擅捕凝、韜下獄，將殺之，安重誨曰：「凝、韜之惡，天下所知，然主上方平内難，以恩信示人，豈公報仇之時？」彦威乃止。明宗即位，乃赦凝、韜，放歸田里，已而卒賜死。

彦威徙鎮平盧。朱守殷反，伏誅，彦威遣使者馳騎獻兩箭爲賀，明宗賜兩箭以報之。夷狄之法，起兵令衆，以傳箭爲號令，然非下得施於上也。明宗本出夷狄，而彦威武人，君臣皆不知禮，動多此類。然彦威客有淳于晏者，登州人也，少舉明經及第，遭世亂，依彦威，自彦威爲偏裨時已從之。彦威嘗戰敗脱身走，麾下兵無從者，獨晏徒步以一劍從之榛棘間以免。彦威高其義，所歷方鎮，常辟以自從，至其家事無大小，皆決於晏，彦威以故得少過失。當時諸鎮辟召寮屬，皆以晏爲法。

天成三年冬，彦威卒于鎮。是時，明宗方獵于近郊，青州馳騎奏彦威卒，明宗涕泣還宮，輟朝，仍終其月不舉樂。贈彦威太師，謚曰忠武。

房知温

房知温，字伯玉，兖州瑕丘人也。少以勇力爲赤甲都官健，後隸魏州馬鬭軍，稍遷親隨軍指揮使。莊宗取魏博，得知温，賜姓李氏，名曰紹英，以爲澶州刺史，歷曹、貝二州刺史，戍瓦橋關。

明宗自魏反兵南向，知温首馳赴之。天成元年，拜泰寧軍節度使。明年，爲北面招討使，屯于盧臺。明宗遣烏震往代知温還鎮，其戍卒效節軍將龍晊等攻震殺之。效節，魏州軍也。魏州自羅紹威誅衙軍，楊師厚爲節度使，復置銀槍效節軍。當梁末帝時，師厚幾爲梁患。師厚卒，以賀德倫代之。末帝患魏軍彊難制，與趙巖等謀分相、魏爲兩鎮，魏軍由此作亂，劫德倫叛梁而降晉，梁遂失河北。莊宗自得魏兵，與梁戰河上，數有功，許其軍以滅梁而厚賞。及梁亡，魏軍雖數賜與，而驕縱無厭，常懷怨望，皇甫暉之亂，劫趙在禮入魏，皆此軍也。明宗入立，在禮鎮天雄軍，以魏軍素驕，常懼禍，不皇居，陰遣人訴于明宗，求解去。明宗乃以皇子從榮代在禮，而遣魏效節九指揮北戍盧臺。軍發之日，不給兵甲，惟以長竿繫旗幟以表隊伍，軍士頗自疑惑。明年，明宗遣烏震代知温戍，而知温意尤不樂。盧臺戍軍夾水東西爲兩寨，震初至，與知温會東寨，方博，效節軍亂，噪于門外，知温即乘馬而出。亂軍擊殺震，執轡留知温，知温紿曰：「騎兵皆在西寨，今獨步軍，恐無能爲也。」知温即躍馬登舟渡河入西寨，以騎軍盡殺亂者。明宗下詔，悉誅其家屬于魏州，凡九指揮三千餘家數萬口，驅至漳水上殺之，漳水爲之變色。魏之驕兵，於是而盡。明宗知變自知温起，釋而不問，徙鎮武寧，加兼侍中，歷鎮天平、平盧。

初，明宗爲北面招討使，而知温爲副使，廢帝時以裨將事知温甚謹，後因杯酒失意。及廢帝起兵鳳翔，愍帝出奔，知温乘間有窺覦之意，謂其司馬李沖曰：「吾有錢數屋，養兵數千，因時建義，功必有成。」沖曰：「今天子孱弱，上下離心，潞王兵威甚盛，事未可知，沖請懷表而西以覘之。」及沖至京師，廢帝已入立，沖即奉表稱賀，還勸知温入朝，廢帝慰勞之甚厚。知温還鎮，封東平王。太常上言：「策拜王公，皇帝臨軒遣策。其在外者，正衙命使，而鹵簿、鼓吹、輅車、法物不出都城，考之故事無明文。今北平王德鈞、東平王知温受封遣策，請下兵部、太常、太僕，給鹵簿、鼓吹、輅車、法物赴本道，禮畢還有司。」

知温在鎮，常厚斂其民，積貲鉅萬，治第青州南城，出入以聲妓，游嬉不恤政事。天福元年，卒于官，贈太尉。

知温卒後，其子彦儒獻其父錢三萬緡、絹布三萬匹、金百兩、銀千兩、茶千五百斤、絲十萬兩，拜沂州刺史。其將吏分其餘貲者，皆爲富家云。

王晏球

王晏球，字瑩之，洛陽人也。少遇亂，爲盜所掠，汴州富人杜氏得之，養以爲子，冒姓杜氏。梁太祖鎮宣武，選富家子之材武者置之帳下，號「廳子都」。晏球爲人倜儻有大節，爲廳子都指揮使。太祖即位，爲右千牛衛將軍。友珪立，龍驤戍卒反，自懷州趣京師，遣晏球擊敗之于河陽，以功遷龍驤第一指揮使。

末帝即位，遷龍驤四軍都指揮使〔五〕。梁遣捉生軍將李霸將千人戍楊劉，霸夜作亂，自水門入，縱火大譟，以長竿縛布沃油，仰燒建國門。晏球聞亂，不俟命，率龍驤五百騎擊之，賊勢稍却。末帝登樓見之，呼曰：「此非吾龍驤軍邪！」晏球奏曰：「亂者，李霸一都爾，陛下嚴守宮城，而責臣破賊。」遲明盡殺之，以功拜澶〔一一〕州刺史〔六〕。

【一一】古本作單。

梁、晉軍河上，以晏球爲行營馬步軍都指揮使〔七〕。莊宗入汴，晏球以兵追之，行至封丘，聞末帝已崩，即解甲降唐，莊宗賜姓名曰李紹虔，拜齊州防禦使，戍瓦橋關。

明宗兵變，自鄴而南，遣人招晏球，晏球從至洛陽，拜歸德軍節度使。定州王都反，以晏球爲招討使，與宣徽南院使張延朗等討之。都遣人北招契丹，契丹遣秃餒將萬騎救都。晏球聞秃餒等兵且來，留張延朗屯新樂，自逆於望都。而契丹從他道入定州，與都出不意擊延朗軍，延朗大敗，收餘兵會晏球趨曲陽，都乘勝追之。晏球先至水次，方坐胡牀指麾，而都衆掩至，晏球與左右十餘人連矢射之，都衆稍却，而後軍亦至。晏球立高岡，號令諸將皆櫜弓矢、用短兵，回顧者斬。符彦卿以左軍攻其左，高行珪以右軍攻其右〔八〕，中軍騎士抱馬項馳入都軍，都遂大敗，自曲陽至定州，橫尸棄甲六十餘里。都與秃餒入城，不敢復出。契丹又遣惕隱以七千騎益都，晏球遇之唐河，追擊至滿城，斬首二千級，獲馬千匹。契丹自中國多故，彊於北方，北方諸夷無大小皆畏伏，而中國之兵遭契丹者，未嘗少得志。自晏球擊敗秃餒，又走惕隱，其餘衆奔潰投村落，村落之人以鋤耰白梃所在擊殺之，無復遺類。愓隱與數十騎走至幽州西，爲趙德鈞擒送京師。明宗下詔責誚契丹。契丹後數遣使至中國，求歸愓隱等，辭甚卑遜，輒斬其使以絶之。於是時，中國之威幾於大震，而契丹少衰伏矣，自晏球始也。

晏球攻定州，久不克，明宗數遣人促其破賊，晏球以謂未可急攻。其偏將朱弘昭、張虔釗等宣言曰：「晏球怯耳！」乃驅兵以進，兵果敗，殺傷三千餘人，由是諸將不敢復言攻。晏球乃休養士卒，食其三州之賦，悉以俸禄所入具牛酒，日與諸將高會。久之，都城中食盡，先出其民萬餘人，數與禿餒謀決圍以走，不果，都將馬讓能以城降，都自焚死。

晏球爲將有機略，善撫士卒。其擊禿餒，既因敗以爲功，而諸將皆欲乘勝取都，晏球返，獨不動，卒以持久弊之。自天成三年四月都反，明年二月始克之，軍中未嘗戮一人。以破都功，拜天平軍節度使。又徙平盧，累官至兼中書令。是歲卒〔九〕，年六十二〔一〇〕，贈太尉。

安重霸

安重霸，雲州人也，初與明宗俱事晉王。重霸得罪奔于梁，又奔于蜀。

重霸爲人狡譎多智，善事人。蜀王建以爲親將。王衍立，少年，宦者王承休用事，重霸深結承休以自託。梁末，蜀取李茂貞秦、成、階三州，重霸勸承休求鎮秦州，衍以承休爲節度使，重霸爲其副使。重霸與承休多取秦州花木獻衍，請衍東遊。唐魏王兵伐蜀，承休大恐，以問重霸，重霸曰：「劍門天下之險，雖有精兵，不可過也。然公受國恩，聞難不可不赴，願與公俱西。」承休素親信之，以爲然。承休整軍將發，秦人送之，帳飲城外。酒罷，承休上道，重霸立承休馬前，辭曰：「秦隴不可失，願留爲公守。」承休業已上道，無如之何。

唐軍已破蜀，重霸亦以秦、成、階三州降唐，明宗以爲閬州團練使。罷爲左衛大將軍。久之，以爲匡國軍節度使。廢帝時，爲京兆尹、西京留守，徙鎮大同，以病罷還，卒于潞州。

王建立

王建立，遼州榆社人也。唐明宗爲代州刺史，以建立爲虞候將。莊宗嘗遣女奴之代州祭墓，女奴侵擾代人，建立捕而笞之。莊宗怒，欲殺之，明宗爲庇護之以免。明宗自魏反，犯京師，曹皇后、王淑妃皆在常山，建立殺常山監軍并其守兵，明宗家屬因得無患，由是明宗益愛之。明宗即位，以爲成德軍節度副使，已而拜節度使、檢校太尉〔一一〕、同中書門下平章事。

建立與安重誨素不協，定州王都有二志，數以書通建立，約爲兄弟，重誨知之以爲言。明宗不欲傷建立，亟召還京師。建立入見，亦多言重誨過失。明宗大怒，欲亟罷重誨，羣臣左右諷解之，乃止。然卒以建立爲右僕射、同中書門下平章事、判三司事。居歲餘，自言不識文字，願解三司，明宗不許。久之，建立稱疾，明宗笑曰：「人固有詐疾而得疾者。」乃出爲平盧節度使，又徙上黨。建立怏怏不得志，遂求解職，乃以太子少保致仕。

建立數請朝見，不許，乃自詣京師，闌至後樓見明宗，涕泣言己無罪，爲重誨所擯。明宗曰：「汝爲節度使，不作好事，豈獨重誨讒汝邪！」賜以茶藥而遣之。廢帝立，復起爲天平軍節度使。

晉高祖時，徙鎮平盧。天福五年來朝，高祖勞之曰：「三十年前老兄，可毋拜！」賜以肩輿入朝，給二宦者掖而升殿，宴見甚渥。又徙昭義，賜以玉斧、蜀馬。累封韓王。

建立好殺人，其晚節始惑浮圖法，戒殺生，所至人稍安之。卒，年七十，贈尚書令。

子守恩，以蔭補，稍遷諸衛將軍。建立已卒，家于潞，守恩自京師得告歸，而契丹滅晉。昭義節度使張從恩與守恩姻家，乃以守恩權巡檢使，以守潞州，而從恩入見契丹。從恩既去，守恩因剽劫從恩家貲，以潞州降漢。漢高祖即位，以守恩爲昭義軍節度使，徙鎮靜難、西京留守，加同中書門下平章事。

守恩性貪鄙，人甚苦之。時周太祖以樞密使將白文珂等軍西平三叛，還過洛陽，守恩以使相自處，肩輿出迎。太祖怒，即日以頭子命文珂代守恩爲留守，而守恩方詣館謁，坐於客次以俟見，而吏馳報新留守視事於府矣。守恩大驚，不知所爲，遂罷去，奉朝請于京師。

後隱帝殺史弘肇等，召羣臣上殿慰諭之，羣臣恐懼，無敢言者，獨守恩前對曰：「陛下始睡覺矣。」聞者皆縮頸。顯德中，爲左金吾衞上將軍以卒〔一三〕。

嗚呼！道德仁義，所以爲治，而法制綱紀，亦所以維持之也。自古亂亡之國，必先壞其法制而後亂從之。亂與壞相乘，至蕩然無復綱紀，則必極於大亂而後返，此勢之然也，五代之際是已。若文珂、守恩皆位兼將相，漢大臣也，而周太祖以一樞密使頭子易置之，如更戍卒。是時，太祖與漢未有間隙之端，其無君叛上之志，宜未萌于心，而其所爲如此者，何哉？蓋其習爲常事，故特發於喜怒頤指之間，而文珂不敢違，守恩不得拒。太祖既處之不疑，而漢廷君臣亦置而不問，其上下安然而不怪者，豈非朝廷法制綱紀壞亂相乘，其來也遠，既極而至於此歟？是以善爲天下慮者，不敢忽於微，而常杜其漸也，可不戒哉！

康福

康福，蔚州人也。世爲軍校。福以騎射事晉王爲偏將。莊宗嘗曰：「吾家以羊馬爲生，福狀貌類胡人而豐厚，胡宜羊馬。」乃令福牧馬于相州，爲小馬坊使，逾年馬大蕃滋。明宗自魏反兵，過相州，福以小坊馬二千匹歸命，明宗軍勢由是益盛。明宗入立，拜飛龍使，領磁州刺史、襄州兵馬都監。從劉訓討荆南，無功而還。

福爲將無佗能，善諸戎語〔一三〕，明宗嘗召入便殿，訪以外事，福輒爲蕃語以對。樞密使安重誨惡之，常戒福曰：「無妄奏事，當斬汝！」福懼，求外任。

靈武韓洙死，其弟澄立，而偏將李從賓作亂〔一四〕。澄表請朝廷命帥，而重誨以謂靈武深入夷境，爲帥者多遇害，乃拜福涼州刺史、朔方河西軍節度使。福入見明宗，涕泣言爲重誨所擠。明宗召重誨爲福更佗鎮，重誨曰：「福爲刺史無功效而建節旄，其敢有所擇邪！」明宗怒，謂福曰：「重誨遣汝，非吾意也。吾當遣兵護汝，可無憂。」乃令將軍牛知柔以兵衛福。行至方渠，而羌夷果出邀福，福以兵擊走之。至青岡峽，遇雪，福登山望見川谷中煙火，有吐蕃數千帳，不覺福至，福分其兵爲三道，出其不意襲之。吐蕃大駭，棄車帳而走，殺之殆盡，獲其玉璞、綾錦、羊馬甚衆，由是威聲大振。

福居靈武三歲，歲常豐稔，有馬千駟，蕃夷畏服。言事者疑福有異志，重誨亦言福必負朝廷。明宗遣人謂福曰：「我何少汝而欲負我！」福言：「受國恩深，有死無二。」因乞還朝，不許。福章再上，即隨而至，明宗不之罪，徙鎮彰義。歷靜難、雄武，充西面都部署。晉高祖時，徙鎮河中，代還。卒于京師，贈太師，謚曰武安。

福世本夷狄，夷狄貴沙陀，故常自言沙陀種也。福嘗有疾卧閤中，寮佐入問疾，見其錦衾，相顧竊戲曰：「錦衾爛兮！」福聞之，怒曰：「我沙陀種也，安得謂我爲奚？」聞者笑之。

郭延魯

郭延魯，沁州綿上人也。父饒，以驍勇事晉，數立軍功，爲沁州刺史者九年，爲政有惠愛，州人思之。

延魯以善槊爲將，累遷神武都知兵馬使。朱守殷反，從攻汴州，以先登功爲汴州馬步軍都指揮使〔五〕，累遷復州刺史。延魯歎曰：「吾先君爲沁州者九年，民到于今思之。吾今幸得爲刺史，其敢忘吾先君之志！」由是益以廉平自勵，民甚賴之。秩滿，州人乞留，不許，皆遮道攀號。天福中，拜單州刺史，卒于官。

當是時，刺史皆以軍功拜，言事者多以爲言，以謂方天下多事，民力困敝之時，不宜以刺史任武夫，恃功縱下，爲害不細。而延魯父子，特以善政著聞焉。

嗚呼，五代之民其何以堪之哉！上輸兵賦之急，下困剥斂之苛。自莊宗以來，方鎮進獻之事稍作，至於晉而不可勝紀矣。其「添都」、「助國」之物，動以千數計。至於來朝、奉使、買宴、贖罪，莫不出於進獻。而功臣大將，不幸而死，則其子孫率以家貲求刺史，其物多者得大州善地。蓋自天子皆以賄賂爲事矣，則爲其民者其何以堪之哉！於此之時，循廉之吏如延魯之徒者，誠難得而可貴也哉！

校勘記

〔一〕楊仁晸　舊五代史卷三四唐莊宗紀八、通鑑卷二七四作「楊仁晸」，舊五代史卷九〇趙在禮傳作「楊晸」。本卷下一處同。

〔二〕年六十二　「六十二」，舊五代史卷九〇趙在禮傳作「六十六」。

〔三〕稍遷右龍驤軍使　「右」，原作「左」，據宋丙本、宗文本、舊五代史卷六四霍彦威傳改。

〔四〕令公帝河北　「帝」，原作「鎮」，據宋丙本、宗文本改。舊五代史卷三五唐明宗紀一敍其事作「請令公帝河北」。

〔五〕遷龍驤四軍都指揮使　「都」字原闕，據宗文本、舊五代史卷六四王晏球傳、册府卷三六〇、通鑑卷二六九補。

〔六〕以功拜澶州刺史　「澶」，宋丙本、舊五代史卷六四王晏球傳、册府卷三六〇、通鑑卷二六九作「單」。

〔七〕以晏球爲行營馬步軍都指揮使　「馬步軍」，舊五代史卷六四王晏球傳作「馬軍」。

〔八〕高行珪以右軍攻其右　「高行珪」，舊五代史卷六四王晏球傳、册府卷三六〇作「高行周」。按舊五代史卷三八唐明宗紀四：「（天成二年）以前復州刺史高行周爲右龍武統軍。」又同年「以前雲州節度使高行珪爲鄧州節度使」。吴蘭庭纂誤補卷三：「此疑作『行周』爲是。」

〔九〕是歲卒　按本卷上文敍天成四年事，然據舊五代史卷四三唐明宗紀九、卷六四王晏球傳，王晏球卒於長興三年。

〔一〇〕年六十二　「六十二」，舊五代史卷六四王晏球傳作「六十」。

〔一一〕檢校太尉　舊五代史卷三八唐明宗紀四、光緒榆社縣志卷九載王建立墓誌作「檢校太傅」。按舊五代史卷三九唐明宗紀五記其天成三年方加檢校太尉。

〔一二〕爲左金吾衛上將軍以卒　「左」，舊五代史卷一一五周世宗紀二、卷一二五王守恩傳、王守恩墓誌（拓片刊千唐誌齋藏誌）作「右」。

〔一三〕善諸戎語　「諸」，原作「謂」，據宋丙本、宗文本改。舊五代史卷九一康福傳敍其事作「福善諸蕃語」。

〔一四〕李從賓　本書卷四〇韓遜傳、舊五代史卷一三二韓遜傳作「李賓」，通鑑卷二七六作「李匡賓」。

〔一五〕以先登功爲汴州馬步軍都指揮使　「馬步軍」，舊五代史卷九四郭延魯傳、册府卷三九六作「步軍」。

新五代史卷四十七

雜傳第三十五

華温琪

華温琪，字德潤，宋州下邑人也。世本農家。温琪身長七尺，少從黄巢爲盜。巢陷長安，以温琪爲供奉官都知。巢敗，温琪走滑州，顧其狀貌魁偉，懼不自容，乃投白馬河，流數十里，不死，河上人援而出之。又自經于桑林，桑輒枝折。乃之胙縣，有田父見之曰：「子狀貌堂堂，非常人也！」乃匿于家。後歲餘，聞濮州刺史朱裕募士爲兵，乃往依之。

後事梁，爲開道指揮使，累以戰功爲絳、棣二州刺史。棣州苦河水爲患，温琪徙于新州以避之，民賴其利。又歷齊、晉二州〔一〕。莊宗攻晉州，踰月不能破，梁末帝嘉温琪善守，升晉州爲定昌軍，以温琪爲節度使。坐掠部民妻，爲其夫所訟，罷爲金吾衛大將軍、左龍武統軍〔二〕。朱友謙以河中叛附于晉，末帝拜温琪汝州防禦使、河中行營排陣使。遷耀州觀察留後。

莊宗滅梁，見温琪，曰：「此爲梁守平陽者也！」嘉之，因以耀州爲順義軍，拜温琪節度使，徙鎮雄武。明宗時來朝，願留闕下，以爲左驍衞上將軍。踰年，明宗謂樞密使安重誨曰：「温琪舊人，宜與一重鎮。」重誨意不欲與，對以無員闕。佗日，明宗語又及之，重誨曰：「可代者惟樞密使耳。」明宗曰：「可。」重誨不能答。温琪聞之懼，稱疾不出者累月。已而以爲鎮國軍節度使。廢帝時，以太子太保致仕〔三〕。天福元年卒，贈太子太傅〔四〕。

萇從簡

萇從簡，陳州人也。世本屠羊。從簡去事晉爲軍校，力敵數人，善用槊。莊宗用兵攻城，從簡多爲梯頭，莊宗愛其勇，以功累遷步軍都指揮使。莊宗與梁軍對陣，梁軍有執大旗出入陣間者，莊宗登高丘望見之，歎曰：「彼猛士，誰能爲我取之者？」從簡因前請往，莊宗惜之，不許。從簡潛率數騎，馳入梁軍，奪其旗而還，軍中皆鼓噪，莊宗壯之，賜與甚厚。從簡嘗中流矢，鏃入髀骨，命工取之。工無良藥，欲鑿其骨，人皆以爲不可。從簡遽使鑿之，工遲疑不忍下，從簡叱其亟鑿，左右視者，皆若不勝其毒，而從簡言笑自若。然其爲人剛暴難制，莊宗每屈法優容之。累遷蔡州防禦使。明宗時，歷麟、汝、汾、金四州防禦使。明宗嘗戒之曰：「富貴可惜，然汝不能守也。先帝能貸爾，吾恐不能。」從簡性不可悛，明宗亦不之責。

廢帝舉兵於鳳翔，從簡與諸鎮兵圍之，已而兵潰，從簡東走，被執。廢帝責其不降，從簡曰：「事主不敢二心。」廢帝釋之，拜潁州團練使。晉高祖起兵太原，廢帝將親征，召爲招討副使，從至河陽，拜河陽三城節度使。廢帝還洛陽，從簡即降晉。歷鎮忠武、武寧，入爲左金吾衛上將軍。卒，年六十五，贈太師。

從簡好食人肉，所至多潛捕民間小兒以食。許州富人有玉帶，欲之而不可得，遣二卒夜入其家殺而取之。卒夜踰垣，隱木間，見其夫婦相待如賓，二卒歎曰：「吾公欲奪其寶，而害斯人，吾必不免。」因躍出而告之，使其速以帶獻，遂踰垣而去，不知其所之。

張筠 弟籛

張筠，海州人也。世以貲爲商賈。筠事節度使時溥爲宿州刺史。梁兵攻溥取宿州，得筠，愛其辯惠，以爲四鎮客將、長直軍使，累拜宣徽使。末帝分相、澶、衞三州爲昭德軍，以筠爲節度使，由是魏博軍叛附于晉〔五〕。晉王攻相州，筠棄城走。後以爲永平軍節度使。

梁亡事唐，仍爲京兆尹。從郭崇韜伐蜀，爲劍南兩川安撫使。蜀平，拜河南尹，徙鎮興元。筠嘗有疾，不見將吏，副使符彦琳入問疾，筠又辭不見。彦琳疑筠已死，即請出牌印，筠怒，命左右收彦琳下獄，以其反聞。明宗知彦琳無反狀，召彦琳釋之，陽徙筠爲西京留守，戒守者不内，筠至長安不得入，乃朝京師，以爲左驍衞上將軍。

筠弟籛，當筠爲京兆尹時，以爲牙内指揮使、三白渠營田制置使。筠西伐蜀，留籛守京兆。蜀平，魏王繼岌班師，至興平，而明宗自魏起，京師大亂，籛乃斷咸陽浮橋以拒繼岌，繼岌乃自殺。

初，筠代康懷英爲永平軍節度使，而懷英死，筠即掠其家貲。又於唐故宫掘地，多得金玉。有偏將侯莫陳威者，嘗與温韜發唐諸陵，分得寶貨，筠因以事殺威而取之。魏王繼岌死渭南，籛悉取其行橐。而王衍自蜀行至秦川，莊宗遺宦者向延嗣殺之，延嗣因盡得衍蜀中珍寶。明宗即位，即遣人捕誅宦者，延嗣亡命，而蜀之珍寶籛又取之。由是兄弟貲皆鉅萬。然筠爲人好施予，以其富，故所至不爲聚斂，民賴以安。而籛嗜酒貪鄙，歷沂、密二州刺史。晉出帝時，以將軍市馬於回鶻，坐馬不中式，有司理其價直，箋性鄙，因鬱鬱而卒。

筠居洛陽，擁其貲，以酒色聲妓自娛足者十餘年，人謂之「地仙」。天福二年，徙居長安。是歲，張從賓作亂，入洛陽，筠遂以免。卒，贈太子少師〔六〕。

嗚呼，五代反者多矣，吾於明宗獨難其辭！至於魏王繼岌薨，然後終其事也。莊宗遇弒，繼岌以元子握重兵，死于外而不得立，此大事也，而前史不書其所以然。夫繼岌之存亡，於張箋無所利害，箋何爲而拒之不使之東乎？豈其有所使而爲之乎？然明宗於符彥超深以爲德，而待箋無所厚，此其又可疑也。不然，好亂之臣，望風而響應乎？使箋不斷浮橋，而繼岌得以兵東，明宗未必能自立。則繼岌之死，由箋之拒，其所繫者豈小哉！

楊彥詢

楊彥詢，字成章，河中寶鼎人也。少事青州王師範，師範好學，聚書萬卷，使彥詢掌之。彦詢爲人聰悟，遂見親信。師範降梁，後見殺，彦詢無所歸，乃之魏，事楊師厚爲客將。魏博叛梁入于晉，彦詢因留事晉。莊宗滅梁，以彦詢爲引進副使，奉使吴、蜀，常稱旨。歷德州刺史、羽林將軍。

晉高祖鎮太原，廢帝疑其有貳志，擇諸將之謹厚者佐之，乃以彦詢爲太原節度副使。其後晉高祖以疑見徙，欲拒命不行，以問彦詢，彦詢不敢正言，因曰：「太原之力，能與唐敵否？公其審計之！」高祖反意已決，彦詢亦不復敢言。高祖左右以彦詢異議，欲殺之，高祖遽止之，曰：「惟副使一人，我自保之。」乃免。

是時，高祖乞兵於契丹，契丹耶律德光立高祖于太原，以兵送至河上。彦詢爲宣徽使，數往來虜帳中，德光亦愛其爲人。明年，拜感德軍節度使〔七〕，復入爲宣徽使，又拜安國軍節度使。天福七年，徙鎮鎮國，遭歲大饑，爲政有惠愛。以病風罷爲右金吾衛上將軍。卒，年七十四，贈太子太師。

李周

李周，字通理，邢州内丘人，唐昭義軍節度使抱真之後也。父矩，遭世亂不仕，嘗謂周曰：「邯鄲用武之地，今世道未平，汝當從軍旅以興吾門。」

周年十六爲内丘捕賊將，以勇聞。是時，梁、晉兵爭山東，羣盜充斥道路，行者必以兵衛。内丘人盧嶽將徙家太原，舍逆旅，傍偟不敢進，周意憐之，爲送至西山。有盜從林中射嶽，中其馬，周大呼曰：「吾在此，孰敢爾邪？」盜聞其聲，曰：「此李周也。」因各潰去。周送嶽至太原，嶽謂之曰：「吾少學星曆，且工相人。子方頤隆準，眉目疏徹，身長七尺，真將相也。吾占天象，晉必有天下，子宜留事晉，以圖富貴。」周以母老辭歸。

是時，梁遣葛從周攻下邢洺，晉王柵兵青山口，周未知所歸，乃思嶽言，至青山歸晉，晉王以周爲萬勝黄頭軍使。後從征伐常有功。從戰柏鄉，先登，遷匡霸指揮使，守楊劉。周爲將甚勇，其於用兵，善守，能與士卒同甘苦。梁兵攻周，周堅守。久之，周聞母喪奔歸，莊宗遣佗將代周守，幾爲梁兵所破，莊宗遽追周還守之，乃得不破。其後梁人已破德勝，因東擊楊劉，以巨艦絶河，斷晉餉援。周遣人馳趨莊宗求救，請日行百里以赴急，莊宗笑曰：「周爲我守，何憂！」日行六十里，且行且獵，曰：「周非梁將可敵也。」比至，周已絶糧三日。莊宗以巨栰積薪沃油，順流縱火焚梁艦，梁兵解去。莊宗見周勞曰：「微公，諸將爲梁擒矣！」歷相、蔡二州刺史。明宗時，拜武信軍節度使，徙鎮靜難，歷武寧、安遠、永興、宣武四鎮，所至多善政。

晉高祖時，復鎮靜難，罷還。出帝幸澶淵，以周留守東京，還，拜開封尹。卒，年七十四，贈太師。

劉處讓

劉處讓，字德謙，滄州人也。少爲張萬進親吏，萬進入梁爲泰寧軍節度使，以處讓爲牙將。萬進叛梁附晉，梁遣劉鄩討之。萬進遣處讓求救于晉，晉王方與梁相拒，未能出兵，處讓乃於軍門截耳而訴曰：「萬進所以見圍者，以附晉故也，奈何不顧其急？苟不出兵，願請死！」晉王壯之，曰：「義士也！」爲之發兵。未渡河，而萬進爲梁兵所敗，處讓因留事晉。

莊宗即位，爲客省使〔八〕，常使四方，多稱旨。天成中，遷引進使，累遷左驍衞大將軍。廢帝時，魏州軍亂，逐其帥劉延皓，遣范延光招討，以處讓爲河北都轉運使。

晉高祖立，歷宣徽南院使。范延光反，高祖命楊光遠爲招討使，以處讓參其軍事。已而副招討使張從賓叛于河陽，處讓分兵擊破從賓。還，與光遠攻鄴，逾年不能下。其後延光有降意而遲疑，處讓入城，譬以禍福，延光乃出降。

唐制，樞密使常以宦者爲之，自梁用敬翔、李振，至莊宗始用武臣，而權重將相。高祖時，以宰相桑維翰、李崧兼樞密使，處讓與諸宦者心不平之。光遠之討延光也，以晉重兵在己掌握，舉動多驕恣，其所求請，高祖頗裁抑之。處讓爲光遠言：「此非上意，皆維翰、崧等嫉公耳！」光遠大怒。及兵罷，光遠見高祖，訴以維翰等沮己，高祖不得已，罷維翰等，以處讓爲樞密使。

處讓在職，凡所陳述，多不稱旨。處讓丁母憂，高祖遂不復拜樞密使，以其印付中書而廢其職。處讓居喪期年，起復爲彰德軍節度使、右金吾衞上將軍。以疾卒，年六十三。累贈太師。

李承約

李承約，字德儉，薊門人也〔九〕。少事劉仁恭，爲山後八軍巡檢使，將騎兵二千人。仁恭爲其子守光所囚，承約以其騎兵奔晉，晉王以爲匡霸指揮使。從破夾寨，戰臨清，以功累遷洺汾二州刺史、潁州團練使。

天成中，邠州節度使毛璋有異志，明宗拜承約涇州節度副使，使往伺璋動靜。承約見璋，諭以禍福。後明宗遣人代璋，璋即時受代。明宗大喜，即拜承約黔南節度使。承約以恩信撫諸夷落，勸民農桑，興起學校。居數年，當代，黔南人詣京師乞留，爲許留一年。召爲左衛上將軍，改左龍武統軍，拜昭義軍節度使，復爲左龍武統軍。

天福二年，遷左驍衛上將軍。數請老，不許。卒，年七十五，贈太子太師。

張希崇

張希崇，字德峯，幽州薊人也。少好學，通左氏春秋。劉守光不喜儒士，希崇因事軍中爲偏將，將兵戍平州〔一〇〕。其後契丹攻陷平州，得希崇，知其儒者也，以爲盧龍軍行軍司馬。明宗時，盧文進自平州亡歸，契丹因以希崇代文進爲平州節度使，遣其親將以三百騎監之。居歲餘，虜將喜其爲人，監兵稍怠，希崇因與其麾下謀走南歸。其麾下皆言兵多，不可俱亡，懼不得脱，因勸希崇獨去。希崇曰：「虜兵守我者三百騎爾，烹其將，其兵必散走。且平州去虜帳千餘里，使其聞亂而呼兵，則吾與汝等在漢界矣！」衆皆曰善。乃先爲穽，實以石灰。明日，虜將謁希崇，希崇飲之以酒，殺之穽中，兵皆潰去，希崇率其麾下，得生口二萬南歸。明宗嘉之，拜汝州防禦使。遷靈武節度使。靈州地接戎狄，戍兵餉道，常苦抄掠，希崇乃開屯田，教士耕種，軍以足食，而省轉饋，明宗下詔褒美。希崇撫養士卒，招輯夷落，自回鶻、瓜沙皆遣使入貢。居四歲，上書求還内地，徙鎮邠寧。晉高祖入立，復拜靈武節度使。希崇歎曰：「吾當老死邊徼，豈非命邪！」希崇事母至孝，朝夕母食，必侍立左右，徹饌乃敢退。爲將不喜聲色。好讀書，頗知星曆。天福三年，月掩畢口大星，希崇歎曰：「畢口大星，邊將也，我其當之乎！」明年正月卒，贈太師。有子仁謙。

相里金

相里金，字奉金[一二]，并州人也。爲人勇悍，而能折節下士。事晉王爲五院軍隊長。梁、晉戰柏鄉、胡柳，皆有功，遷黄甲指揮使。同光中，拜忻州刺史。是時，諸州皆用武人，多以部曲主場務，漁蠹公私，以利自入，金獨禁部曲不與事，厚其給養，使掌家事而已。遷隴州防禦使。廢帝起兵鳳翔，馳檄四隣，四隣未有應者，獨金首遣判官薛文遇見廢帝，往來計事。廢帝即位，德之，拜保義軍節度使。晉高祖起太原，廢帝以金爲太原四面步軍都指揮使。

高祖入立，徙鎮建雄，罷爲上將軍。天福五年卒，贈太師〔二〕。

張廷蘊

張廷蘊，開封襄邑人也。少爲宣武軍卒，去事晉，稍遷軍校。常從莊宗征伐，先登力戰，金瘡滿體，莊宗壯之，以爲帳前黄甲二十指揮步軍都虞候、魏博三城巡檢使。是時，莊宗在魏，以劉皇后從行，劉氏多縱其下擾人爲不法，人無敢言者，廷蘊輒收而斬之。

李繼韜叛于潞州〔三〕，莊宗遣明宗爲招討使，元行欽爲都部署，廷蘊爲馬步軍都指揮使，將兵爲前鋒。廷蘊至潞，日已暮，即率兵百餘踰濠登城，城守者不能禦，遂破潞州。明旦，明宗與行欽後至，明宗心頗慊之。廷蘊以功遷羽林都指揮使、申懷沂三州刺史、金潁隴絳四州防禦團練使、左監門衛上將軍。開運中，以疾卒。

廷蘊武人，所識不過數字，而平生重文士。嘗從明宗破梁鄆州，獲判官趙鳳，廷蘊謂曰：「吾視汝貌必儒人，可無隱也。」鳳以實對，廷蘊亟薦於明宗。後鳳貴爲相，數薦廷蘊於安重誨，重誨屢言之，明宗以廷蘊破潞之隙，終恨之，故終不秉髦節。廷蘊素廉，歷七州，卒之日，家無餘貲。

馬全節

馬全節，字大雅，大名元城人也。唐同光中，全節爲捉生指揮使。趙在禮反鄴都，以全節爲馬步軍指揮使。明宗即位，歷博單鄆沂四州刺史、金州防禦使。廢帝時，蜀人攻金州，州兵纔數百，全節散家財，與士卒堅守。蜀人去，廢帝召全節，以爲滄州留後。

晉高祖入立，即拜全節横海軍節度使〔一四〕，徙鎮安遠，代李金全。金全叛附于李昪，高祖發兵三萬，使全節與安審暉討之，金全南奔。昪將李承裕守安州，全節與承裕戰州南，大敗承裕，斬首三千級，生擒千餘人。承裕棄城去，審暉追至雲夢，執承裕及其兵二千人，全節斬千五百人，以其餘兵并承裕獻于京師。承裕謂全節曰：「吾掠城中，所得百萬計，將軍皆取之矣。吾見天子，必訴此而後就刑。」全節懼，因殺承裕，高祖置而不問，徙全節鎮昭義。又徙安國。從杜重威討安重榮，以功徙鎮義武。

自出帝與契丹交惡，全節未嘗不在兵間。開運元年，爲行營都虞候，契丹與晉大軍相距澶、魏之間，全節别攻白團城，破之，虜七百人。克泰州〔一五〕，虜二千人，降其守將晉廷謙。四月，契丹敗于戚城，引兵分道而北，全節敗之于定豐，執其將安暉。七月，徙廣晉尹，留守鄴都。十月，杜重威爲招討使，以全節爲副，大敗契丹于衞村。

全節爲人謙謹，事母至孝，其臨政決事，必問法如何。初，從廣晉，過元城，衣白襴謁其縣令，州里以爲榮。

開運二年，徙鎮順國，未至而卒，年五十五，贈中書令。

皇甫遇

皇甫遇，常山真定人也。爲人有勇力，虬髯善射。少從唐明宗征伐，事唐爲武勝軍節度使，所至苛暴，以誅斂爲務，賓佐多解官逃去，以避其禍。

晉高祖時，歷義武、昭義、建雄、河陽四鎮，罷爲神武統軍。契丹入寇，陷貝州，出帝以高行周爲北面行營都部署，遇爲馬軍右廂排陣使。是時，青州楊光遠據城反，出帝乃遣李守貞及遇分兵守鄆州。遇等至馬家渡，契丹方將渡河助光遠，遇等擊敗之，以功拜義成軍節度使、馬軍都指揮使。

開運二年，契丹寇西山，遣先鋒趙延壽圍鎮州，杜重威不敢出戰。延壽分兵大掠，攻破欒城、柏鄉等九縣，南至邢州。是時歲除，出帝與近臣飲酒過量，得疾，不能出征，乃遣北面行營都監張從恩會馬全節、安審琦及遇等禦之。從恩等至相州，陣安陽河南，遣遇與慕容彦超率數千騎前視虜。遇渡漳河，逢虜數萬，轉戰十餘里，至榆林，爲虜所圍，遇馬中箭而踣，得其僕杜知敏馬，乘之以戰。知敏爲虜所擒，遇謂彦超曰：「知敏，義士也，豈可失之！」即與彦超躍馬入虜，取之而還。虜兵與遇戰，自午至未，解而復合，益出生兵，勢甚盛。遇戒彦超曰：「今日之勢，戰與走爾，戰尚或生，走則死也。等死，死戰，猶足以報國。」張從恩與諸將怪遇視虜無報，皆謂遇已陷虜矣。已而有馳騎報遇被圍，安審琦率兵將赴之，從恩疑報者詐，不欲往，審琦曰：「成敗天也，當與公共之，雖虜不南來，吾屬失皇甫遇，復何面目見天子！」即引騎渡河，諸軍皆從而北，拒虜十餘里，虜望見救兵來，即解去。遇與審琦等收軍而南，契丹亦皆北去。是時，契丹兵已深入，人馬俱乏，其還也，諸將不能追，而從恩率遇等退保黎陽，虜因得解去。

三年冬，以杜重威爲都招討使，遇爲馬軍右廂都指揮使，屯于中渡。重威已陰送款契丹，伏兵幕中，悉召諸將列坐，告以降虜，遇與諸將愕然不能對。重威出降表，遇等俛首以次自畫其名，即麾兵解甲出降。契丹遣遇與張彦澤先入京師，遇行至平棘，絶吭而死。

嗚呼，梁亡而敬翔死，不得爲死節；晉亡而皇甫遇死，不得爲死事，吾豈無意哉！梁之篡唐，用翔之謀爲多，由子佐其父而弑其祖，可乎？其不戮於斧鉞，爲幸免矣。方晉兵之降虜也，士卒初不知，及使解甲，哭聲震天，則降豈其欲哉！使遇奮然攘臂而起，殺重威於坐中，雖不幸不免而見害，猶爲得其死矣，其義烈豈不凛然哉！既俛首聽命，相與亡人之國矣，雖死不能贖也，豈足貴哉！君子之於人，或推以恕，或責以備。恕，故遷善自新之路廣，備則難得，難得，故可貴焉。然知其所可恕，與其所可貴，豈不又難哉！

安彦威

安彦威，字國俊，代州崞縣人也。少以軍卒隸唐明宗麾下。彦威善射，頗知兵法。明宗鎮天平、宣武、成德，以彦威常爲牙將，以謹厚見信。明宗入立，皇子從榮鎮鄴，彦威爲護聖指揮使。以從榮判六軍，彦威遷捧聖指揮使、領寧國軍節度使。

晉高祖入立，拜彦威北京留守，徙鎮歸德。是時，河決滑州，命彦威塞之，彦威出私錢募民治隄。遷西京留守，遭歲大饑，彦威賑撫饑民，民有犯法，皆寬貸之，饑民愛之，不忍流去。丁母憂，哀毁過制。出帝與契丹隳盟，拜彦威北面行營副都統，彦威悉以家財佐軍用。以疾卒于京師。

彥威與安太妃同宗，出帝事以爲舅，彥威未嘗以爲言。及卒，太妃臨哭，人始知其同宗也〔一六〕，當時益稱其慎重。

李瓊

李瓊，滄州饒安人也。少爲騎將，與晉高祖俱隸唐明宗麾下〔一七〕。同光二年，契丹犯塞，明宗出涿州，遇契丹，與戰不勝，諸將各稍引去，而晉高祖獨戰不已，契丹漸合而圍之。瓊引高祖衣與俱遯，至劉李河而追兵且及，瓊浮水先至南岸，高祖至河中流，馬踣，瓊以長矛援出之，又以所乘馬與高祖，而步護之，走十餘里，乃得免。

明宗兵變于魏而南，瓊從高祖以三百騎先趨汴州。高祖爲保義軍節度使，以爲牙隊指揮使。高祖建國，以爲護聖都虞候，賜與金帛甚厚，而不與之官爵，瓊亦鬱鬱。久之，拜相、申二州刺史〔一八〕。出帝時，爲棣州刺史。楊光遠反，以書招瓊，瓊拒而不納。遷洺州團練使，又爲護聖右廂都指揮使。

晉亡，契丹入京師，以瓊爲威州刺史，行至鄭州，遇盜見殺。

劉景巖

劉景巖，延州人也。其家素富，能以貲交游豪俊。事高萬金爲部曲，其後爲丹州刺史。晉高祖起兵太原，唐廢帝調民七户出一卒爲義兵。延州節度使楊漢章發鄉民赴京師，將行，景巖遣人激怒之，義兵亂，殺漢章，迎景巖爲留後。晉高祖即位，即拜景巖節度使。

景巖從事熊皦，爲人多智，陰察景巖跋扈難制，懼其有異心，欲以利愚之，因語景巖，以謂邊地不可以久安，爲陳保名享利之策，言邠、涇多善田，其利百倍，宜多市田射利以自厚。景巖信之，歲餘，其獲甚多。景巖使皦朝京師，皦乃言：「景巖不宜在邊，可徙之内地。」乃移景巖邠州，皦入拜補闕，而景巖又徙鎮保義，居未幾，又徙武勝。景巖乃悟皦爲賣己，遂誣奏皦隱己玉帶，皦坐貶商州上津令。皦懼景巖邀害之，道亡，匿山中。

開運三年，景巖罷武勝，以太子太師致仕，居華州。契丹犯京師，以周密鎮延州，景巖乃還故里。而州人逐密，立高允權，允權妻劉氏，景巖孫女也〔一九〕。景巖良田、甲第、僮僕甚盛，党項司家族畜牧近郊，尤富彊，景巖與之往來，允權頗患之。允權妻歲時歸省，景巖謂曰：「高郎一縣令，而有此州，其可保乎？」允權益惡之，而心又利其田宅，乃誣其反而殺之，年八十餘。

長子行琮，德州刺史，罷，留京師，亦被誅。次子行謙，允權婦翁也，爲奏言非劉氏子，遂免不誅。

校勘記

〔一〕又歷齊晉二州　「又」字原闕，據宗文本補。

〔二〕左龍武統軍　「左」，舊五代史卷九〇華温琪傳作「右」。按舊五代史卷九梁末帝紀中：「以左金吾衛大將軍、充街使華温琪爲右龍虎軍統軍。」

〔三〕以太子太保致仕　「太子太保」，舊五代史卷九〇華温琪傳、册府卷三八七、卷八八三作「太子少保」。

〔四〕贈太子太傅　「太子太傅」，舊五代史卷七六晉高祖紀二、卷九〇華温琪傳、册府卷三八七作「太子太保」。

〔五〕由是魏博軍叛附于晉　「附」字原闕，據宗文本補。

〔六〕贈太子少師　「太子少師」，舊五代史卷九〇張筠傳作「太子太師」。

〔七〕拜感德軍節度使　「感德軍」，舊五代史卷七六晉高祖紀二作「威勝軍」。按吴蘭庭纂誤補卷三：「考薛史本傳，『天福二年，出爲鄧州節度』。鄧州于時爲威勝軍，此當是『威勝』之誤。」

〔八〕莊宗即位爲客省使　舊五代史卷九四劉處讓傳云其平梁前爲客省副使，未記遷客省使事。金石苑卷二後唐千佛崖劉處讓造象記：「東川官告使、客省副使、金紫光禄大夫、檢校尚書右僕射、守左衛將軍、兼御史大夫、上柱國劉處讓，大唐天成二年十二月一日，自東川加平章事迴，再經兹寺。」則其至天成二年仍爲副使。

〔九〕薊門人也　「薊門」，宗文本、舊五代史卷九〇李承約傳作「薊州」。

〔一〇〕將兵戍平州　「將」上原有「附于」二字，據宋丙本、宗文本删。

〔一一〕字奉金　相里金神道碑（拓片刊北京圖書館藏中國歷代石刻拓本匯編第三十六册）云其字國寶。

〔一二〕贈太師　相里金神道碑云其贈太子太師。

〔一三〕李繼韜叛于潞州　舊五代史卷九四張廷藴傳敍其事云：「會潞州李繼韜故將楊立嬰城叛。」按舊五代史卷三〇唐莊宗紀四：「詔貶安義軍節度使李繼韜爲登州長史，尋斬於天津橋下。」卷三一唐莊宗紀五：「潞州小校楊立據城叛。」錢大昕考異卷六三：「立乃繼韜之牙將，繼韜先已誅死，而此傳以爲繼韜，誤矣。」

〔一四〕即拜全節横海軍節度使　「即」下原有「位」字，據宗文本删。

〔五〕克泰州　「泰州」，原作「秦州」，據宗文本、舊五代史卷八二晉少帝紀二改。

〔六〕人始知其同宗也　「其」字原闕，據宋丙本、宗文本補。

〔七〕與晉高祖俱隸唐明宗麾下　「俱」字原闕，據宋丙本、宗文本補。

〔八〕拜相申二州刺史　「相」，舊五代史卷九四李瓊傳、册府卷一七二敍其事作「横」。

〔九〕景巖孫女也　「女」下原有「子」字，據宗文本删。按舊五代史卷一二五高允權傳：「太子太師致仕劉景巖，允權妻之祖也。」

新五代史卷四十八

雜傳第三十六

盧文進

盧文進，字大用〔一〕，范陽人也。爲劉守光騎將。唐莊宗攻范陽，文進以先降拜壽州刺史，莊宗以屬其弟存矩。存矩爲新州團練使，統山後八軍。莊宗與劉鄩相拒於莘，召存矩會兵擊鄩。存矩募山後勁兵數千人，課民出馬，民以十牛易一馬，山後之人皆怨，而兵又不樂南行，行至祁溝關，聚而謀爲亂。文進有女幼而美，存矩求之爲側室，文進以其大將不敢拒，雖與，心常歉之也，因與亂軍殺存矩。反攻新州，不克，攻武州，又不克，遂奔于契丹，契丹使守平州。

明宗即位，文進自平州率衆數萬歸唐，明宗得之，喜甚，以爲義成軍節度使。居歲餘，徙鎮威勝，加同平章事。入爲上將軍，出鎮昭義，徙安遠。晉高祖立，與契丹約爲父子，文進懼不自安。天福元年冬，殺其行軍司馬馮知兆、副使杜重貴，送款於李昪，昪遣兵迎之。文進居數鎮，頗有善政，兵民愛之。其將行也，從數騎，自至營中别其將士，告以避契丹之意，將士皆再拜爲訣，乃南奔。昪以文進爲天威統軍〔二〕、宣潤節度使。

文進身長七尺，狀貌偉然。自其奔契丹也，數引契丹攻掠幽薊之間，虜其人民，教契丹以中國織紝工作無不備，契丹由此益彊。同光中，契丹數以奚騎出入塞上，攻掠燕趙，人無寧歲。唐兵屯涿州，歲時饋運〔三〕，自瓦橋關至幽州，嚴兵斥候，常苦鈔奪，爲唐患者十餘年，皆文進爲之也。及其南奔，始屈身晦迹，務爲恭謹，禮接文士，謙謙若不足，其所談論，近代朝廷儀制、臺閣故事而已，未嘗言兵。後以左衛上將軍卒于金陵。

李金全

李金全，其先出於吐谷渾。金全少爲唐明宗廝養，以驍勇善騎射，常從明宗戰伐，以功爲刺史。天成中，爲彰武軍節度使〔四〕，在鎮務爲貪暴。罷歸，獻馬數十匹，居數日，又以獻，明宗謂曰：「卿患馬多邪，何進獻之數也？且卿在涇州治狀如何，無乃以馬爲事乎？」金全慚不能對。徙鎮横海。久之，罷爲右衛上將軍。

晉高祖時，安州屯防指揮使王暉殺節度使周瓌，高祖遣金全將騎兵千人以往，下詔書招暉曰：「暉降，以爲唐州刺史。」又以信箭諭安州，不戮一人，且戒金全曰：「無失吾信。」金全未至，襄州安從進意暉必走江南，以精兵遮其要路。暉聞金全來，果南走，爲從進兵所殺。金全後至，得暉餘黨數百人，皆送京師。

暉之亂也，大掠城中三日，金全利其所掠貲，因擒其將武克和等十餘人殺之〔五〕，克和呼曰：「王暉首亂，猶賜之信誓，以爲刺史；我等何罪，反見殺邪？若朝廷之命，何以示信？苟將軍違詔而殺降，亦將不免也！」高祖不能詰。即以金全爲安遠軍節度使。

金全左都押衙胡漢榮用事〔六〕，所爲不法，高祖患之，不欲因漢榮以累功臣，爲選廉吏賈仁沼代之〔七〕，且召漢榮。漢榮教金全留己而不遣，金全客龐令圖諫曰：「仁沼昔事王晏球，晏球攻王都於中山，都遣善射者登城射晏球，中兜牟，仁沼從後引弓，射善射者，一發而斃，晏球求其人，欲厚賞之，仁沼退而不言，此天下之忠臣也。都敗，晏球遣仁沼獻捷于京師，凡所賜與甚厚，悉以分故人、親戚之貧者，此天下之廉士也。爲人如此，豈有爲人謀而不善者乎？宜納仁沼而遣漢榮。」漢榮聞之，夜使人殺令圖而酖仁沼，仁沼舌壞而死。

天福五年夏，高祖以馬全節代金全，而仁沼二子欲詣京師訴其父寃。漢榮大懼，紿金全曰：「前日天子召漢榮，公違詔而不遣。仁沼之死，其二子將訴于朝。今以全節代公，是召公對獄也。」金全信之，遂叛，送款于李昪。高祖發兵三萬授全節討之。昪遣其將李承裕入安州，金全遂南奔，行至汊川〔八〕，引頸北望，涕泣而去。昪以金全爲天威統軍。

漢隱帝時，李守貞反河中，乞兵於昪，金全爲昪潤州節度使，與查文徽等出沭陽。昪之諸將皆鋭於攻取，金全獨以謂遠不相及，不可行，乃止。其後亦不復用，不知其所終。

楊思權

楊思權，邠州新平人也。事梁爲控鶴右第一軍使。唐莊宗滅梁，以爲夾馬都指揮使。

明宗時，秦王從榮爲河東節度使，以馮贇爲副、思權爲北京步軍都指揮使以佐佑之。從榮素驕，所爲多不法。是時，宋王從厚爲河南尹，從厚年少，謙恭好禮，明宗陰遣人從容語從厚之善，以諷勉之。從榮不悦，告思權曰：「天下共賢河南而非我，我將廢矣，奈何？」思權曰：「公有甲士，而思權在，何患也！」乃勸從榮招募死士、增利器械以爲備。馮贇患之，以其事聞。明宗召思權還京師，然以從榮故〔九〕，亦不之責也。後爲右羽林都指揮使，將兵戍興元。

潞王從珂反鳳翔，興元張虔釗會諸鎮兵討賊。諸鎮兵圍鳳翔，思權攻城西，嚴衛指揮使尹暉攻城東，破其兩關城。從珂登城呼外兵，告以己非反者，其語甚哀，外兵聞者皆悲之，而虔釗督戰甚急，軍士反兵逐虔釗，思權因呼其衆曰：「潞王真吾主也！」即擁軍士入城降。暉聞思權已降，亦麾其軍使解甲，由是諸鎮之兵皆潰。思權與暉入見從珂，思權前曰：「臣以赤心奉殿下，殿下事成〔一〇〕，願不以防禦、團練使處臣。」乃出一紙於懷中曰：「願志臣姓名以爲驗。」從珂即書曰：「可邠寧節度使。」

廢帝入立，拜思權靜難軍節度使。後爲右龍武統軍、左衛上將軍。天福八年，卒于京師，贈太傅。

尹暉

尹暉者，魏州大名人也。從廢帝入洛陽，而晉高祖來朝，與暉相遇于道〔一一〕。暉時猶爲嚴衞指揮使，恃先降功，不爲高祖屈，馬上橫鞭揖之，高祖怒，白廢帝暉不可與名藩。乃以爲應州節度使。晉高祖入立，罷爲右衞大將軍。范延光反，以書招暉，暉懼，出奔淮南，爲人所殺〔三〕。有子勳。

王弘贄

王弘贄，不知其世家何人也。唐明宗時，爲合階二州刺史、右千牛衞將軍、衞州刺史。

潞王從珂反於鳳翔，擁兵東至陝。愍帝懼，夜以百餘騎出奔，至衞州東七八里，遇晉高祖將朝于京師，騶呵前導者不避，愍帝遣左右叱之，對曰：「成德軍節度使石敬瑭也。」愍帝即下馬慟哭，謂敬瑭曰：「潞王反，康義誠等皆叛我，我無所依，長公主教我逆爾于路。」高祖曰：「衞州刺史王弘贄，宿將也，且多知時事〔一三〕，請就圖之。」即馳騎前見弘贄曰：「主上危迫，吾戚屬也，何以圖全？」弘贄曰：「天子避狄，自古有之，然將相大臣從乎？」曰：「無也。」「國寶、乘輿、法物從乎？」曰：「無也。」弘贄歎曰：「所謂大木將顛，非一繩所維。今萬乘之主，以百騎出奔，而將相大臣無一人從者，則人心去就可知也。雖欲興復，其可得乎〔一四〕！」即從高祖上謁於驛舍。高祖具以弘贄語白愍帝〔一五〕。弓箭庫使沙守榮、奔弘進前謂高祖曰：「主上，明宗愛子，公，愛壻也，公於此時不能報國，而反問大臣、國寶所在，公亦助賊反邪？」乃抽佩刀刺高祖，高祖親將陳暉扞之，守榮與暉戰死，弘進亦自刎。高祖因盡殺帝從兵，獨留帝于驛而去。

弘贄奉帝居于州廨。弘贄有子鑾，爲殿直，廢帝入立，遣鑾持鴆與弘贄。初，愍帝在衞州，弘贄令市中酒家獻酒，愍帝見之大驚，遽殞于地，久而蘇。弘贄曰：「此酒家也，願獻酒以慰無憀。」愍帝受之，由是日獻一觴。及鑾持酖至，因使酒家獻之，愍帝飲而不疑，遂崩。

弘贄後事晉爲鳳翔行軍司馬，以光禄卿致仕。卒，贈太傅。

劉審交

劉審交，字求益，幽州文安人也。少略知書，通於吏事，爲唐興令〔一六〕，補范陽牙校。劉守光僭號，以審交爲兵部尚書。守光敗，歸于太原，唐莊宗以爲從事。其後趙德鈞鎮范陽，北面轉運使馬紹宏辟審交判官。

王晏球討王都，以爲轉運供軍使。定州平，拜遼州刺史。復爲北面轉運使，改慈州刺史〔一七〕，以母老去官。母喪，哀毁過禮，不調累年。

晉高祖即位，楊光遠討范延光於魏州，審交復爲供軍使。是時，晉高祖分户部、度支、鹽鐵爲三使，歲餘，三司益煩弊，乃復合爲一，拜審交三司使。議者請檢天下民田，宜得益租，審交曰：「租有定額，而天下比年無閑田，民之苦樂，不可等也。」遂止不檢，而民賴以不擾。遷右衛上將軍、陳州防禦使。出視民田，見民耕器薄陋，乃取河北耕器爲範，爲民更鑄。安從進平，徙審交襄州，又徙青州，皆有善政。罷還。

契丹犯京師，留蕭翰而去，翰復以審交爲三司使。已而翰召許王從益守京師。漢高祖起義太原，從益召高行周以拒高祖，行周不至。從益母王淑妃與羣臣謀迎高祖，或以謂燕兵在京師者猶數千，可以城守而待行周，淑妃不從，議未決。審交進曰：「余燕人也，今爲燕守城，當爲燕謀，然事勢不可爲也。太妃語是。」從益乃罷不設備，遣人西迎高祖。高祖至，罷審交不用。

隱帝時，爲汝州防禦使，有能名。乾祐三年卒，年七十四。州人聚哭柩前，上疏乞留葬近郊，使民得歲時祠祭。詔特贈太尉，起祠立碑。

王周

王周，魏州人也。少以勇力從軍，事唐莊宗、明宗，爲裨校，以力戰有功拜刺史。晉天福中，從楊光遠討范延光於魏州，又從杜重威討安重榮於鎮州，皆有功。歷貝州、涇州節度使。涇州張彦澤爲政苛虐，民多流亡，周乃更爲寬恕，問民疾苦，去其苛弊二十餘事，民皆復歸。歷遷武勝、保義、義武、成德四鎮，皆有善政。定州橋壞，覆民租車，周曰：「橋梁不修，刺史過也。」乃償民粟，爲治其橋。

杜重威降契丹，契丹兵過鎮州，臨城呼周使出降，周泣曰：「受晉厚恩，不能死戰而以城降，何面目南行見人主與士大夫乎！」乃劇飲，求刀欲自引決，家人止之，迫以出降。契丹以周爲武勝軍節度使。

漢高祖入立，從鎮武寧。卒于鎮，贈中書令。

高行周 行珪附

高行周，字尚質，嬀州人也。世爲懷戎戍將。父思繼。思繼兄弟皆以武勇雄於北邊，爲幽州節度使李匡威戍將。匡威爲其弟匡儔所篡，晉王將討其亂，謀曰：「高思繼兄弟在孔領關，有兵三千，此後患也，不如遣人招之。思繼爲吾用，則事無不成。」克用遣人招思繼兄弟。燕俗重氣義，思繼等聞晉兵爲匡威報仇，乃欣然從之，爲晉兵前鋒。匡儔聞思繼兄弟皆叛，乃棄城走。克用以劉仁恭守幽州，以其兄某爲先鋒都指揮使，思繼爲中軍都指揮使，弟某爲後軍都指揮使，高氏兄弟分掌燕兵。克用臨訣謂仁恭曰：「思繼兄弟，勢傾一方，爲燕患者，必高氏也，宜善爲防。」克用留晉兵千人爲仁恭衞。而晉兵多犯法，思繼等數誅殺之。克用以責仁恭，仁恭以高氏爲訴，由是晉盡誅思繼兄弟。

仁恭以其兄某之子行珪爲牙將，而思繼子行周年十餘歲，亦收之帳下，稍長，補以軍職。仁恭被囚，守光立，以行珪爲武州刺史。其後守光背晉，晉兵攻之。守光將元行欽牧馬山後，聞守光且見圍，即率所牧馬赴援，而麾下兵叛于道，推行欽爲幽州留後，行欽曰：「吾所憚者行珪也。」乃遣人之懷戎，得行珪子繫之。兵過武州，招行珪曰：「守光可取而代也。當從我行，不然，且殺公子。」行珪謝曰：「與君俱劉公將，而忍叛之？吾當爲劉氏也，尚何顧吾子耶！」行欽即以兵圍行珪。月餘，行珪城中食盡，召其州人告曰：「吾非不爲父老守也，今劉公救兵不至，奈何？可殺吾以降晉。」父老皆泣，願以死守。是時，行周適從行珪在武州，即夜縋行周馳入晉見莊宗，莊宗因遣明宗救武州。比至，行欽已解去，行珪乃降晉。莊宗時，歷朔忻嵐三州刺史、大同軍節度使。明宗入立，徙鎮威勝、安遠。

行珪性貪鄙，所爲多不法，副使范延策爲人剛直，數規諫之，行珪不聽，銜之。已而戍兵有謀叛者，行珪先覺之，因潛徙庫兵于佗所。戍兵叛，趨庫劫兵無所得，乃潰去，行珪追而殺之。因誣奏延策同反，并其子皆見殺，天下冤之。行珪卒于鎮，贈太尉。

當行珪之降晉也，行周隸明宗帳下，初爲裨將，趙德鈞識之，謂明宗曰：「此子貌厚而小心，佗日必大貴，宜善待之。」梁、晉軍河上，莊宗遣明宗東襲鄆州，行周將前軍，夜遇雨，軍中皆欲止不進，行周曰：「此天贊我也！鄆人恃雨，不備吾來，宜出其不意。」即夜馳涉濟，入其城，鄆人方覺，遂取之。莊宗滅梁，以功領端州刺史，遷絳州。

明宗時，從平朱守殷，克王都，遷潁州團練使、振武軍節度使。歷鎮彰武、昭義。

晉高祖時，爲西京留守，徙鎮天雄。安從進叛，以行周爲襄州行營都部署，討平之，徙鎮歸德。出帝時，代景延廣爲侍衛親軍都指揮使。是時，李彥韜、馮玉等用事，乃求歸鎮。

契丹滅晉，留蕭翰守汴，翰又棄去，召唐故許王從益入汴。而漢高祖起太原，從益遣人召行周，將以拒漢，行周歎曰：「衰世難輔，況兒戲乎！」乃不從。

漢高祖入京師，加行周守中書令，徙鎮天平軍，封臨清王。周太祖入立，封齊王。卒，贈尚書令，追封秦王。有子懷德。

白再榮

白再榮，不知其世家何人也。少爲軍卒。唐、晉之間，爲護聖指揮使。契丹犯京師，再榮從契丹北歸，至鎮州，契丹留麻荅守鎮州而去，晉人從者多留焉。居未幾，李筠、何福進等謀逐麻荅，使人召再榮，再榮遲疑不欲往，軍士迫之，乃往，共攻之。麻荅走，諸將以再榮名次最高，乃推爲留後。

再榮出於行伍，貪而無謀。是時，李崧、和凝等皆隨契丹留鎮州，再榮以兵環其居，迫而求物，又欲害崧取其貲。李穀謂曰：「公等親被契丹之苦，憂死不暇，然逐麻荅者，乃衆人所爲，非獨公力也。今纔得生路，而遽殺宰相，此契丹尚或不爲，然它日至京師，天子問宰相何在，何以對之？」再榮默然，乃止。而悉拘嘗事麻荅者取其財，鎮人謂之「白麻荅」。

漢高祖即位，拜再榮爲留後，遷義成軍節度使。罷還京師。周太祖以兵入京師，軍士攻再榮於第，悉取其財，已而前啓曰：「士卒嘗事公隸麾下，一旦無禮如此，亦復何面見公乎！」乃斬之，擕其首而去，家人以帛贖而葬之。

安叔千

安叔千，字胤宗，沙陀三部落人也。少善騎射，事唐莊宗，以爲奉安指揮使。明宗時與討王都，拜秦州刺史〔一八〕。從擊契丹，爲先鋒都指揮使，以功拜昭武軍節度使〔一九〕。歷靜難、横海、安國、建雄四鎮。叔千狀貌堂堂，而不通文字，所爲鄙陋，時人謂之「没字碑」〔二〇〕。

晉出帝時，爲左金吾衛上將軍。契丹犯京師，晉百官迎見耶律德光于赤岡，叔千出班夷言，德光勞曰：「是安没字否？汝在邢州，已通誠款，吾今至此，當與汝一喫飯處。」叔千再拜。乃以爲鎮國軍節度使。

漢高祖入立，罷歸京師，自以常私附契丹，頗懷媿懼。以太子太師致仕。

周太祖兵入京師，軍士大掠，叔千家貲已盡，而軍士意其有所藏者〔二一〕，箠掠不已。傷重，歸于洛陽。卒，年七十二。

校勘記

〔一〕字大用　契丹國志卷一八同，舊五代史卷九七盧文進傳作「字國用」。按遼史卷一太祖紀上：「（神册元年）夏四月乙酉朔，晉幽州節度使盧國用來降。」

〔二〕昇以文進爲天威統軍　「天威統軍」，原作「天雄統軍」，據宋乙本、宗文本改。按馬令南唐書卷一：「以天威統軍盧文進爲鎮海軍節度使。」

〔三〕歲時饋運　「時」下原有「鈔」字，據宋乙本、宗文本、馬令南唐書卷一二删。舊五代史卷九七盧文進傳敍其事作「每歲運糧」。

〔四〕爲彰武軍節度使　「彰武」，通鑑卷二七八作「彰義」。舊五代史卷九七李金全傳敍其事作「涇州節度使」。按涇州即彰義軍，本卷下文云「卿在涇州」，當以「彰義」爲是。

〔五〕武克和　舊五代史卷九七李金全傳、册府卷一七九、卷四四九、通鑑卷二八一作「武彦和」。

〔六〕胡漢榮　原作「明漢榮」，據宋乙本、宋丙本、宗文本、馬令南唐書卷一二改。舊五代史卷九七李金全傳、册府卷四三八、通鑑卷二八一敍其事皆作「胡漢筠」。按「筠」係避周世宗諱改。

〔七〕賈仁沼　通鑑卷二八一考異引薛史作「賈仁紹」。本卷下文同。

〔八〕行至汊川　「汊川」，原作「泌州」，據宋乙本、宋丙本、宗文本、舊五代史卷九七李金全傳改。按本書卷六〇職方考，晉有汊川縣，屬沔州。

〔九〕然以從榮故　「然」字原闕，據宗文本補。

〔一〇〕殿下事成　「殿下」，宋丙本作「俟後」。

〔一一〕與暉相遇于道　「相」字原闕，據宋乙本、宋丙本、宗文本補。

〔一二〕爲人所殺　「所殺」，宗文本作「殺于道」。舊五代史卷八八尹暉傳敍其事作「未出王畿，爲人所殺」。

〔一三〕且多知時事　「時」，宋丙本、詳節卷七無。舊五代史卷四五閔帝紀敍其事作「衞州王弘贄宿舊諳事」。

〔一四〕其可得乎　「可」字原闕，據宋乙本、宋丙本、宗文本補。

〔一五〕高祖具以弘贄語白愍帝　「具」，原作「且」，據宋乙本、宋丙本、宗文本改。

〔一六〕爲唐興令　「唐興」，舊五代史卷一〇六劉審交傳作「興唐」。按舊五代史卷二九唐莊宗紀三、五代會要卷一九，同光元年四月，改魏州元城縣爲興唐縣，而唐興縣在蜀州。

〔一七〕改慈州刺史　「慈州」，舊五代史卷一〇六劉審交傳作「磁州」，按同卷下文詔稱劉審交「刺遼、磁」，又同書卷七六晉高祖紀二：「以前磁州刺史劉審交爲魏府計度使。」疑「磁州」是。

〔一八〕拜秦州刺史　「秦州」，舊五代史卷一二三安叔千傳、册府卷一二八作「泰州」。按朱玉龍方鎮表，時秦州節度使爲王思同。

〔一九〕以功拜昭武軍節度使　「昭武」，舊五代史卷四六唐末帝紀上、卷一二三安叔千傳、册府卷三八七敍其事作「振武」。按本書卷六〇職方考，昭武治利州，前蜀所置；振武治朔州，屬唐境，疑當作「振武」。

〔二〇〕時人謂之没字碑　「時」字原闕，據宗文本補。舊五代史卷一二三安叔千傳敍其事作「當時謂之『安没字』」。

〔二一〕而軍士意其有所藏者　「有」字原闕，據宋乙本、宗文本補。

新五代史卷四十九

雜傳第三十七

翟光鄴

翟光鄴，字化基，濮州鄄城人也。其父景珂，倜儻有膽氣。梁、晉相距于河上，景珂率聚邑人守永定驛，晉人攻之，踰年不能下，景珂卒戰死。光鄴時年十歲，爲晉兵所掠，明宗愛其穎悟，常以自隨。

光鄴事唐，官至耀州團練使。晉高祖時，歷棣沂二州刺史、西京副留守。出帝已破楊光遠，以光鄴爲青州防禦使。光鄴招輯兵民，甚有恩意。契丹滅晉，遣光鄴知曹州。許王從益入汴，以爲樞密使。漢高祖入京師，改右領軍衞大將軍〔一〕、左金吾大將軍〔二〕、充街使。周太祖入立，拜宣徽使、樞密副使，出知永興軍，卒于官。

光鄴爲人沈默多謀，事繼母以孝聞。雖貴，不營財產，常假官舍以居，蕭然僅蔽風雨。雍睦親族，粗衣糲食，與均有無，光鄴處之晏然，日與賓客飲酒聚書爲樂。其所臨政，務以寬靜休息爲意。病亟，戒其左右：「氣絶以尸歸洛，無久留以煩軍府。」既卒，州人上書乞留葬立祠，不許。

馮暉

馮暉，魏州人也。爲效節軍卒，以功遷隊長。唐莊宗入魏，與梁相距于河上，暉以隊長亡入梁軍，王彥章以暉驍勇，隸之麾下。梁亡，莊宗赦暉不問。從明宗討楊立、魏王繼岌平蜀，累遷夔、興二州刺史。董璋反東川，暉從晉高祖討璋，軍至劍門，劍門兵守，不得入，暉從佗道出其左，擊蜀守兵殆盡。會晉高祖班師，拜暉澶州刺史。

天福中，范延光反魏州，遣暉襲滑州，不克，遂入于魏，爲延光守。已而出降，拜義成軍節度使，徙鎮靈武。靈武自唐明宗已後，市馬糴粟，招來部族，給賜軍士，歲用度支錢六千萬，自關以西，轉輸供給，民不堪役，而流亡甚衆。青岡、土橋之間，氐羌剽掠道路，商旅行必以兵。暉始至，則推以恩信，部族懷惠，止息侵奪，然後廣屯田以省轉餉，治倉庫、亭館千餘區，多出俸錢，民不加賦，管内大治，晉高祖下詔書褒美。

党項拓拔彥超最爲大族，諸族鄉背常以彥超爲去就。暉之至也，彥超來謁，遂留之，爲起第於城中，賜予豐厚，務足其意。彥超既留，而諸部族爭以羊馬爲市易，期年有馬五千匹。晉見暉馬多而得夷心，反以爲患，徙鎮靜難，又徙保義。歲中，召爲侍衛步軍都指揮使、領河陽節度使，暉於是始覺晉有患己意。

是時，出帝昏亂〔三〕，馮玉、李彥韜等用事，暉曲意事之，因得復鎮靈武。時王令温鎮靈武，失夷落心，大爲邊患。暉即請曰：「今朝廷多事，必不能以兵援臣，願得自募兵以爲衛。」乃募得兵千餘人，行至梅戍，蕃夷稍稍來謁，暉顧首領一人，指其佩劍曰：「此板橋王氏劍邪？吾聞王氏劍天下利器也。」俯而取諸腰間，若將玩之，因擊殺首領者，其從騎十餘人皆殺之。裨將藥元福曰：「今去靈武尚五六百里，奈何？」暉笑曰：「此夷落之豪，部族之所恃也，吾能殺之，其餘豈敢動哉！」已而諸族皆以兵扼道路，暉以言譬諭之，獨所殺首領一族求戰，即與之戰而敗走，諸族遂不敢動。暉至靈武，撫綏邊部，凡十餘年，恩信大著。官至中書令，封陳留王。廣順三年卒〔四〕，追封衛王。子繼業。

皇甫暉

皇甫暉，魏州人也。爲魏軍卒，戍瓦橋關，歲滿當代歸，而留屯貝州。是時，唐莊宗已失政，天下離心。暉爲人驍勇無賴，夜博軍中，不勝，乃與其徒謀爲亂，劫其都將楊仁晸曰〔五〕：「唐能破梁而得天下者，以先得魏而盡有河北之兵也〔六〕。魏軍甲不去體、馬不解鞍者十餘年，今天下已定，而天子不念魏軍久戍之勞，去家咫尺，不得相見。今將士思歸不可遏，公當與我俱行。不幸天子怒吾軍，則坐據一州，足以起事。」仁晸曰：「公等何計之過也！今英主在上，天下一家，精甲鋭兵，不下數十萬，公等各有家屬，何故出此不祥之言？」軍士知不可彊，遂斬之，推一小校爲主，不從，又斬之，乃攜二首以詣裨將趙在禮，在禮從之，乃夜焚貝州以入于魏，在禮以暉爲馬步軍都指揮使。暉擁甲士數百騎，大掠城中，至一民家，問其姓，曰：「姓國。」暉曰：「吾當破國！」遂盡殺之。又至一家，問其姓，曰：「姓萬。」暉曰：「吾殺萬家足矣。」又盡殺之。及明宗入魏，遂與在禮合謀，莊宗之禍自暉始。明宗即位，暉自軍卒擢拜陳州刺史，終唐世常爲刺史。

晉天福中，以衛將軍居京師。在禮已秉旄節，罷鎮來朝，暉往候之曰：「與公俱起甘陵，卒成大事，然由我發也，公今富貴，能卹我乎？不然，禍起坐中！」在禮懼，遽出器幣數千與之，而飲以酒，暉飲自若，不謝而去。久之，爲密州刺史。

契丹犯闕，暉率其州人奔于江南，李景以爲歙州刺史、奉化軍節度使，鎮江州。周師征淮，景以暉爲北面行營應援使，屯清流關，爲周師所敗，并其都監姚鳳皆被擒。世宗召見，暉金瘡被體，哀之，賜以金帶、鞍馬，後數日卒。拜鳳左屯衛上將軍〔七〕。

唐景思

唐景思，秦州人也。幼善角觝，以屠狗爲生。後去爲軍卒，累遷指揮使。唐魏王繼岌伐蜀，景思爲蜀守固鎮。繼岌兵至，景思以城降，拜興州刺史。晉高祖時，爲貝州行軍司馬。出帝時，契丹攻陷貝州，景思爲趙延壽所得，以爲壕砦使。契丹滅晉，拜景思亳州防禦使。漢高祖時，爲鄧州行軍司馬，後爲沿淮巡檢。

漢法酷，而史弘肇用事，喜以告訐殺人。景思有奴，嘗有所求不如意，即馳見弘肇，言景思與李景交通，而私畜兵甲。弘肇遣吏將三十騎往收景思，奴謂吏曰：「景思勇者也，得則殺之，不然將失之也。」吏至，景思迎前，以兩手抱吏呼冤，請詣獄自理。吏引奴與景思驗，景思曰：「我家在此，請索之。有錢十千，爲受外賂。有甲一屬，爲私畜兵。」吏索之，惟一衣笥，軍籍、糧簿而已。吏閔而寬之，景思請械送京師以自明。景思有僕王知權在京師，聞景思被告，乃見弘肇，願先下獄明景思不反，弘肇憐之，送知權獄中，日勞以酒食。景思既械就道，潁亳之人隨至京師共明之。弘肇乃鞫其奴，具伏，即奏斬奴而釋景思。

後從世宗戰高平，世宗以所得漢降兵數千爲效順指揮，以景思爲指揮使，復戍淮上。周師伐淮南，以功領饒州刺史，遷濠州行刺史〔八〕。兵攻濠州，以戰傷重卒，贈武清軍節度使。

王進

王進，幽州良鄉人也。爲人勇悍，走及奔馬。少聚徒爲盜，鄉里患之，符彥超遣人以賂招置麾下。彥超鎮安遠軍，軍中有變，遣進馳奏京師，明宗怪其來速，嘉其足力，以隸寧衛指揮。漢高祖爲侍衛親軍指揮使，以進爲軍校。高祖鎮河東，因以之從，每有急，遣進馳至京師，往返不過五六日，由是愈親愛之，累遷奉國軍都指揮使。從周太祖起魏，遷虎捷右廂都指揮使。歷汝鄭二州防禦使、彰德軍節度使。顯德元年秋〔九〕，〔一二〕以疾卒，贈太師。

〔一二〕一本作初。

嗚呼！予述舊史，至於王進之事，未嘗不廢書而歎曰：甚哉，五代之君，皆武人崛起，其所與俱勇夫悍卒，各裂土地封侯王，何異豺狼之牧斯人也！雖其附託遭遇，出於一時之幸，然猶必皆横身陣敵，非有百夫之勇，則必一日之勞。至如進者，徒以疾足善走而秉旄節，何其甚歟！豈非名器之用，隨世而輕重者歟？世治則君子居之而重，世亂則小人易得而輕歟？抑因緣僥倖，未始不有，而尤多於亂世，既其極也，遂至於是歟？豈其又有甚於是者歟？當此之時，爲國長者不過十餘年，短者三四年至一二年。天下之人，視其上易君代國，如更戍長無異，蓋其輕如此，況其下者乎！如進等者，豈足道哉！易否泰消長，君子小人常相上下，視在上者如進等，則其在下者可知矣。予書進事，所以哀斯人之亂，而見當時賢人君子之在下者，可勝道哉！可勝道哉！

常思

常思，字克恭，太原人也。初從唐莊宗爲卒，後爲長劍指揮使。歷唐、晉爲六軍都虞候。漢高祖爲河東節度使，以思爲牢城指揮使。高祖入立，領武勝軍節度使，徙鎮昭義。思起軍卒，未嘗有戰功，徒以幸會漢興，遂秉旄節。在潞州五年，以聚斂爲事，而性鄙儉。

初，思微時，周太祖方少孤無依，食于思家，以思爲叔，後思與周太祖俱遭漢以取富貴。周太祖已即位，每呼思爲「常叔」，拜其妻，如家人禮。廣順三年〔一〇〕，徙鎮歸德。居三年來朝〔一一〕，又徙平盧，思因啓曰：「臣居宋，宋民負臣絲息十萬兩，願以券上進。」太祖頷之，即焚其券，詔宋州悉蠲除之。思居青州，踰年得疾，歸于洛陽。卒，贈中書令。

孫方諫

孫方諫，鄭州清苑人也〔一二〕。初，定州西北有狼山堡，定人常保以避契丹，有尼深意者居其中〔一三〕，以佛法誘民，民多歸之。後尼死，堡人言其尸不朽，因奉而事之。尼姓孫氏，方諫自以爲尼族人，即繼行其法，堡人推以爲主。

晉出帝時，義武軍節度使惡方諫聚徒山中，恐爲邊患，因表以爲遊奕使。方諫因有所求不得，乃北通契丹。契丹後滅晉，以方諫爲義武軍節度使。已而徙方諫於雲中，方諫不受命，率其徒復入狼山。漢高祖起，契丹縱火燒定州，虜其人民北去。方諫聞之，自狼山入，據之以歸漢。高祖嘉之，即拜方諫義武軍節度使。周太祖時，徙鎮鎮國，以其弟行友爲定州留後。世宗攻太原，方諫朝于行在，從還京，至洛得疾，徙鎮匡國，卒于洛陽，年六十二，贈太師。

校勘記

〔一〕改右領軍衛大將軍　「右」，册府卷七六六同，宋乙本、宗文本、舊五代史卷一二九翟光鄴傳作「左」。

〔二〕左金吾大將軍　以上六字原闕，據宋丙本、宗文本補。宋乙本作「左金吾衛大將軍」。「左」，舊五代史卷一一一周太祖紀二、卷一二九翟光鄴傳作「右」。

〔三〕出帝昏亂　「出帝」，原作「隱帝」，據宋丙本改。按舊五代史卷一二五馮暉傳，事在晉出帝開運間。

〔四〕廣順三年卒　「三年」，舊五代史卷一一二周太祖紀三、册府卷三四六、通鑑卷二九〇作「二年」。按馮暉墓誌（拓片刊五代馮暉墓）記其卒於壬子年，即廣順二年。

〔五〕楊仁晸　舊五代史卷三四唐莊宗紀八、通鑑卷二七四作「楊仁晸」，舊五代史卷九〇趙在禮傳作「楊晸」。

〔六〕以先得魏而盡有河北之兵也　「之」字原闕，據宋乙本、宋丙本、宗文本補。

〔七〕拜鳳左屯衛上將軍　「左屯衛上將軍」，宗文本、册府卷一六七作「左屯衛將軍」。

〔八〕遷濠州行刺史　「行」字原闕，據宋丙本、宗文本、舊五代史卷一二四唐景思傳補。

〔九〕顯德元年秋　「元年秋」，宋乙本、宋丙本、宗文本作「初」。舊五代史卷一一四周世宗紀一記其卒於顯德元年七月。

〔一〇〕廣順三年　舊五代史卷一一二周太祖紀三、卷一二九常思傳繫其事於廣順二年。

〔一一〕居三年來朝　廣順三年後三年爲顯德三年，舊五代史卷一二九常思傳繫其事於廣順三年夏。另據舊五代史卷一一三周太祖紀四、卷一二九常思傳，周太祖與常思俱卒於顯德元年，此處紀年疑誤。

〔一二〕鄚州清苑人也　「鄚州」，原作「鄭州」，據宗文本、舊五代史卷一二五孫方諫傳改。宋乙本作「莫州」。按「鄚州」即「莫州」，據舊唐書卷三九地理志二，清苑縣屬莫州。

〔一三〕有尼深意者居其中　「者」字原闕，據宋乙本、舊五代史卷一二五孫方諫傳補。

新五代史卷五十

雜傳第三十八

王峻

王峻，字秀峯，相州安陽人也。父豐，爲樂營將。峻少以善歌事梁節度使張筠。唐莊宗已下魏博，筠棄相州，走歸京師。租庸使趙巖過筠家，筠命峻歌佐酒，巖見而悦之。是時，巖方用事，筠因以峻遺巖。梁亡，巖族誅，峻流落民間。久之，事三司使張延朗，延朗不甚愛之。晉高祖滅唐，殺延朗，是時漢高祖從晉起兵，因悉以延朗貲産賜之，峻因得事漢高祖。

高祖鎮河東，峻爲客將。高祖即位，拜峻客省使。漢遣郭從義討趙思綰，以峻監其軍。累遷宣徽北院使。

周太祖鎮天雄軍，峻爲監軍。漢隱帝已殺大臣史弘肇等，又遣人殺周太祖及峻等，峻等遂與太祖舉兵犯京師。太祖監國，以漢太后命拜峻樞密使。太祖將兵北出，至澶州，返軍嚮京師。是時，太祖已遣馮道迎湘陰公贇于徐州，而漢宗室蔡王信在許州。峻與王殷謀，遣侍衛馬軍指揮使郭崇率兵之宋州、前申州刺史馬鐸之許州以伺變，崇、鐸遂幽贇而殺信〔一〕。

太祖入立，拜峻右僕射〔二〕、門下侍郎、同中書門下平章事、監修國史。劉旻攻晉州，峻爲行營都部署，得以便宜從事。別遣陳思讓、康延沼自烏嶺出絳州與峻會。峻至陝州，留不進。太祖遣使者翟守素馳至陝州，諭峻欲親征。峻屏左右謂守素曰：「晉州城堅不可近，而劉旻兵鋭亦未可當，臣所以留此者，非怯也，蓋有待爾。且陛下新即位，四方藩鎮，未有威德以加之，豈宜輕舉！而兗州慕容彦超反迹已露，若陛下出汜水，則彦超入京師，陛下何以待之？」守素馳還，具道峻言。是時，太祖已下詔西幸，聞峻語，遽自提其耳曰：「幾敗吾事！」乃止不行。峻軍出自絳州，前鋒報過蒙阬，峻喜，謂其屬曰：「蒙阬，晉絳之險也，旻不分兵扼之，使吾過此，可知其必敗也。」峻軍去晉州一舍，旻聞周兵大至，即解去。諸將皆欲追之，峻猶豫不決。明日，遣騎兵追旻，不及而還。

從討慕容彦超，爲隨駕都部署，率衆先登。

峻與太祖俱起于魏，自謂佐命之功，以天下爲己任。凡所論請，事無大小，期於必得，或小不如志，言色輒不遜，太祖每優容之。峻年長於太祖二歲，往往呼峻爲兄，或稱其字，峻由是益横。鄭仁誨、李重進、向訓等皆太祖故時偏裨，太祖初即位，謙抑未欲進用〔三〕，而峻心忌之。自破慕容彦超還，即求解樞密以探上意，太祖慰勞之。峻多發書諸鎮，求爲保薦，居數日，諸鎮皆馳騎上峻書，太祖大駭。峻連章求解，因不視事。太祖遣近臣召之曰：「卿若不出，吾當自往候卿。」峻曰：「車駕若來，是致臣於不測也〔四〕。」然殊無出意。樞密直學士陳同與峻相善〔五〕，太祖即遣同召峻。同還奏曰：「峻意少解，然請陛下聲言嚴駕，若將幸之，則峻必出矣。」太祖僶俛從之。峻聞太祖且來，遂馳入謁。

峻於樞密院起廳事，極其華侈，邀太祖臨幸，賜予甚厚。後太祖於内園起一小殿〔六〕，峻輒奏曰：「宫室已多，何用此爲？」太祖曰：「樞密院屋不少，卿亦何必有作？」峻慚不能對。

峻爲樞密使兼宰相，又求兼領平盧。已受命，暫之鎮，又請借左藏庫綾萬匹，太祖皆勉從之。又請用顔衎、陳同代李穀、范質爲相，太祖曰：「進退宰相，豈可倉卒？當徐思之。」峻論請不已，語漸不遜。日亭午，太祖未食，峻爭不已，是時寒食假，太祖曰：「俟假開，當爲卿行。」峻乃退。太祖遂不能忍，明日御便殿，召百官皆入，即幽峻於别所。太祖見馮道，泣曰：「峻凌朕，不能忍！」即貶商州司馬，卒于貶所。

峻已被黜，太祖以峻監修國史，意其所書不實，因召史官取日曆讀之，史官以禁中事非外所知，懼以漏落得罪。峻貶後，李穀監修，因請命近臣録禁中事付史館。乃命樞密直學士就樞密院録送史館，自此始。

王殷

王殷，大名人也。少爲軍卒，以軍功累遷靈武馬步軍都指揮使。唐廢帝時，從范延光討張令昭于魏，以功拜祁州刺史。晉天福中，徙原州刺史。

殷事母以孝聞，欲與人游，必先白母，母所不可者，未嘗敢往。及爲刺史，政事有小失，母責之，殷即取杖授婢僕，自笞於母前。母亡服喪，晉高祖詔殷起復，以爲憲州刺史，殷乞終喪。服除，出帝以爲奉國右廂都指揮使。

後從漢高祖討杜重威，先登力戰，矢中其腦，鏃自口出而不死，高祖嘉之，以爲侍衛步軍都指揮使、領寧江軍節度使。

契丹犯邊，漢遣殷以兵屯澶州。隱帝已殺楊邠等，詔鎮寧軍節度使李弘義殺殷于澶州，又詔郭崇殺周太祖于魏。詔書至澶州，弘義恐事不果，反以告殷，殷遣人馳至魏告周太祖，遂起兵反。太祖入立，拜侍衞親軍都指揮使，出爲天雄軍節度使、同中書門下平章事，仍領親軍，自河以北皆受殷節度。殷頗務聚斂，太祖聞而惡之，遣人謂之曰：「吾起魏時，帑廪儲畜豈少邪？汝爲國家用，足矣。」殷不聽。

殷與王峻俱從太祖起自魏，後峻得罪，殷不自安。廣順三年秋九月永壽節，殷求入爲壽〔七〕，太祖許之，而懼其疑也，復遣使止之。明年，太祖有事于南郊。是冬，殷來朝，殷握兵柄，職當警衞，出入多以兵從，又求兵甲，以備非常。是時，太祖臥疾，疑殷有異志，乃力疾御滋德殿，殷入起居，即命執之，削奪在身官爵，長流登州。已而殺之，徙其家屬于登州。

劉詞

劉詞，字好謙，大名元城人也。少事楊師厚，以勇悍知名。唐莊宗下魏博，與梁戰夾河，詞以軍功爲效節軍使，遷長劍指揮使〔八〕，坐事左遷汝州十餘年。

廢帝時，詔諸州鎮選驍勇者充禁軍，詞得選爲禁軍校。從破張從賓、楊光遠〔九〕，以功遷奉國第一軍都虞候〔一〇〕。從馬全節破安州，以功遷指揮使。從杜重威破鎮州，以先登功拜沁州刺史〔一一〕。晉軍討安從進，爲襄州行營都虞候，以功遷沁州團練使〔一二〕。徙房州，歲餘，爲政不苛撓，人頗便之。詞居暇日，常被甲枕戈而臥，謂人曰：「我以此取富貴，豈可一日輒忘之？且人情易習，若一墮其筋力，有事何以報國！」

漢高祖時，復爲奉國右廂都指揮使。漢軍討李守貞于河中，詞以侍衞步軍都指揮使領寧江軍節度使，爲行營都虞候，以功拜鎮國軍節度使。

周太祖入立，加同中書門下平章事。歷鎮安國、河陽三城。世宗戰高平，樊愛能等軍敗南走，遇詞而止之曰：「軍敗矣，可無前也。」詞不聽，輒趣兵以進，世宗嘉之，以爲隨駕都部署。及班師，以爲河東行營副都部署，徙鎮永興。明年卒于鎮，年六十五，贈侍中〔一三〕，謚忠惠。

王環

王環，鎮州真定人也。以勇力事孟知祥爲御者，及知祥僭號于蜀，使典衞兵。晉開運之亂，秦、鳳、階、成入于蜀，孟昶以環爲鳳州節度使。

周世宗即位，明年，遣王景、向訓攻秦、鳳州，數爲環所敗，大臣皆請罷兵。世宗曰：「吾欲一天下以爲家，而聲教不及秦、鳳，今兵已出，無功而返，吾有慚焉。」乃決意攻之。周兵糧道頗艱，昶遣兵五千出堂倉抵黄花谷以爭糧道。景、訓先知其來，命排陣使張建雄以兵二千當谷口，別遣裨將以勁兵千人出其後，伏堂倉以待其歸。蜀兵前遇建雄，戰不勝，退走堂倉，伏發，盡殪之，由是蜀兵守諸城堡者皆潰。

初，昶遣其秦州節度使高處儔以兵援環〔四〕，未至，聞堂倉兵敗，亦潰歸，處儔判官趙玭閉城不内，處儔遂奔成都，玭乃以城降，成、階二州相繼亦降，獨環堅守百餘日，然後克之。世宗召見環，歎曰：「三州已降，環獨堅守，吾數以書招之，而環不答，至於力屈就擒，雖不能死，亦忠其所事也，用之可勸事君者。」乃拜環右驍衛將軍。

是時，周師已征淮，即以環佐侯章爲攻取賊城水砦副部署。初，周師南征，李景陳兵於淮，舟楫甚盛，周師無水戰之具，世宗患之，乃置造船務於京城之西，爲戰艦數百艘，得景降卒，教之水戰。明年，世宗再征淮，使環將水戰卒數千，自蔡河以入淮。環居軍中，未嘗有戰功。蜀卒與環俱擒者，世宗不殺，悉以從軍，後多南奔於景，世宗待環益不疑。已而景將許文縝、邊鎬等皆被擒，世宗悉以爲將軍，與環等列第京師，歲時賜與甚厚。明年，又幸淮南，又以環從，遇疾，卒于泗州。

折從阮

折從阮，字可久，初名從遠，避漢高祖名，改爲阮，雲中人也。其父嗣倫，爲麟州刺史。從阮爲人，温恭長者，居父喪，以孝聞。唐莊宗鎮太原，以爲牙將，後以爲府州刺史。晉出帝與契丹敗盟，從阮以兵攻契丹，取其城堡十餘，遷本州團練使，兼領朔州刺史、安北都護、振武軍節度使、契丹西南面行營馬步軍都虞候。

漢高祖入立，於府州建永安軍，以從阮爲節度使。明年，以其族朝京師，徙鎮武勝，即拜從阮子德扆爲府州團練使。

周太祖入立，從阮歷徙宣義、保義、靜難三鎮。顯德二年，罷還京師，行至洛陽卒，贈中書令。

校勘記

〔一〕崇鐸遂幽贇而殺信　「幽贇而殺信」，原作「殺贇信」，據宋丙本、宗文本改。按本書卷一八漢家人傳：「郭崇幽贇于外館……贇以幽死」，信因馬鐸巡檢而自殺。

〔二〕拜峻右僕射　「右」，舊五代史卷一三〇王峻傳、册府卷三二三同，舊五代史卷一一一周太祖紀二、通鑑卷二九〇作「左」。按册府卷三三八：「周王峻爲左僕射、平章事。」

〔三〕太祖初即位謙抑未欲進用　「即位謙抑」四字原闕，據宋乙本、宋丙本、宗文本補。按舊五代史卷一三〇王峻傳：「太祖登極之初，務存謙抑，潛龍將佐，未甚進用。」

〔四〕是致臣於不測也　「於」，原作「有」，據宋乙本、宋丙本、宗文本、册府卷一七九改。

〔五〕陳同　册府卷一七九、通鑑卷二九〇作「陳觀」。按此係歐陽脩避其父諱而改，本書各處同。

〔六〕後太祖於内園起一小殿　「後」字原闕，據宋乙本、宋丙本、宗文本、舊五代史卷一三〇王峻傳補。

〔七〕廣順三年秋九月永壽節殷求入爲壽　舊五代史卷一一一周太祖紀二：「百僚上表，請以七月二十八日皇帝降聖日爲永壽節。」按舊五代史卷一一三周太祖紀四、通鑑卷二九一皆記廣順三年秋七月王殷三次上表乞朝覲。吴光耀纂誤續補卷四：「『九』字疑『七』字傳寫之誤。」

〔八〕長劍指揮使　舊五代史卷一二四劉詞傳作「劍直指揮使」。

〔九〕從破張從賓楊光遠　舊五代史卷一二四劉詞傳敍其事作「佐楊光遠平鄴都」。按舊五代史卷九七張從賓傳，范延光反，晉高祖命楊光遠、張從賓討之，張從賓遂與范延光同反。楊光遠乃討叛者而非叛將。

〔一〇〕以功遷奉國第一軍都虞候　「遷」，原作「選」，據宋乙本、宋丙本、宗文本、吴縝纂誤卷下引五代史、舊五代史卷一二四劉詞傳改。

〔二〕以先登功拜沁州刺史　「沁州」，原作「泌州」，據吴縝纂誤卷下引五代史、舊五代史卷一二四劉詞傳、册府卷一二〇、卷三八七、卷三九六（宋本）改。

〔三〕以功遷沁州團練使　「沁州」，原作「泌州」，據吴縝纂誤卷下引五代史、册府卷四三一改。

〔四〕贈侍中　舊五代史卷一二四劉詞傳作「贈中書令」，舊五代史考異卷四：「案歐陽史作『贈侍中』，據薛史，則詞以兼侍中贈中書令，非贈侍中也，疑歐陽史誤。」

〔五〕高處儔　通鑑卷二九二考異引五代通録、册府卷一二六同，本書卷六四後蜀世家、九國志卷七、通鑑卷二九二、宋史卷四七九西蜀孟氏世家作「高彦儔」。本卷下文同。

新五代史卷五十一

雜傳第三十九

朱守殷

朱守殷，少事唐莊宗爲奴，名曰會兒。莊宗讀書，會兒常侍左右。莊宗即位，以其廝養爲長直軍，以守殷爲軍使，故未嘗經戰陣之用。然好言人陰私長短以自結，莊宗以爲忠，遷蕃漢馬步軍都虞候，使守德勝。王彦章攻德勝，守殷無備，遂破南城。莊宗駡曰：「駑才，果悮予事！」明宗請以守殷行軍法，莊宗不聽。

同光二年，領振武軍節度使〔一〕。是時，莊宗初入洛，守殷巡檢京師〔二〕，恃恩驕恣，凌侮勳舊，與伶人景進相爲表裏。魏王繼岌已殺郭崇韜，進誣朱友謙與崇韜謀反，莊宗遣守殷以兵圍其第而殺之〔三〕。

是時，明宗自鎮州來朝，居于私第。莊宗方惑羣小，疑忌大臣，遣守殷伺察明宗動靜。守殷陰使人告明宗曰：「位高人臣者身危，功蓋天下者不賞，公可謂位高而功著矣。宜自圖歸藩，無與禍會也！」明宗曰：「吾洛陽一匹夫爾，何能爲也！」既而明宗卒反于魏。莊宗東討，守殷將騎軍陣宣仁門外以俟駕。郭從謙作亂，犯興教門以入，莊宗亟召守殷等軍，守殷按軍不動。莊宗獨與諸王宦官百餘人射賊，守殷等終不至，方移兵憩北邙山下，聞莊宗已崩，即馳入宮中，選載嬪御、寶貨以歸，縱軍士劫掠，遣人趣明宗入洛。明宗即位，拜守殷同中書門下平章事、河南尹、判六軍諸衞事。明年，遷宣武軍節度使。九月，明宗詔幸汴州，議者喧然，或以爲征吳，或以爲東諸侯有屈彊者，將制置之。守殷尤不自安，乃殺都指揮使馬彥超〔四〕，閉城反。明宗行至京水，聞守殷反，遣范延光馳兵傅其城。汴人開門納延光，守殷自殺其族，乃引頸命左右斬之。明宗至汴州，命鞭其尸，梟首于市七日，傳徇洛陽。

守殷之將反也，召都指揮使馬彥超與計事，彥超不從，守殷殺之。明宗憐彥超之死，以其子承祚爲洺州長史。

董璋

董璋，不知其世家何人也。少與高季興、孔循俱爲汴州富人李讓家僮。梁太祖鎮宣武，養讓爲子，是爲朱友讓。其僮奴以友讓故，皆得事梁太祖，璋以軍功爲指揮使。晉李繼韜以潞州叛降梁，梁末帝遣璋攻下澤州〔五〕，即以璋爲刺史。

梁亡，璋事唐爲邠寧節度使，與郭崇韜相善。崇韜伐蜀，以璋爲行營右廂馬步軍都虞候，軍事大小，皆與璋參決〔六〕。蜀平，以爲劍南東川節度使，孟知祥鎮西川。其後，二人有異志。安重誨居中用事，議者多言知祥必不爲唐用，而能制知祥者璋也，往往稱璋忠義，重誨以爲然，頗優寵之，以故璋益横。

天成四年，明宗祀天南郊，詔兩川貢助南郊物五十萬，使李仁矩賫安重誨書往諭璋。璋訴不肯出，秖出十萬而已。又因事欲殺仁矩，仁矩涕泣而免，歸言璋必反。其後使者至東川，璋益倨慢，使者還，多言璋欲反狀。重誨患之，乃稍擇將吏爲兩川刺史，以精兵爲其牙衛，分布其諸州。又分閬州置保寧軍，以仁矩爲節度使，遣姚洪將兵千人從仁矩戍閬州。璋及知祥覺唐疑己，且削其地，遂連謀以反。璋因爲其子娶知祥女以相結。又遣其將李彦釗扼劍門關爲七砦，於關北增置關，號「永定」。凡唐戍兵東歸者，皆遮留之，獲其逃者，覆以鐵籠，火炙之，或封肉釘面，割心而啖。長興元年九月，知祥攻陷遂州，璋攻陷閬州，執李仁矩、姚洪，皆殺之。

初，璋等反，唐獨誅璋家屬，知祥妻子皆在成都，其疏屬留京師者皆不誅。石敬瑭討璋等，兵久無功，而自關以西〔七〕，饋運不給，遠近勞敝，明宗患之。安重誨自往督軍，敬瑭不納，重誨遂得罪死，敬瑭亦還。明宗乃遣西川進奏官蘇愿、東川軍將劉澄西歸，諭璋等使改過。知祥遣人告璋，欲與俱謝過自歸，璋曰：「唐不殺孟公家族，於西川恩厚矣。我子孫何在？何謝之有！」璋由此疑知祥賣己。三年四月，以兵萬人攻知祥，戰于彌牟，璋大敗，還走梓州。初，唐陵州刺史王暉代還過璋，璋邀留之。至是，暉執璋殺之，傳其首於知祥。

范延光

范延光，字子環，相州臨漳人也。唐明宗爲節度使，置延光麾下，而未之奇也。明宗破鄆州，梁兵方扼楊劉，其先鋒將康延孝陰送款於明宗。明宗求可以通延孝款於莊宗者，延光輒自請行，乃懷延孝蠟丸書，西見莊宗致之，且曰：「今延孝雖有降意，而梁兵扼楊劉者甚盛，未可圖也，不如築壘馬家口以通汶陽。」莊宗以爲然。壘成，梁遣王彥章急攻新壘。明宗使延光間行求兵，夜至河上，爲梁兵所得，送京師，下延光獄，搒掠數百，脅以白刃，延光終不肯言晉事。繫之數月，稍爲獄吏所護。莊宗入汴，獄吏去其桎梏，拜而出之。莊宗見延光，喜，拜檢校工部尚書。

明宗時，爲宣徽南院使。明宗行幸汴州，至滎陽，朱守殷反。延光曰：「守殷反迹始見，若緩之使得爲計，則城堅而難近。故乘人之未備者，莫若急攻，臣請騎兵五百，馳至城下，以神速駭之。」乃以騎兵五百，自暮疾馳至半夜，行二百里，戰于城下。遲明，明宗亦馳至，汴兵望見天子乘輿，乃開門，而延光先入，猶巷戰，殺傷甚衆。守殷死，汴州平。

明年，遷樞密使，出爲成德軍節度使。安重誨死，復召延光與趙延壽並爲樞密使。明宗問延光馬數幾何，對曰：「騎軍三萬五千。」明宗撫髀歎曰：「吾居兵間四十年〔八〕，自太祖在太原時，馬數不過七千，莊宗取河北，與梁家戰河上，馬纔萬匹。今有馬三萬五千而不能一天下，吾老矣，馬多奈何！」延光因曰：「臣嘗計，一馬之費，可養步卒五人，三萬五千匹馬，十五萬兵之食也。」明宗曰：「肥戰馬而瘠吾人，此吾所媿也！」

夏州李仁福卒，其子彝超自立而邀旄節。明宗遣安從進代之，彝超不受代。以兵攻之，久不克。隰州刺史劉遂凝馳驛入見獻策，言綏、銀二州之人，皆有內嚮之意，請除二刺史以招降之。延光曰：「王師問罪，本在彝超，夏州已破，綏、銀豈足顧哉！若不破夏州，雖得綏、銀，不能守也。」遂凝又請自馳入說彝超使出降，延光曰：「一遂凝，萬一失之不足惜，所惜者朝廷大體也。」是時，王淑妃用事，遂凝兄弟與淑妃有舊，方倚以蒙恩寵，所言無不聽，而大臣以妃故，多不敢爭，獨延光從容沮止之。

明宗有疾，不能視朝，京師之人，詾詾異議，藏竄山谷，或寄匿於軍營，有司不能禁。或勸延光以嚴法制之，延光曰：「制動當以靜，宜少待之。」已而明宗疾少間，京師乃定。是時，秦王握兵驕甚，宋王弱而且在外，議者多屬意於潞王。延光懼禍之及也，乃求罷去。延壽陰察延光有避禍意，亦遽求罷。明宗再三留之，二人辭益懇至，繼之以泣。明宗不得已，乃皆罷之，延光復鎮成德，而用朱弘昭、馮贇爲樞密使。已而秦王舉兵見誅，明宗崩，潞王反，殺愍帝，唐室大亂，弘昭、贇皆及禍以死。末帝復詔延光爲樞密使，拜宣武軍節度使。天雄軍亂，逐節度使劉延皓，遣延光討平之，即以爲天雄軍節度使。

延光常夢大蛇自臍入其腹，半入而掣去之，以問門下術士張生，張生贊曰：「蛇，龍類也，入腹内，王者之兆也。」張生自延光微時，言其必貴，延光素神之，常置門下，言多輒中，遂以其言爲然，由是頗畜異志。

當晉高祖起太原，末帝遣延光以兵二萬屯遼州，與趙延壽掎角。既而延壽先降，延光獨不降。高祖即位，延光賀表又頗後諸侯至，又其女爲末帝子重美妃，以此遂懷反側。高祖封延光臨清王以慰其心。

有平山人祕瓊者，爲成德軍節度使董温其衙内指揮使〔九〕，後温其爲契丹所虜，瓊乃悉殺温其家族，瘗之一穴，而取其家貲鉅萬計。晉高祖入立，以瓊爲齊州防禦使，橐其貲裝，道出于魏。延光陰遣人以書招之，瓊不納，延光怒，選精兵伏境上〔一〇〕，伺瓊過，殺之于夏津，悉取其貲，以戍邏者誤殺聞。由是高祖疑其必爲亂，乃幸汴州。

天福二年六月，延光遂反，遣其牙將孫鋭、澶州刺史馮暉，以兵二萬距黎陽，掠滑、衛。高祖以楊光遠爲招討使，引兵自滑州渡胡梁攻之。鋭輕脱無謀，兵行以娼女十餘自隨，張蓋操扇，酣歌飲食自若，軍士苦大熱，皆不爲用。光遠得其諜者〔一一〕，詢得其謀，誘鋭等渡河，半濟而擊之，兵多溺死，鋭、暉退走入魏，閉壁不復出。

初，延光反意未決，而得暴疾不能興，鋭乃陰召暉入城，迫延光反，延光惶惑，遂從之。高祖聞延光用鋭等以反，笑曰：「吾雖不武，然嘗從明宗取天下，攻堅破彊多矣。如延光已非我敵，況鋭等兒戲邪？行取孺子爾！」乃決意討之。

延光初無必反意，及鋭等敗〔一二〕，延光遣牙將王知新賫表自歸，高祖不見，以知新屬武德司。延光又附楊光遠表請降，不報，延光遂堅守。晉以箭書二百射城中，悉赦魏人，募能斬延光者。然魏城堅難下，攻之逾年不克，師老糧匱，宗正丞石昂上書極諫，請赦延光，願以單車入說而降之。高祖亦悔悟。三年九月，使謁者入魏赦延光，延光乃降，册封東平郡王〔一三〕、天平軍節度使，賜鐵券。居數月來朝，因慚請老，以太子太師致仕。

初，高祖赦降延光，語使者謂之曰：「許卿不死矣，若降而殺之，何以享國？」延光謀於副使李式，式曰：「主上敦信明義，許之不死，則不死矣。」乃降。及致仕居京師，歲時宴見，高祖待之與羣臣無間，然心終不欲使在京師〔一四〕。歲餘，使宣徽使劉處讓載酒夜過延光，謂曰：「上遣處讓來時，適有契丹使至，北朝皇帝問晉魏博反臣何在？恐晉不能制，當鎖以來，免爲中國後患。」延光聞之泣下，莫知所爲。處讓曰：「當且之洛陽，以避契丹使者。」延光曰：「楊光遠留守河南，吾之仇也。吾有田宅在河陽，可以往乎？」處讓曰：「可也。」乃挈其帑歸河陽，其行輜重盈路，光遠利其貲，果圖之。因奏曰：「延光反覆姦臣，若不圖之，非北走胡則南走吳越，請拘之洛陽。」高祖猶豫未決。光遠兼鎮河陽，其子承勳知州事，乃遣承勳以兵脅之使自裁。延光曰：「天子賜我鐵券，許之不死，何得及此？」乃以壯士驅之上馬，行至浮橋，推墮水溺死，以延光自投水死聞，因盡取其貲。高祖以適會其意，不問，爲之輟朝，贈太師〔一五〕。水運軍使曹千獲其流尸于繆家灘，詔許歸葬相州，已葬，墓輒崩，破其棺槨，頭顱皆碎。初，祕瓊殺董温其取其貲，延光又殺瓊而取之，而終以貲爲光遠所殺，而光遠亦不能免也。

當延光反時，有李彥珣者，爲河陽行軍司馬。張從賓反河陽，彥珣附之。從賓敗，彥珣奔于魏，延光以爲步軍都監，使之守城。招討使楊光遠知彥珣邢州人也，其母尚在，乃遣人之邢州，取其母至城下，示彥珣以招之，彥珣望見，自射殺之。及延光出降，晉高祖拜彥珣房州刺史〔一六〕，大臣言彥珣殺母當誅，高祖以謂赦令已行，不可失信。後以坐贓誅。

嗚呼，甚哉，人性之慎於習也！故聖人於仁義深矣，其爲教也，勤而不怠，緩而不迫，欲民漸習而自趨之，至於久而安以成俗也。然民之無知，習見善則安於爲善，習見惡則安於爲惡。五代之亂，其來遠矣。自唐之衰，干戈飢饉，父不得育其子，子不得養其親。其始也，骨肉不能相保，蓋出于不幸，因之禮義日以廢，恩愛日以薄，其習久而遂以大壞，至於父子之間，自相賊害。五代之際，其禍害不可勝道也。夫人情莫不共知愛其親，莫不共知惡於不孝，然彥珣彎弓射其母，高祖從而赦之，非徒彥珣不自知爲大惡，而高祖亦安焉不以爲怪也，豈非積習之久而至於是歟？語曰：「性相近，習相遠。」至其極也，使人心不若禽獸，可不哀哉！若彥珣之惡，而恬然不以爲怪，則晉出帝之絶其父，宜其舉世不知爲非也。

婁繼英

婁繼英，不知何許人也。歷梁、唐，爲絳冀二州刺史、北面水陸轉運使、耀州團練使。晉高祖時，爲左監門衛上將軍〔二七〕。

繼英子婦，温延沼女也，自明宗時誅其父韜，延沼兄弟廢居于許，心常怨望。及范延光反，繼英有弟爲魏州子城都虞候，延光遣人以蠟丸書招繼英〔二八〕，繼英乃遣延沼入魏見延光，延光大喜，與之信箭，使陰圖許。延沼與其弟延濬、延衮募不逞之徒千人，期以攻許。而許州節度使萇從簡以延光之反，疑有應者，爲備甚嚴。延沼未及發，延光蠟書事泄於京師，繼英惶恐不自安，乃出奔許。高祖下詔招慰之，使復位，繼英懼不敢出。

温氏兄弟謀殺繼英以自歸，延沼以其女故不忍。張從賓反於洛陽，延沼兄弟乃與繼英俱投從賓於汜水。繼英知温氏之初欲殺己也，反譖延沼兄弟於從賓，從賓皆殺之〔二九〕。從賓敗，繼英爲杜重威所殺。

安重榮

安重榮，小字鐵胡，朔州人也。祖從義，利州刺史。父全，勝州刺史、振武馬步軍都指揮使。

重榮有力，善騎射，爲振武巡邊指揮使。晉高祖起太原，使張潁陰招重榮，其母與兄皆以爲不可，而重榮業已許潁〔二〇〕，母、兄謀共殺潁以止之。重榮曰：「未可，吾當爲母卜之。」乃立一箭，百步而射之，曰：「石公爲天子則中。」一發輒中；又立一箭而射之，曰：「吾爲節度使則中。」一發又中，其母、兄乃許，重榮以巡邊千騎叛入太原。高祖即位，拜重榮成德軍節度使。

重榮雖武夫，而曉吏事，其下不能欺。有夫婦訟其子不孝者，重榮拔劍授其父，使自殺之，其父泣曰：「不忍也！」其母從傍詬駡，奪其劍而逐之。問之，乃繼母也，重榮叱其母出，後射殺之。

重榮起於軍卒，暴至富貴，而見唐廢帝、晉高祖皆自藩侯得國，嘗謂人曰：「天子寧有種邪？兵强馬壯者爲之爾！」雖懷異志，而未有以發也。是時，高祖與契丹約爲父子，契丹驕甚，高祖奉之愈謹，重榮憤然，以謂「詘中國以尊夷狄，困已敝之民，而充無厭之欲，此晉萬世恥也！」數以此非誚高祖。契丹使者往來過鎮州，重榮箕踞慢罵，不爲之禮，或執殺之。是時，吐渾白氏役屬契丹，苦其暴虐，重榮誘之入塞。契丹數遣使責高祖，并求使者，高祖對使者鞠躬俯首，受責愈謹，多爲好辭以自解，而姑息重榮不能詰。乃遣供奉官張澄以兵二千搜索并、鎮、忻、代山谷中吐渾，悉驅出塞。吐渾去而復來，重榮卒納之，因招集亡命，課民種稗，食馬萬疋，所爲益驕。因怒殺指揮使賈章，誣之以反，章女尚幼，欲捨之，女曰：「吾家三十口皆死於兵[二]，存者特吾與父爾，今父死，吾何忍獨生，願就死！」遂殺之。鎮人於是高賈女之烈，而知重榮之必敗也。重榮既僭侈，以爲金魚袋不足貴，刻玉爲魚佩之。娶二妻，高祖因之並加封爵。

天福六年夏，契丹使者拽剌過鎮，重榮侵辱之。拽剌言不遜，重榮怒，執拽剌，以輕騎掠幽州南境之民，處之博野。上表曰：「臣昨據熟吐渾白承福、赫連功德等領本族三萬餘帳自應州來奔，又據生吐渾、渾、契苾、兩突厥三部，南北將沙陀、安慶、九府等各領其族、牛羊、車帳、甲馬七八路來奔，具言契丹殘害，掠取生口羊馬，自今年二月已後，號令諸蕃，點閱彊壯，辦具軍裝，期以上秋南向。諸蕃部誠恐上天不祐，敗滅家族，願先自歸，其諸部勝兵衆可十萬。又據沿河党項、山前後逸、越利諸族首領皆遣人送契丹所授告身、敕牒〔三二〕、旗幟來歸款，皆號泣告勞，願治兵甲以報怨。又據朔州節度副使趙崇殺節度使劉山，以城來歸。竊以諸蕃不招呼而自至，朔州不攻伐而自歸，雖繫人情，盡由天意。又念陷蕃諸將等，本自勳勞，久居富貴，没身虜塞，酷虐不勝，企足朝廷，思歸可諒，苟聞傳檄，必盡倒戈。」其表數千言。又爲書以遺朝廷大臣、四方藩鎮，皆以契丹可取爲言。高祖患之，爲之幸鄴，報重榮曰：「前世與虜和親，皆所以爲天下計，今吾以天下臣之，爾以一鎮抗之，大小不等，無自辱焉！」重榮謂晉無如我何，反意乃決。重榮雖以契丹爲言，反陰遣人與幽州節度使劉晞相結。契丹亦利晉多事，幸重榮之亂，期兩敝之，欲因以窺中國，故不加怒於重榮。

重榮將反也，其母又以爲不可，重榮曰：「請爲母卜之〔三三〕。」指其堂下幡竿龍口仰射之，曰：「吾有天下則中之。」一發而中，其母乃許。饒陽令劉巖獻水鳥五色，重榮曰：「此鳳也。」畜之後潭。又使人爲大鐵鞭以獻，誑其民曰：「鞭有神，指人，人輒死。」號「鐵鞭郎君」，出則以爲前驅。鎮之城門抱關鐵胡人，無故頭自落，鐵胡，重榮小字，雖甚惡之，然不悟也。

其冬，安從進反襄陽，重榮聞之，乃亦舉兵。是歲，鎮州大旱、蝗，重榮聚飢民數萬，驅以嚮鄴，聲言入覲。行至宗城破家堤，高祖遣杜重威逆之。兵已交，其將趙彦之與重榮有隙，臨陣卷旗以奔晉軍，其鎧甲鞍轡皆裝以銀，晉軍不知其來降，爭殺而分之。重榮聞彥之降晉，大懼，退入于輜重中，其兵二萬皆潰去。是冬大寒，潰兵飢凍及見殺無孑遺，重榮獨與十餘騎奔還，以牛馬革爲甲，驅州人守城以待。重威兵至城下，重榮裨將自城西水碾門引官軍以入，殺守城二萬餘人。重榮以吐渾數百騎守牙城，重威使人擒之，斬首以獻，高祖御樓受馘，命漆其首送于契丹。改成德軍爲順德〔一四〕，鎮州曰恒州，常山曰恒山云。

安從進

安從進，振武索葛部人也。祖、父皆事唐爲騎將。從進初從莊宗於兵間，爲護駕馬軍都指揮使、領貴州刺史。明宗時，爲保義、彰武軍節度使，未嘗將兵征伐。李彝超自立於夏州，從進嘗一以兵往，卒亦無功。愍帝即位，徙領順化，爲侍衞馬軍都指揮使。潞王反鳳翔，從進巡檢京城，殺樞密使馮贇，送款於從珂。愍帝出奔，從珂將至京師，從進率百官班迎于郊。清泰中，徙鎮山南東道。晉高祖即位，加同中書門下平章事。

高祖取天下不順，常以此慚，藩鎮多務，過爲姑息，而藩鎮之臣，或不自安，或心慕高祖所爲，謂舉可成事，故在位七年，而反者六起，從進最後反，然皆不免也。自范延光反鄰，從進已畜異志，恃江爲險，招集亡命，益置軍兵。南方貢輸道出襄陽者，多擅留之，邀遮商旅，皆黥以充軍。與安重榮陰相結託，期爲表裏。高祖患之，謀徙從進，使人謂曰：「東平王建立來朝，願還鄉里，已徙上黨。朕虚青州以待卿，卿誠樂行，朕即降制。」從進報曰：「移青州在漢江南，臣即赴任。」高祖亦優容之。其子弘超爲宫苑副使，居京師，從進請賜告歸，遂不遣。王令謙、潘知麟者，皆從進牙將也，常從從進最久，知其必敗，切諫之。從進遣子弘超與令謙遊南山，酒酣，令人推墮崖死。

天福六年，安重榮執殺契丹使者，反迹見，高祖爲之幸鄴，鄭王重貴留守京師。宰相和凝曰：「陛下且北，從進必反，何以制之？」高祖曰：「卿意奈何？」凝曰：「臣聞兵法，先人者奪人，願爲空名宣敕十數通授鄭王，有急則命將以往。」

從進聞高祖北，遂殺知麟以反。鄭王以空名敕授李建崇、郭金海等討之，從進引兵攻鄧州，不克，進至湖陽，遇建崇等，大駭，以爲神速，復爲野火所燒，遂大敗。從進以數十騎奔還襄陽。高祖遣高行周圍之，踰年糧盡，從進自焚死。執其子弘受及其將佐四十三人送京師，高祖御樓受俘，徇于市而斬之。降襄陽爲防禦，贈令謙忠州刺史、知麟順州刺史。

楊光遠

楊光遠，字德明。其父曰阿噔啜，蓋沙陀部人也。光遠初名阿檀，爲唐莊宗騎將，從周德威戰契丹於新州，折其一臂，遂廢不用。久之，以爲幽州馬步軍都指揮使，戍瓦橋關。光遠爲人病禿折臂，不通文字，然有辨智，長於吏事。明宗時，爲嬀、瀛、冀、易四州刺史，以治稱。

初，唐兵破王都於中山，得契丹大將萴剌等十餘人。已而契丹與中國通和，遣使者求萴剌等，明宗與大臣議，皆欲歸之，獨光遠不可，曰：「萴剌等皆北狄之善戰者〔二五〕，彼失之如去手足；且居此久，熟知中國事，歸之豈吾利也！」明宗曰：「蕃人重盟誓，已與吾好，豈相負也？」光遠曰：「臣恐後悔不及爾！」明宗嘉其説，卒不遣萴剌等。光遠自易州刺史拜振武軍節度使。清泰二年，徙鎮中山、兼北面行營都虞候，禦契丹於雲應之間。

晉高祖起太原，末帝以光遠佐張敬達爲太原四面招討副使，爲契丹所敗，退守晉安寨。契丹圍之數月，人馬食盡，殺馬而食，馬盡，乃殺敬達出降。耶律德光見之，靳曰：「爾輩大是惡漢兒。」光遠與諸將初不知其誚己，猶爲謙言以對，德光曰：「不用鹽酪，食一萬匹戰馬，豈非惡漢兒邪！」光遠等大慚伏，德光問曰：「懼否？」皆曰：「甚懼。」曰：「何懼？」曰：「懼皇帝將入蕃。」德光曰：「吾國無土地官爵以居汝，汝等勉事晉。」晉高祖以光遠爲宣武軍節度使、侍衞馬步軍都指揮使。光遠進見，佯爲悒悒之色，常如有所恨者，高祖疑其有所不足，使人問之，對曰：「臣於富貴無不足也，惟不及張生鐵死得其所，此常爲愧爾！」由是高祖以爲忠，頗親信之。

范延光反，以爲魏府都招討使，久之不能下，高祖卒用佗計降延光。而光遠自以握重兵在外，謂高祖畏己，始爲恣横。高祖每優容之，爲選其子承祚尚長安公主，其次子承信等皆超拜官爵，恩寵無比。樞密使桑維翰惡之，數以爲言。光遠自魏來朝，屢指維翰擅權難制。高祖不得已，罷出維翰於相州，亦徙光遠西京留守，兼鎮河陽，奪其兵職。光遠始大怨望，陰以寶貨奉契丹，訴己爲晉疏斥。所養部曲千人，撓法犯禁河洛之間，甚於寇盜。天福五年，徙鎮平盧，封東平王。光遠請其子以行，乃拜承祚單州刺史，承勳萊州防禦使，父子俱東，車騎連屬數十里。出帝即位，拜太師，封壽王。

是時，晉馬少，括天下馬以佐軍，景延廣請取光遠前所借官馬三百匹，光遠怒曰：「此馬先帝賜我，安得復取，是疑我反也！」遂謀爲亂。而承祚自單州逃歸，出帝即以承祚爲淄州刺史〔二六〕，遣使者賜以玉帶、御馬以慰安之，光遠益驕，乃反。召契丹入寇，陷貝州。

博州刺史周儒亦叛降契丹。

是時，出帝與耶律德光相距澶、魏之間，鄆州觀察判官竇儀計事軍中，謀曰：「今不以重兵大將守博州渡，使儒得引契丹東過河與光遠合，則河南危矣！」出帝乃遣李守貞、皇甫遇以兵萬人沿河而下。儒果引契丹自馬家渡濟河，方築壘，守貞等急擊之，契丹大敗，遂與光遠隔絕。德光聞河上兵大敗，與晉決戰戚城，亦敗。

契丹已北，出帝復遣守貞、符彥卿東討，光遠嬰城固守，自夏至冬，城中人相食幾盡。光遠北望契丹，稽首以呼德光曰：「皇帝皇帝〔二七〕，悞光遠邪！」其子承勳等勸光遠出降，光遠曰：「我在代北時，嘗以紙錢祭天池，投之輒沒，人言我當作天子，宜且待時，毋輕議也。」承勳知不可，乃殺節度判官丘濤、親將杜延壽、楊瞻〔二八〕、白延祚等，劫光遠幽之，遣人奉表待罪。承信、承祚皆詣闕自歸，而光遠亦上章請死。出帝以其二子爲侍衞將軍，賜光遠詔書，許以不死，羣臣皆以爲不可，乃敕李守貞便宜處置。守貞遣客省副使何延祚殺之于其家。延祚至其第，光遠方閱馬于廐，延祚使一都將入謂之曰：「天使在門，欲歸報天子，未有以藉手。」光遠曰：「何謂也？」曰：「願得大王頭爾〔二九〕！」光遠罵曰：「我有何罪？昔我以晉安寨降契丹，使爾家世世爲天子，我亦望以富貴終身，而反負心若此！」遂見殺，以病卒聞。

承勳事晉爲鄭州防禦使，德光滅晉，使人召承勳至京師，責其劫父，臠而食之，乃以承信爲平盧節度使。漢高祖贈光遠尚書令，封齊王，命中書舍人張正撰光遠碑銘文賜承信，使刻石于青州。碑石既立，天大雷雹，擊折之。

阿噔啜初非姓氏，其後改名瑊而姓楊氏。光遠初名檀，清泰二年，有司言明宗廟諱犯偏傍者皆易之，乃賜名光遠云。光遠既病禿，而妻又跛其足也，人爲之語曰：「自古豈有禿瘡天子、跛脚皇后邪？」相傳以爲笑。然而召夷狄爲天下首禍，卒滅晉氏，瘡痍中國者三十餘年，皆光遠爲之也。

校勘記

〔一〕領振武軍節度使　「振武」，原作「鎮武」，據宗文本、舊五代史卷三一唐莊宗紀五、卷七四朱守殷傳改。按通鑑卷二八二，後晉天福六年，閩王曦以建州爲鎮安軍，延政改爲鎮武。後唐無鎮武軍。

〔二〕守殷巡檢京師　「巡檢」下原有「校」字，據宋丙本、宗文本删。

〔三〕莊宗遣守殷以兵圍其第而殺之　「以兵」二字原闕，據宋丙本、宗文本、舊五代史卷三四唐莊宗紀八、通鑑卷二七四補。

〔四〕乃殺都指揮使馬彥超　「都」字原闕，據宋丙本、宗文本、本書卷六唐本紀、舊五代史卷三八唐明宗紀四、册府卷一一八、卷一三一及本卷下文補。

〔五〕梁末帝遣璋攻下澤州　「梁」字原闕，據宋丙本、宗文本、舊五代史卷六二董璋傳補。

〔六〕皆與璋參決　「璋」字原闕，據宋丙本、宗文本、舊五代史卷六二董璋傳補。

〔七〕而自關以西　「自」字原闕，據宋丙本補。本書卷二四安重誨傳敍其事作「自關以西，民苦輸送」。

〔八〕吾居兵間四十年　「居」字原闕，據宋丙本、宗文本補。

〔九〕董温其　舊五代史卷九七范延光傳、通鑑卷二八〇作「董温琪」。

〔一〇〕選精兵伏境上　「精」字原闕，據宗文本補。舊五代史卷七六晉高祖紀二、卷九四祕瓊傳敍其事作「精騎」。

〔一一〕光遠得其諜者　「其」字原闕，據宋丙本、宗文本補。

〔一二〕及鋭等敗　「及」字原闕，據宗文本補。

〔一三〕東平郡王　舊五代史卷九七范延光傳、五代會要卷一一、册府卷一六六作「高平郡王」。

〔一四〕然心終不欲使在京師　「終」字原闕，據宗文本補。

〔一五〕贈太師　「太師」，原作「太傅」，據宗文本、舊五代史卷七九晉高祖紀五、卷九七范延光傳改。

〔一六〕晉高祖拜彥珣房州刺史　「房州」，舊五代史卷七七晉高祖紀三、卷九四李彥珣傳、册府卷七〇〇、通鑑卷二八一作「坊州」。

〔一七〕爲左監門衛上將軍　「左」，本書卷八晉本紀、通鑑卷二八一作「右」。

〔一八〕延光遣人以蠟丸書招繼英　「丸」字原闕，據宗文本、通鑑卷二八一補。

〔一九〕從賓皆殺之　「皆」字原闕，據宗文本補。通鑑卷二八一敍其事作「皆斬之」。

〔二〇〕而重榮業已許潁　「而」字原闕，據宗文本補。

〔二一〕吾家三十口皆死於兵　舊五代史卷九八安重榮傳、册府卷四四八敍其事作「我家三十口繼經兵亂死者二十八口」。

〔二二〕敕牒　宗文本、舊五代史卷九八安重榮傳、通鑑卷二八二作「職牒」。

〔二三〕請爲母卜之　「請」字原闕，據宗文本補。

〔二四〕改成德軍爲順德　「順德」，太平寰宇記卷六一同，舊五代史卷八〇晉高祖紀六、通鑑卷二八三：「（天福七年正月癸亥）改鎮州爲恒州，成德軍爲順國軍。」五代會要卷二四亦云：「鎮州，天福七年正月改爲順國軍節度。」

〔二五〕薊刺等皆北狄之善戰者　「等」、「之」二字原闕，據宗文本、舊五代史卷九七楊光遠傳補。

〔二六〕出帝即以承祚爲淄州刺史　「淄州」，舊五代史卷八二晉少帝紀二、通鑑卷二八三、册府卷一七九作「登州」。

〔二七〕皇帝皇帝　原作「皇帝」，據宗文本、通鑑卷二八四改。

〔二八〕楊瞻　舊五代史卷八三晉少帝紀三、卷九七楊光遠傳、册府卷一二六作「楊贍」。

〔二九〕願得大王頭爾　「願」，宋丙本、宗文本作「須」。

新五代史卷五十二

雜傳第四十

杜重威

杜重威，朔州人也。其妻石氏，晉高祖之女弟，高祖即帝位，封石氏爲公主，拜重威舒州刺史，以典禁兵。從侯益攻破張從賓於汜水，以功拜潞州節度使。范延光反於鄴，重威從高祖攻降延光，徙領忠武，加同平章事。又徙領天平，遷侍衞親軍都指揮使。

安重榮反，重威逆戰于宗城，重榮爲偃月陣，重威擊之不動。重威欲少却以伺之，偏將王重胤曰：「兩兵方交，退者先敗。」乃分兵爲三，重威先以左右隊擊其兩翼，戰酣，重胤以精兵擊其中軍，重榮將趙彦之來奔，重榮遂大敗，走還鎮州，閉壁不敢出。重威攻破之，以功拜重威成德軍節度使。

重威出於武卒，無行而不知將略。破鎮州，悉取府庫之積及重榮之貲，皆没之家，高祖知而不問。及出帝與契丹絶好，契丹連歲入寇，重威閉城自守，屬州城邑多所屠戮。胡騎驅其人民千萬過其城下，重威登城望之，未嘗出救。

開運元年，加重威北面行營招討使。明年，引兵攻泰州〔一〕，破滿城、遂城。契丹已去至古北，還兵擊之，重威等南走，至陽城，爲虜所困，賴符彦卿、張彦澤等因大風奮擊，契丹大潰。諸將欲追之，重威爲俚語曰：「逢賊得命，更望複子乎？」乃收馬馳歸〔二〕。

重威居鎮州，重斂其民，户口彫敝，又懼契丹之至，乃連表乞還京師，未報，亟上道，朝廷莫能止，即拜重威爲鄴都留守。而鎮州所留私粟十餘萬斛，殿中監王欽祚和市軍儲，乃録以聞，給絹數萬匹以償之，重威大怒曰：「吾非反者，安得籍没邪！」

三年秋，契丹高牟翰詐以瀛州降，復以重威爲北面行營招討使。是秋，天下大水，霖雨六十餘日，飢殍盈路，居民拆屋木以供爨〔三〕，剉藁席以秣馬牛，重威兵行泥潦中，調發供饋，遠近愁苦。重威至瀛州，牟翰已棄城去，重威退屯武彊。契丹寇鎮、定，重威西趨中渡橋，與虜夾滹沱河而軍。偏將宋彦筠、王清渡水力戰，而重威按軍不動，彦筠遂敗，清戰死。轉運使李穀教重威以三脚木爲橋，募敢死士過河擊賊，諸將皆以爲然，獨重威不許。契丹遣騎兵夜並西山擊欒城，斷重威軍後。是時，重威已有異志，而糧道隔絶，乃陰遣人詣契丹請降。契丹大悅，許以中國與重威爲帝，重威信以爲然，乃伏甲士，召諸將告以降虜。諸將愕然，以上將先降，乃皆聽命。重威出降表使諸將書名，乃令軍士陣于柵外，軍士猶喜躍以爲決戰，重威告以糧盡出降，軍士解甲大哭，聲震原野。契丹賜重威赭袍，使衣以示諸軍，拜重威太傅。

契丹犯京師，重威以晉兵屯陳橋，士卒凍餓，不勝其苦。重威出入道中，市人隨而詬之，重威俛首不敢仰顧。契丹據京師，率城中錢帛以賞軍，將相皆不免，重威當率萬緡，乃訴於契丹曰：「臣以晉軍十萬先降，乃獨不免率乎？」契丹笑而免之，遣還鄴都。明年，契丹北歸，重威與其妻石氏詣虜帳中爲别。

漢高祖定京師，拜重威太尉、歸德軍節度使，重威懼不受命。遣高行周攻之，不克，高祖乃自將攻之。遣給事中陳同以詔書召之，重威不聽命，而漢兵數敗，圍之百餘日。初，契丹留燕兵千五百人在京師，高祖自太原入，告者言其將反，高祖悉誅於繁臺，其亡者奔于鄴。燕將張璉先以兵二千在鄴，聞燕兵見殺，乃勸重威固守。高祖已殺燕兵，悔之，數遣人招璉等，璉登城呼曰：「繁臺之誅，燕兵何罪？既無生理，請以死守！」

重威食盡，屑麴而食，民多逾城出降，皆無人色。重威乃遣判官王敏及其妻子相次請降〔四〕，高祖許之。重威素服出見高祖，高祖赦重威，拜檢校太師、守太傅、兼中書令。悉誅璉及重威將吏，而録其私帑，以重威歸京師。

高祖病甚，顧大臣曰：「善防重威！」高祖崩，祕不發喪，大臣乃共誅之，及其子弘璋、弘璨、弘璲尸於市〔五〕，市人蹴而詬之，吏不能禁，支裂蹈踐，斯須而盡。

李守貞

李守貞，河陽人也。晉高祖鎮河陽，以爲客將，其後嘗從高祖，高祖即位，拜客省使。監馬全節軍破李金全於安州，以功拜宣徽使。

出帝即位，楊光遠反，召契丹入寇。守貞領義成軍節度使，爲侍衞親軍都虞候，從出帝幸澶州。麻荅以奇兵入鄆州，渡馬家口，栅於河東。守貞馳往破之，契丹兵多溺死，獲馬數百匹、裨將七十餘人。徙領泰寧軍節度使，以兵二萬討之。光遠降，其故吏宋顔悉取光遠寶貨、名姬、善馬獻之守貞，守貞德之，陰置顔麾下。是時，凡出師破賊，必有德音赦其餘類，而光遠黨與十餘人皆亡命，捕之甚急，樞密使桑維翰緩其制書，久而不下。言事者告顔匿守貞所，詔取顔殺之，守貞大怒，乃與維翰有隙。

賊平行賞，守貞悉以麴茶、染木給之，軍中大怒，以帛裹之爲人首，梟於木間，曰：「守貞首也。」守貞以功拜同平章事，賜以光遠舊第，守貞取旁官民舍大治之，爲京師之甲。出帝臨幸，燕錫恩禮，出於諸將。

契丹入寇，出帝再幸澶州，杜重威爲北面招討使，守貞爲都監。晉兵素驕，而守貞、重威爲將皆無節制，行營所至，居民豢圉一空，至於草木皆盡。其始發軍也，有賜賚，曰「掛甲錢」，及班師，又加賞勞，曰「卸甲錢」，出入之費，常不下三十萬，由此晉之公私重困。守貞與重威等攻下泰州〔六〕，破滿城，殺二千餘人。還，爲侍衛親軍都指揮使、領天平軍節度使，又領歸德。

是時，出帝遣人以書招趙延壽使歸國，延壽詐言思歸，願得晉兵爲應，而契丹高牟翰亦詐以瀛州降，出帝以爲然，命杜重威等將兵應之。初，晉大臣皆言重威不忠，有怨望之心，不可用，乃用守貞。是時，重威鎮魏州，守貞嘗將兵往來過魏，重威待之甚厚，多以戈甲金帛奉之。出帝嘗謂守貞曰：「卿常以家財散士卒，可謂忠於國者乎！」守貞謝曰：「皆重威與臣者。」因請與重威俱北。於是卒以重威爲招討使，守貞爲都監，屯于武彊。契丹寇鎮、定，守貞等軍於中渡，遂與重威降于契丹。契丹以守貞爲司徒。契丹犯京師，拜守貞天平軍節度使。

漢高祖入京師，守貞來朝，拜太保、河中節度使。高祖崩，杜重威死，守貞懼不自安，以謂漢室新造，隱帝初立，天下易以圖，而門下僧總倫以方術陰干守貞，爲言有非常之相，守貞乃決計反。而趙思綰先以京兆反，遣人以赭黄衣遺守貞，守貞大喜，以爲天人皆應，乃發兵西據潼關，招誘草寇，所在竊發。漢遣白文珂、常思等出軍擊之。已而王景崇又以鳳翔反，景崇與思綰遣人推守貞爲秦王，守貞拜景崇等官爵。又遣人間以蠟丸書遺吴、蜀、契丹，使出兵以牽漢。

文珂等攻景崇、思綰等久無功，隱帝乃遣樞密使郭威率禁兵將文珂等督攻之。諸將皆請先擊思綰、景崇，威計未知所向。行至華州，節度使扈彦珂謂威曰：「三叛連衡，以守貞爲主，守貞先敗，則思綰、景崇可傳聲而破矣。若捨近圖遠，使守貞出兵于後，思綰、景崇拒戰于前，則漢兵屈矣。」威以爲然，遂先擊守貞。

是時，馮道罷相居河陽，威初出兵，過道家問策，道曰：「君知博乎？」威少無賴，好蒲博，以爲道譏之，艴然而怒。道曰：「凡博者錢多則多勝，錢少則多敗，非其不善博，所以敗者，勢也。今合諸將之兵以攻一城，較其多少，勝敗可知。」威大悟，謀以遲久困之，乃與諸將分爲三栅，栅其城三面，而闕其南，發五縣丁夫築長城以連三栅。守貞出其兵壞長城，威輒補其所壞，守貞輒出爭之，守貞兵常失十三四，如此逾年，守貞城中兵無幾，而食又盡，殺人而食。威曰：「可矣。」乃爲期日，督兵四面攻而破之。

初，守貞召總倫問以濟否，總倫曰：「王當自有天下，然分野方災，俟殺人垂盡，則王事濟矣。」守貞以爲然。嘗會將吏大飲，守貞指畫虎圖曰：「吾有天命者中其掌。」引弓一發中之，將吏皆拜賀，守貞益以自負。

及城破〔七〕，守貞與妻子自焚。漢軍入城，於煙燼中斬其首，傳送京師，梟於南市，其餘黨皆磔之。

張彥澤

張彥澤，其先突厥部人也。後徙居陰山，又徙太原。彥澤爲人驍悍殘忍，目睛黃而夜有光，顧視如猛獸。以善射爲騎將，數從莊宗、明宗戰伐。與晉高祖連姻，高祖時，已爲護聖右廂都指揮使〔八〕、曹州刺史。與討范延光，拜鎮國軍節度使，歲中，徙鎮彰義。

爲政暴虐，常怒其子，數笞辱之。子逃至齊州，州捕送京師，高祖以歸彥澤。彥澤上章請殺之，其掌書記張式不肯爲作章，屢諫止之。彥澤怒，引弓射式，式走而免。式素爲彥澤所厚，多任以事，左右小人皆素嫉之，因共讒式，且迫之曰：「不速去，當及禍。」式乃出奔。彥澤遣指揮使李興以二十騎追之，戒曰：「式不肯來，當取其頭以來！」式至衍州，刺史以兵援之邠州〔九〕，節度使李周留式，馳騎以聞，詔流式商州。彥澤遣司馬鄭元昭詣闕論請，期必得式，且曰：「彥澤若不得張式，患在不測。」高祖不得已，與之。彥澤得式，剖心、決口、斷手足而斬之。

高祖遣王周代彥澤，以爲右武衛大將軍。周奏彥澤所爲不法者二十六條，并述涇人殘敝之狀，式父鐸詣闕訴冤，諫議大夫鄭受益、曹國珍，尚書刑部郎中李濤、張麟，員外郎麻麟〔一〇〕、王禧伏閤上疏，論彥澤殺式之冤，皆不省。濤見高祖切諫，高祖曰：「彥澤功臣，吾嘗許其不死。」濤厲聲曰：「彥澤罪若可容，延光鐵券何在！」高祖怒，起去，濤隨之諫不已，高祖不得已，召式父鐸、弟守貞、子希範等，皆拜以官，爲蠲涇州民税，免其雜役一年，下詔罪己，然彥澤止削階、降爵而已。於是國珍等復與御史中丞王易簡率三院御史詣閤門連疏論之，不報。

出帝時，彥澤爲左龍武軍大將軍，遷右武衛上將軍，又遷右神武統軍。自契丹與晉戰河北，彥澤常在兵間〔一一〕，數立戰功，拜彰國軍節度使〔一二〕。與契丹戰陽城，爲契丹所圍，而軍中無水，鑿井輒壞，又天大風，契丹順風揚塵，奮擊甚鋭，軍中大懼。彥澤以問諸將，諸將皆曰：「今虜乘上風，而吾居其下，宜待風回乃可戰。」彥澤以爲然。諸將皆去，偏將藥元福獨留，謂彥澤曰：「今軍中飢渴已甚，若待風回，吾屬爲虜矣！且逆風而戰，敵人謂我必不能，所謂出其不意。」彥澤即拔拒馬力戰，契丹奔北二十餘里，追至衛村，又大敗之，契丹遯去。

開運三年秋，杜重威爲都招討使，李守貞兵馬都監，彥澤馬軍都排陣使。彥澤往來鎮、定之間，敗契丹于泰州，斬首二千級。重威、守貞攻瀛州不克，退及武彊，聞契丹空國入寇，惶惑不知所之，而彥澤適至，言虜可破之狀，乃與重威等西趨鎮州。彥澤爲先鋒，至中渡橋，已爲虜所據，彥澤猶力戰爭橋，燒其半，虜小敗却，乃夾河而寨。

十二月丙寅，重威、守貞叛降契丹，彥澤亦降。耶律德光犯闕，遣彥澤與傅住兒以二千騎先入京師，彥澤倍道疾驅，至河，銜枚夜渡。壬申夜五鼓，自封丘門斬關而入。有頃，宮中火發，出帝以劍擁後宮十餘人將赴火，爲小吏薛超所持。彥澤自寬仁門傳德光與皇太后書入，乃滅火。大内都點檢康福全宿衛寬仁門，登樓覘賊，彥澤呼而下之，諸門皆啓。彥澤頓兵明德樓前，遣傅住兒入傳戎王宣語，帝脱黄袍，素服再拜受命。使人召彥澤，彥澤謝曰：「臣無面目見陛下。」復使召之，彥澤笑而不答。

明日，遷帝於開封府，帝與太后、皇后肩輿，宮嬪、宦者十餘人皆步從。彥澤遣控鶴指揮使李筠以兵監守，内外不通。帝與太后所上德光表章，皆先示彥澤乃敢遣。帝取内庫帛數段，主者曰：「此非帝有也。」不與。又使求酒於李崧，崧曰：「臣家有酒非敢惜，慮陛下憂躁，飲之有不測之虞，所以不敢進。」帝姑烏氏公主私賂守門者，得入與帝訣，歸第自經死。德光渡河，帝欲郊迎，彦澤不聽，遣白德光，德光報曰：「天無二日，豈有兩天子相見於道路邪！」乃止。

初，彦澤至京師，李濤謂人曰：「吾禍至矣！與其逃於溝竇而不免，不若往見之。」濤見彦澤，爲俚語以自投死，彦澤笑而厚待之。

彦澤自以有功於契丹，晝夜酣飲自娱，出入騎從常數百人，猶題其旗幟曰「赤心爲主」。迫遷出帝，遂輦内庫，輸之私第，因縱軍士大掠京師。軍士邏獲罪人，彦澤醉不能問，瞋目視之，出三手指，軍士即驅出斷其腰領。皇子延煦母楚國夫人丁氏有色，彦澤使人求於皇太后，太后遲疑未與，即劫取之。彦澤與閤門使高勳有隙，乘醉入其家，殺數人而去。

耶律德光至京師，聞彦澤劫掠，怒，鎖之。高勳亦自訴於德光，德光以其狀示百官及都人，問：「彦澤當誅否？」百官皆請不赦，而都人爭投狀疏其惡，乃命高勳監殺之。彦澤前所殺士大夫子孫，皆縗絰杖哭，隨而詬詈，以杖朴之，彦澤俛首無一言。行至北市，斷腕出鎖，然後用刑，勳剖其心祭死者，市人爭破其腦，取其髓，臠其肉而食之。

嗚呼，晉之事醜矣，而惡亦極也！其禍亂覆亡之不暇，蓋必然之理爾。使重威等雖不叛以降虜，亦未必不亡，然開虜之隙，自一景延廣，而卒成晉禍者，此三人也。視重威、彥澤之死，而晉人所以甘心者，可以知其憤疾怨怒於斯人者，非一日也。至於爭已戮之尸，臠其肉，剔其髓而食之，摍裂蹈踐，斯須而盡，何其甚哉！此自古未有也。然當是時，舉晉之兵皆在北面，國之存亡，繫此三人之勝敗，則其任可謂重矣。蓋天下惡之如彼，晉方任之如此，而終以不悟，豈非所謂「臨亂之君，各賢其臣」者歟？

校勘記

〔一〕引兵攻泰州　「泰州」，原作「秦州」，據宋丙本、宗文本、舊五代史卷一〇九杜重威傳、通鑑卷二八四改。按舊五代史卷一五〇郡縣志，滿城隸泰州。

〔二〕乃收馬馳歸　「馬」，宗文本作「兵」。

〔三〕居民拆屋木以供爨　「屋」字原闕，據宗文本補。

〔四〕重威乃遣判官王敏及其妻子相次請降　「子」字原闕，據宗文本補。舊五代史卷一〇九杜重威傳敍其事作「重威即遣其子弘璲、妻石氏出候高祖」。

〔五〕弘璲　舊五代史卷一〇九杜重威傳、通鑑卷二八七作「弘璉」。

〔六〕守貞與重威等攻下泰州　「泰州」，原作「秦州」，據宋丙本改。遼史卷四太宗紀下敍其事作「杜重威、李守貞攻泰州」。

〔七〕及城破　「及」字原闕，據宗文本、詳節卷七補。

〔八〕已爲護聖右廂都指揮使　「右」，舊五代史卷七七晉高祖紀三作「左」。

〔九〕刺史以兵援之邠州　「之」，宗文本作「至」。舊五代史卷九八張彥澤傳敍其事云：「式懇告刺史，遂差人援送到邠州。」

〔一〇〕麻麟　原作「麻濤」，據宗文本、舊五代史卷八〇晉高祖紀六、册府卷四六〇改。

〔一一〕彥澤常在兵間　「常」字原闕，據宗文本補。

〔一二〕拜彰國軍節度使　「彰國」，通鑑卷二八五作「彰德」。按吳蘭庭纂誤補卷四：「彰國，唐應州軍號，此時已入契丹。」又舊五代史卷八四晉少帝紀四云張彥澤爲相州節度使，卷九八張彥澤傳謂其「出鎮安陽」。安陽即彰德軍，治相州，彰國軍治應州，「彰國」疑是「彰德」之訛。

新五代史卷五十三

雜傳第四十一

王景崇

王景崇，邢州人也。爲人明敏巧辯，善事人。唐明宗鎮邢州，以爲牙將，其後嘗從明宗，隸麾下。明宗即位，拜通事舍人，歷引進閤門使，馳詔方鎮、監軍征伐，必用景崇。後事晉，累拜左金吾衛大將軍，常怏怏人主不能用其材。晉亡，蕭翰據京師，景崇厚賂其將高牟翰以求用。已而翰北歸，許王從益居京師，用景崇爲宣徽使、監左藏庫。

漢高祖起太原，景崇取庫金奔迎高祖，高祖至京師，拜景崇右衛大將軍，未之奇也。高祖攻鄴，景崇不得從，乃求留守起居表，詣行在〔一〕見高祖〔二〕，願留軍中效用，爲高祖畫攻戰之策，甚有辯，高祖乃奇其材。

【一】一本作宮。

是時，漢方新造，鳳翔侯益、永興趙贊皆嘗受命契丹，高祖立，益等內顧自疑，乃陰召蜀人爲助，高祖患之。及已破鄴，益等懼，皆請入朝。會回鶻入貢，言爲党項所隔不得通，願得漢兵爲援，高祖遣景崇以兵迎回鶻。景崇將行，高祖已疾，召入臥內，戒之曰：「益等已來，善矣，若猶遲疑，則以便宜圖之。」景崇行至陝，趙贊已東入朝，而蜀兵方寇南山，景崇擊破蜀兵，追至大散關而還。高祖乃詔景崇兼鳳翔巡檢使。

景崇至鳳翔，侯益未有行意，而高祖崩，或勸景崇可速誅益，景崇念獨受命先帝而少主莫知，猶豫未決。益從事程渥，與景崇同鄉里，有舊，往說景崇曰：「吾與子爲故人，吾位不過賓佐，而子已貴矣，奈何欲以陰狡害人而取之乎？侯公父子爪牙數百，子毋妄發，禍行及矣！非吾，誰爲子言之。」於是景崇頗不欲殺益，益乃亡去，景崇大悔，失不殺之。

益至京師，隱帝新立，史弘肇、楊邠等用事，益乃厚賂邠等，陰以事中景崇。已而益拜開封尹，景崇心不自安，諷鳳翔將吏求己領府事。朝廷患之，拜景崇邠州留後，以趙暉爲鳳翔節度使。景崇乃叛，盡殺侯益家屬，與趙思綰共推李守貞爲秦王，隱帝即以趙暉討之。景崇西招蜀人爲助，蜀兵至寶鷄【二】，爲暉將藥元福、李彥從所敗。暉攻鳳翔，塹而圍之，數以精兵挑戰，景崇不出。暉乃令千人潛之城南一舍，僞爲蜀兵旗幟，循南山而下，聲言蜀救兵至矣，須臾塵起，景崇以爲然，乃令數千人潰圍而出以爲應。暉設伏以待之，景崇兵大敗，由是不敢復出。

明年，守貞、思綰相次皆敗，景崇客周璨謂景崇曰：「公能守此者，以有河中、京兆也，今皆敗矣，何所恃乎？不如降也。」景崇曰：「誠累君等，然事急矣，吾欲爲萬有一得之計，可乎？吾聞趙暉精兵皆在城北，今使公孫輦等燒城東門僞降，吾以牙兵擊其城北兵，脱使不成而死，猶勝於束手也。」璨等皆然之。遲明，輦燒東門將降，而府中火起，景崇自焚矣，輦乃降暉。

趙思綰

趙思綰，魏州人也。爲河中節度使趙贊牙將。漢高祖即位，徙贊鎮永興，贊入朝京師，留思綰兵數百人於永興。高祖遣王景崇至永興，與齊藏珍以兵迎回鶻，陰以西事屬之。

景崇至永興，贊雖入朝，而其所召蜀兵已據子午谷，景崇用思綰兵擊走之。遂與思綰俱西，然以非己兵，懼思綰等有二心，意欲黥其面以自隨，而難言之，乃稍微風其旨。思綰厲聲請先黥以率衆，齊藏珍惡之，竊勸景崇殺思綰，景崇不聽，與俱西。

高祖遣使者召思綰等，是時侯益來朝，思綰以兵從益東歸〔三〕。思綰謂其下常彥卿曰：「趙公已入人手，吾屬至，并死矣，奈何？」彥卿曰：「事至而變，勿預言也。」益行至永興，永興副使安友規出迎益，飲于郊亭。思綰前曰：「兵館城東，然將士家屬皆居城中，願縱兵入城挈其家屬。」益信之以爲然。思綰與部下入城，有州校坐於城門，思綰毆之，奪其佩刀斬之〔四〕，并斬門者十餘人，遂閉門劫庫兵以叛。

高祖遣郭從義、王峻討之，經年莫能下，而王景崇亦叛，與思綰俱送款於李守貞，守貞以思綰爲晉昌軍節度使。隱帝遣郭威西督諸將兵，先圍守貞於河中。居數月，思綰城中食盡，殺人而食，每犒宴，殺人數百，庖宰一如羊豕。思綰取其膽以酒吞之，語其下曰：「食膽至千，則勇無敵矣！」

思綰計窮，募人爲地道，將走蜀，其判官程讓能謂思綰曰〔五〕：「公比於國無嫌，但懼死而爲此爾。今國家用兵三方，勞敝不已，誠能翻然效順，率先自歸，以功補過，庶幾有生，若坐守窮城，待死而已！」思綰然之，乃遣教練使劉珪詣從義乞降，而遣其將劉筠奉表朝廷〔六〕。拜思綰鎮國軍留後，趣使就鎮，思綰遲留不行。蜀陰遣人招思綰，思綰將奔蜀，而從義亦疑之，乃遣人白郭威，威命從義圖之。從義因入城召思綰，趣之上道，至則擒之。

思綰問曰：「何以用刑？」告者曰：「立釘也。」思綰厲聲曰：「爲吾告郭公，吾死未足塞責，然釘磔之醜，壯夫所恥，幸少假之。」從義許之，父子俱斬於市。

慕容彦超

慕容彦超，吐谷渾部人，漢高祖同産弟也。嘗冒姓閻氏，彦超黑色胡髯，號「閻崑崙」。少事唐明宗爲軍校，累遷刺史。唐、晉之間，歷磁、單、濮、棣四州，坐濮州造麴受賕，法當死，漢高祖自太原上章論救，得減死，流于房州。

契丹滅晉，漢高祖起太原，彦超自流所逃歸漢，拜鎮寧軍節度使。杜重威反於魏，高祖以天平軍節度使高行周爲都部署以討之〔七〕，以彦超爲副。彦超與行周謀議多不協，行周用兵持重，兵至城下，久之不進。彦超欲速進戰，而行周不許。行周有女嫁重威子，彦超揚言行周以女故，惜賊城而不攻，行周大怒。高祖聞二人不相得，懼有佗變，由是遽親征。彦超數以事凌辱行周，行周不能忍，見宰相涕泣，以屎塞口以自訴。高祖知曲在彦超，遣人慰勞行周，召彦超責之，又遣詣行周謝過，行周意稍解。

是時，漢兵頓魏城下已久，重威守益堅，諸將皆知未可圖，方伺其隙，而彦超獨言可速攻，高祖以爲然，因自督士卒急攻，死傷者萬餘人，由是不敢復言攻。後重威出降，高祖以行周爲天雄軍節度使，行周辭不敢受〔八〕，高祖遣蘇逢吉諭之曰：「吾當爲爾徙彥超。」行周乃受，而彥超徙鎮泰寧〔九〕。

隱帝已殺史弘肇等，又遣人之魏殺周太祖及王峻等，懼事不果，召諸將入衛京師。使者至兗，彥超方食，釋匕箸而就道。周兵犯京師，開封尹侯益謂隱帝曰：「北兵之來，其家屬皆在京師，宜閉門以挫其鋭，遣其妻子登陴以招北兵，可使解甲。」彥超誚益曰：「益老矣！此懦夫之計也。」隱帝乃遣彥超副益，將兵于北郊。周兵至，益夜叛降于周。彥超力戰于七里，隱帝出勞軍，太后使人告彥超善衛帝，彥超大言報曰：「北兵何能爲？當於陣上喝坐使歸營。」又謂隱帝曰：「官家宮中無事，明日可出觀臣戰。」明日，隱帝復出勞軍，彥超戰敗奔兗州，隱帝遇弑于北郊。

周太祖入立，彥超不自安，數有所獻，太祖報以玉帶，又賜詔書安慰之，呼彥超爲弟而不名，又遣翰林學士魚崇諒往慰諭之〔一〇〕，彥超心益疑懼。已而劉旻自立于太原，出兵攻晉絳，太祖遣王峻用兵西方，彥超乘間亦謀反，遣押衙鄭麟至京師求入朝，太祖知其詐，手詔許之。彥超復稱管内多盜而止，又爲高行周所與書以進，其辭皆指斥周過失，若欲共反者。太祖驗其印文僞，以書示行周。彥超又遣人南結李昇，昇爲出兵攻沭陽，爲周兵所敗，而劉旻攻晉絳不克，解去。太祖乃遣侍衛步軍指揮使曹英、客省使向訓討之，彥超閉城自守。

初，彥超之反也，判官崔周度諫曰：「魯，詩書之國也，自伯禽以來未有能霸者，然以禮義守之而長世者多矣。今公英武，一代之豪傑也，若量力相時而動，可以保富貴終身。李河中、安襄陽、鎮陽杜令公，近歲之龜鑑也。」彥超大怒，未有以害之。已而見圍，因大括城中民貲以犒軍，前陝州司馬閻弘魯懼其鞭扑，乃悉家貲以獻。彥超以爲未盡，又欲并罪周度，乃令周度監括弘魯家。周度謂弘魯曰：「公命之死生，繫財之多少，願無隱也。」弘魯遣家僮與周度斸掘搜索無所得。彥超又遣鄭麟持刃迫之，弘魯惶恐拜其妻妾，妻妾皆言無所隱。周度入白彥超，彥超不信，下弘魯及周度于獄。弘魯乳母於泥中得金纏臂獻彥超，欲贖出弘魯，彥超大怒，遣軍校笞弘魯夫婦肉爛而死，遂斬周度于市。

是歲，鎮星犯角亢，占曰：「角亢，鄭分，兗州當焉。」彥超即率軍府將吏，步出西門三十里致祭，迎於開元寺，塑像以事之，日常一至，又使民家立黃幡以禳之。

彥超爲人多智詐而好聚斂，在鎮嘗置庫質錢，有奸民爲僞銀以質者，主吏久之乃覺。彥超陰教主吏夜穴庫垣，盡徙其金帛于佗所而以盜告。彥超即牓于市，使民自占所質以償之，民皆爭以所質物自言。已而得質僞銀者，寘之深室，使教十餘人日夜爲之，皆鐵爲質而包以銀，號「鐵胎銀」。其被圍也，勉其城守者曰：「吾有銀數千鋌，當悉以賜汝。」軍士私相謂曰：「此鐵胎爾，復何用哉！」皆不爲之用。

明年五月，太祖親征，城破，彥超夫妻皆投井死，其子繼勳率其徒五百人出奔被擒，遂滅其族。兗州平，太祖詔贈閻弘魯左驍衛大將軍、崔周度祕書監〔一二〕。

校勘記

〔一〕詣行在見高祖　「在」，宋丙本、宗文本作「宫」。

〔二〕蜀兵至寶鷄　「寶鷄」，原作「保鷄」，據宋丙本、宗文本、宋史卷二五四藥元福傳改。

〔三〕是時侯益來朝思綰以兵從益東歸　按舊五代史卷一〇九趙思綰傳敍其事云：「遣供奉官王益部署思綰等赴闕。」舊五代史卷一〇一隱帝紀上、通鑑卷二八八略同。

〔四〕奪其佩刀斬之　「佩刀」，宗文本、舊五代史卷一〇九趙思綰傳作「佩劍」。

〔五〕程讓能　原作「陳讓能」，據宗文本、舊五代史卷一〇九趙思綰傳、通鑑卷二八八改。

〔六〕劉筠　舊五代史卷一〇九趙思綰傳作「劉成琦」，舊五代史卷一〇二漢隱帝紀中、册府卷一六六作「劉成」。

〔七〕高祖以天平軍節度使高行周爲都部署以討之　「都」字原闕，據宗文本、舊五代史卷一〇〇漢高祖紀下補。

〔八〕行周辭不敢受　「不敢」，宗文本作「不肯」。通鑑卷二八七敍其事云：「高行周以慕容彦超在澶州，固辭鄴都。」

〔九〕而彦超徙鎮泰寧　錢大昕考異卷六四：「案通鑑，高行周以彦超在澶州，固辭鄴都，乃徙彦超爲天平節度使，加同平章事，至乾祐三年三月，乃徙彦超泰寧，而以行周徙天平。」按舊五代史卷一〇〇漢高祖紀下、卷一〇三隱帝紀下，高祖爲高行周徙彦超鄆州，至隱帝時方徙泰寧。

〔一〇〕魚崇諒　原作「魯崇諒」，據宋丙本、宗文本、宋史卷二六九魚崇諒傳、通鑑卷二九〇改。

〔一一〕崔周度祕書監　「祕書監」，舊五代史卷一三〇崔周度傳、册府卷一四〇作「祕書少監」。

新五代史卷五十四

雜傳第四十二

傳曰：「禮義廉恥，國之四維；四維不張，國乃滅亡。」善乎，管生之能言也！禮義，治人之大法；廉恥，立人之大節。蓋不廉，則無所不取；不恥，則無所不爲。人而如此，則禍亂敗亡，亦無所不至，況爲大臣而無所不取，無所不爲〔一〕，則天下其有不亂，國家其有不亡者乎！予讀馮道長樂老敘，見其自述以爲榮，其可謂無廉恥者矣，則天下國家可從而知也。

予於五代得全節之士三，死事之臣十有五，而怪士之被服儒者以學古自名，而享人之禄、任人之國者多矣，然使忠義之節，獨出於武夫戰卒，豈於儒者果無其人哉？豈非高節之士惡時之亂，薄其世而不肯出歟？抑君天下者不足顧，而莫能致之歟？孔子以謂：「十室之邑，必有忠信。」豈虛言也哉！

予嘗得五代時小説一篇，載王凝妻李氏事，以一婦人猶能如此，則知世固嘗有其人而不得見也。凝家青齊之間，爲虢州司户參軍，以疾卒于官。凝家素貧，一子尚幼，李氏攜其子，負其遺骸以歸。東過開封，止旅舍，旅舍主人見其婦人獨攜一子而疑之，不許其宿。李氏顧天已暮，不肯去，主人牽其臂而出之。李氏仰天長慟曰：「我爲婦人，不能守節，而此手爲人執邪？不可以一手并污吾身！」即引斧自斷其臂。路人見者環聚而嗟之，或爲之彈指〔二〕，或爲之泣下。開封尹聞之，白其事于朝，官爲賜藥封瘡，厚卹李氏，而笞其主人者。嗚呼，士不自愛其身而忍恥以偷生者，聞李氏之風，宜少知愧哉！

馮道

馮道，字可道，瀛州景城人也。事劉守光爲參軍，守光敗，去事宦者張承業。承業監河東軍，以爲巡官，以其文學薦之晉王，爲河東節度掌書記。莊宗即位，拜户部侍郎、充翰林學士。

道爲人能自刻苦爲儉約。當晉與梁夾河而軍，道居軍中，爲一茅庵，不設牀席，臥一束芻而已。所得俸禄，與僕廝同器飲食，意恬如也。諸將有掠得人之美女者以遺道，道不能却，寘之别室，訪其主而還之。其解學士居父喪于景城，遇歲飢，悉出所有以賙鄉里，而退耕于野，躬自負薪。有荒其田不耕者，與力不能耕者，道夜往，潛爲之耕。其人後來媿謝，道殊不以爲德。服除，復召爲翰林學士。行至汴州，遇趙在禮亂，明宗自魏擁兵還，犯京師。孔循勸道少留以待，道曰：「吾奉詔赴闕，豈可自留！」乃疾趨至京師。

莊宗遇弑，明宗即位，雅知道所爲，問安重誨曰：「先帝時馮道何在？」重誨曰：「爲學士也。」明宗曰：「吾素知之，此真吾宰相也。」拜道端明殿學士，遷兵部侍郎。歲餘，拜中書侍郎、同中書門下平章事。

天成、長興之間，歲屢豐熟，中國無事。道嘗戒明宗曰：「臣爲河東掌書記時，奉使中山，過井陘之險，懼馬蹶失，不敢怠於銜轡，及至平地，謂無足慮，遽跌而傷。凡蹈危者慮深而獲全，居安者患生於所忽，此人情之常也。」明宗問曰：「天下雖豐，百姓濟否？」道曰：「穀貴餓農，穀賤傷農。」因誦文士聶夷中田家詩，其言近而易曉。明宗顧左右録其詩，常以自誦。水運軍將於臨河縣得一玉杯，有文曰「傳國寶萬歲杯」，明宗甚愛之，以示道，道曰：「此前世有形之寶爾，王者固有無形之寶也。」明宗問之，道曰：「仁義者，帝王之寶也。故曰：『大寶曰位，何以守位曰仁。』」明宗武君，不曉其言，道已去，召侍臣講説其義，嘉納之。

道相明宗十餘年〔三〕，明宗崩，相愍帝。潞王反於鳳翔，愍帝出奔衞州，道率百官迎潞王入，是爲廢帝，遂相之。廢帝即位，時愍帝猶在衞州〔四〕，後三日，愍帝始遇弒崩。已而廢帝出道爲同州節度使，踰年，拜司空。晉滅唐，道又事晉，晉高祖拜道守司空、同中書門下平章事，加司徒，兼侍中，封魯國公。高祖崩，道相出帝，加太尉，封燕國公，罷爲匡國軍節度使，徙鎮威勝。契丹滅晉，道又事契丹，朝耶律德光於京師。德光責道事晉無狀，道不能對。又問曰：「何以來朝？」對曰：「無城無兵，安敢不來。」德光誚之曰：「爾是何等老子？」對曰：「無才無德癡頑老子。」德光喜，以道爲太傅。德光北歸，從至常山。漢高祖立，乃歸漢，以太師奉朝請。周滅漢，道又事周，周太祖拜道太師、兼中書令。

道少能矯行以取稱於世，及爲大臣，尤務持重以鎮物，事四姓十君，益以舊德自處。然當世之士無賢愚皆仰道爲元老，而喜爲之稱譽。

耶律德光嘗問道曰：「天下百姓如何救得？」道爲俳語以對曰：「此時佛出救不得，惟皇帝救得。」人皆以謂契丹不夷滅中國之人者，賴道一言之善也。周兵反，犯京師，隱帝已崩，太祖謂漢大臣必行推戴，及見道，道殊無意。太祖素拜道，因不得已拜之，道受之如平時，太祖意少沮，知漢未可代，遂陽立湘陰公贇爲漢嗣，遣道迎贇于徐州。贇未至，太祖將兵北至澶州，擁兵而反，遂代漢。議者謂道能沮太祖之謀而緩之，終不以晉、漢之亡責道也。然道視喪君亡國亦未嘗以屑意。

當是時，天下大亂，戎夷交侵，生民之命，急於倒懸，道方自號「長樂老」，著書數百言，陳己更事四姓及契丹所得階勳官爵以爲榮。自謂：「孝於家，忠於國，爲子、爲弟、爲人臣、爲司長〔五〕、爲夫、爲父，有子、有孫。時開一卷，時飲一杯，食味、别聲、被色，老安於當代，老而自樂，何樂如之！」蓋其自述如此。

道前事九君，未嘗諫諍。世宗初即位，劉旻攻上黨，世宗曰：「劉旻少我，謂我新立而國有大喪，必不能出兵以戰。且善用兵者出其不意，吾當自將擊之。」道乃切諫，以爲不可。世宗曰：「吾見唐太宗平定天下，敵無大小皆親征。」道曰：「陛下未可比唐太宗。」世宗曰：「劉旻烏合之衆，若遇我師，如山壓卵。」道曰：「陛下作得山定否？」世宗怒，起去，卒自將擊旻，果敗旻于高平。世宗取淮南，定三關，威武之振自高平始。其擊旻也，鄙道不以從行，以爲太祖山陵使。葬畢而道卒，年七十三，謚曰文懿，追封瀛王。

道既卒，時人皆共稱歎，以謂與孔子同壽，其喜爲之稱譽蓋如此。道有子吉。

李琪 兄珽

李琪，字台秀，河西燉煌人也。

其兄珽，唐末舉進士及第，爲監察御史。丁内艱〔六〕，貧無以葬，乞食而後葬。珽飢臥廬中，聞者哀憐之。服除，還拜御史，荆南成汭辟掌書記。吴兵圍杜洪，梁太祖遣汭與馬殷等救洪。汭以大舟載兵數萬，珽爲汭謀曰：「今一舟容甲士千人，糗糧倍之，緩急不可動，若爲敵人縻之，則武陵、武安必爲公之後患。不若以勁兵屯巴陵，壁不與戰，吴兵糧盡，則圍解矣。」汭不聽，果敗，溺死。趙匡凝鎮襄陽，又辟掌書記。太祖破匡凝，得珽，喜曰：「此真書記也。」太祖即位，除考功員外郎、知制誥。珽度太祖不欲先用故吏，固辭不拜，出知曹州。曹州素劇難理，前刺史十餘輩，皆坐事廢〔七〕，珽至，以治聞。遷兵部郎中、崇政院直學士。許州馮行襲病，行襲有牙兵二千，皆故蔡卒，太祖懼爲變。行襲爲人嚴酷，從事魏峻切諫，行襲怒，誣以贓下獄，欲誅之。乃遣珽代行襲爲留後。珽至許州，止傳舍，慰其將吏，行襲病甚，欲使人代受詔，珽曰：「東首加朝服，禮也。」乃即臥内見行襲，道太祖語，行襲感泣，解印以授珽。珽乃理峻冤，立出之，還報太祖，太祖喜曰：「珽果辦吾事。」會歲飢，盜劫汴宋間，曹州尤甚，太祖復遣珽治之。珽至索賊，得大校張彦珂、珽甥李郊等，及牙兵百餘人，悉誅之。召拜左諫議大夫。太祖幸河北，至内黄，顧珽曰：「何謂内黄？」珽曰：「河南有外黄、下黄〔八〕，故此名内黄。」太祖曰：「外黄、下黄何在？」珽曰：

「秦有外黃都尉，今在雍丘；下黃爲北齊所廢，今在陳留。」太祖平生不愛儒者，聞珽語大喜。友珪立，除右散騎常侍、侍講。袁象先討賊，珽爲亂兵所殺。

琪少舉進士、博學宏辭，累遷殿中侍御史，與其兄珽皆以文章知名。唐亡，事梁太祖爲翰林學士。梁兵征伐四方，所下詔書，皆琪所爲，下筆輒得太祖意。末帝時，爲御史中丞、尚書左丞，拜同中書門下平章事。與蕭頃同爲宰相，頃性畏慎周密，琪倜儻負氣，不拘小節，二人多所異同。琪内結趙巖、張漢傑等爲助，以故頃言多沮。頃嘗掎摭其過。琪所私吏當得試官，琪改試爲守，爲頃所發，末帝大怒，欲竄逐之，而巖等救解，乃得罷爲太子少保。

唐莊宗滅梁，得琪，欲以爲相，而梁之舊臣多嫉忌之，乃以爲太常卿。遷吏部尚書。同光三年秋，天下大水，京師乏食尤甚，莊宗以朱書御札詔百僚上封事。琪上書數千言，其説漫然無足取，而莊宗獨稱重之，遂以爲國計使。方欲以爲相，而莊宗崩。

明宗入洛陽，羣臣勸進，有司具儀，用柩前即位故事。霍彦威、孔循等請改國號，絶土德。明宗武君，不曉其説，問何謂改號，對曰：「莊宗受唐錫姓爲宗屬，繼昭宗以立，而號國曰唐。今唐天命已絶，宜改號以自新。」明宗疑之，下其事羣臣，羣臣依違不決。琪議曰：「殿下宗室之賢，立功三世，今興兵向闕，以赴難爲名，而欲更易統號，使先帝便爲路人，則煢然梓宮，何所依往！」明宗以爲然，乃發喪成服，而後即位。以琪爲御史中丞〔九〕。

自唐末喪亂，朝廷之禮壞，天子未嘗視朝，而入閤之制亦廢。常參之官日至正衙者，傳聞不坐即退，獨大臣奏事，日一見便殿，而侍從内諸司，日再朝而已。明宗初即位，乃詔羣臣五日一隨宰相入見内殿，謂之起居。琪以謂非唐故事，請罷五日起居，而復朔望入閤。明宗曰：「五日起居，吾思所以數見羣臣也，不可罷，而朔望入閤可復。」然唐故事，天子日御殿見羣臣，曰常參；朔望薦食諸陵寢，有思慕之心，不能臨前殿，則御便殿見羣臣，曰入閤。宣政，前殿也，謂之衙，衙有仗；紫宸，便殿也，謂之閤。其不御前殿而御紫宸也，乃自正衙喚仗，由閤門而入，百官俟朝于衙者，因隨以入見，故謂之入閤。然衙，朝也，其禮尊；閤，宴見也，其事殺。自乾符已後，因亂禮闕，天子不能日見羣臣而見朔望，故正衙常日廢仗，而朔望入閤有仗，其後習見，遂以入閤爲重。至出御前殿，猶謂之入閤，其後亦廢，至是而復。然有司不能講正其事。凡羣臣五日一入見中興殿，便殿也，此入閤之遺制，而謂之起居；朔望一出御文明殿，前殿也，反謂之入閤，琪皆不能正也。琪又建言：「入閤有待制、次對官論事，而内殿起居，一見而退，欲有言者，無由自陳，非所以數見羣臣之意也。」明宗乃詔起居日有言事者，許出行自陳，又詔百官以次轉對。

是時，樞密使安重誨專權用事，重誨前騶過御史臺門，殿直馬延誤衝之，重誨即臺門斬延而後奏。琪爲中丞，畏重誨不敢彈糾，又懼諫官論列，乃託宰相任圜先白重誨而後糾，然猶依違不敢正言其事。豆盧革等罷相，任圜議欲以琪爲相，而孔循、鄭珏沮之，乃止。遷尚書右僕射。琪以狀申中書，言開元禮「僕射上事日，中書、門下率百官送上」。中書下太常，禮院言無送上之文，而琪已落新授，復舉上儀，皆不可。

明宗討王都，已破定州，自汴還洛，琪當率百官至上東門，而請至偃師奉迎。其奏章言「敗契丹之兇黨，破真定之逆城」，坐誤以定州爲真定，罰俸一月。霍彥威卒，詔琪撰神道碑文。彥威故梁將，而琪故梁相也，敍彥威在梁事不曰僞，爲馮道所駁。

琪爲人重然諾，喜稱人善。少以文章知名，亦以此自負，既貴，乃刻牙版爲金字曰「前鄉貢進士李琪」，常置之坐側。爲人少持重，不知進退，故數爲當時所沮。以太子少傅致仕，卒，年六十。

鄭珏

鄭珏，唐宰相綮之諸孫也。其父徽，爲河南尹張全義判官。珏少依全義，居河南，舉進士數不中，全義以珏屬有司，乃得及第。昭宗時，爲監察御史。梁太祖即位，拜左補闕。梁諸大臣以全義故數薦之，累拜中書舍人、翰林學士奉旨。末帝時，拜中書侍郎、同中書門下平章事。

唐莊宗自鄆州入汴，末帝聞唐兵且至，惶恐不知所爲，與李振、敬翔等相持慟哭，因召珏問計安出，珏曰：「臣有一策，不知陛下能行否？」末帝問其策如何，珏曰：「願得陛下傳國寶馳入唐軍〔一〇〕，以緩其行，而待救兵之至。」帝曰：「事急矣，寶固不足惜，顧卿之行，能了事否？」珏俛首徐思，曰：「但恐不易了。」於是左右皆大笑。

莊宗入汴，珏率百官迎謁道左。貶萊州司户參軍，量移曹州司馬。張全義爲言於郭崇韜，復召爲太子賓客。明宗即位，欲用任圜爲相，而安重誨以圜新進，不欲獨相之，以問樞密使孔循。循嘗事梁，與珏善，因言珏故梁相，性謹慎而長者，乃拜珏平章事。

明宗幸汴州，六軍家屬自洛還汴，而明宗又欲幸鄴都，軍士愁怨，大臣頗以爲言。明宗不省，上下洶洶，轉相動摇，獨珏稱贊，以爲當行。趙鳳極言於安重誨，重誨驚懼，入見明宗切諫，乃詔罷其行。而珏又稱贊之，以爲宜罷。

珏在相位既碌碌無所爲，又病聾，孔循罷樞密使，珏不自安，亟以疾求去職。明宗數留之，珏章四上，乃拜左僕射致仕，賜鄭州莊一區。卒，贈司空。

李愚

李愚，字子晦，渤海無棣人也。愚爲人謹重寡言，好學，爲古文。滄州節度使盧彦威以愚爲安陵主簿，丁母憂解去。後遊關中，劉季述幽昭宗於東内，愚以書説韓建，使圖興復，其言甚壯。建不能用，乃去之洛陽。舉進士、宏詞，爲河南府參軍。白馬之禍，愚復去之山東，與李延光相善。延光以經術事梁末帝爲侍講，數稱薦愚，愚由此得召。久之，拜左拾遺、崇政院直學士。

衡王友諒，末帝兄也，梁大臣李振等皆拜之，獨愚長揖，末帝以責愚曰：「衡王朕拜之，卿獨揖，可乎？」愚曰：「陛下以家人禮見之，則拜宜也。臣於王無所私，豈宜妄有所屈？」坐言事忤旨，罷爲鄧州觀察判官。

唐莊宗滅梁，愚朝京師，唐諸公卿素聞愚學古，重之，拜主客郎中、翰林學士。魏王繼岌伐蜀，辟愚都統判官。蜀道阻險，議者以謂宜緩師待變而進，招討使郭崇韜以決於愚，愚曰：「王衍荒怠，亂國之政，其人厭之。乘其倉卒，擊其無備，其利在速，不可緩也。」崇韜以爲然，而所至迎降，遂以滅蜀。初，軍行至寶鷄，招討判官陳乂稱疾請留，愚厲聲曰：

「陳乂見利則進，知難則止。今大軍涉險，人心易摇，正可斬之以徇。」由是軍中無敢言留者。

明宗即位，累遷兵部侍郎、承旨。明宗祀天南郊，愚爲宰相馮道、趙鳳草加恩制，道鄙其辭，罷爲太常卿。任圜罷相，乃拜愚中書侍郎、同平章事〔一〕。愚爲相，不治第宅，借延賓館以居。愚有疾，明宗遣宦官視之，見其敗氈敝席，四壁蕭然，明宗嗟嘆，命以供帳物賜之。

潞王反，兵犯京師〔二〕，愍帝夜出奔。明日，愚與馮道至端門，聞帝已出，而朱弘昭、馮贇皆已死，愚欲至中書候太后進止，道曰：「潞王已處處張牓招安，今即至矣，何可俟太后旨也〔三〕？」乃相與出迎。廢帝入立，罷道出鎮同州，以劉昫爲相〔四〕。昫性褊急，而愚素剛介，動輒違戾。昫與馮道姻家，愚數以此誚昫，兩人遂相諠詬，乃俱罷。愚守左僕射。

是時，兵革方興，天下多事，而愚爲相，欲依古以創理，乃請頒唐六典示百司，使各舉其職，州縣貢士，作鄉飲酒禮，時以其迂闊不用。愍帝即位，有意於治，數召學士，問以時事，而以愚爲迂，未嘗有所問。廢帝亦謂愚等無所事，常目宰相曰：「此粥飯僧爾！」以謂飽食終日，而無所用心也。清泰二年，以疾卒。

盧導

盧導，字熙化，范陽人也。唐末舉進士，爲監察御史。唐亡事梁，累遷左司郎中〔一五〕、侍御史知雜事，以病免。

唐明宗時，召拜右諫議大夫，遷中書舍人。潞王從珂自鳳翔以兵犯京師，愍帝出奔于衞州。宰相馮道、李愚集百官于天宮寺，將出迎潞王于郊，京師大恐，都人藏竄，百官久而不集，惟導與舍人張昭先至。馮道請導草牋勸進，導曰：「潞王入朝，郊迎可也，若勸進之事，豈可輕議哉！」道曰：「勸進其可已乎？」導曰：「今天子蒙塵于外，遽以大位勸人，若潞王守節不回，以忠義見責，其將何辭以對？且上與潞王，皆太后子也，不如率百官詣宮門，取太后進止。」語未及終〔一六〕，有報曰：「潞王至矣。」京城巡檢使安從進催百官班迎，百官紛然而去。潞王止于正陽門外〔一七〕，道又促導草牋，導對如初。李愚曰：「吾輩罪人，盧舍人言是也。」導終不草牋。

導後事晉爲吏部侍郎。天福六年卒，年七十六。

司空頲

司空頲，貝州清陽人也。唐僖宗時，舉進士不中，後去爲羅紹威掌書記。紹威卒，入梁爲太府少卿。楊師厚鎮天雄，頲解官往依之。師厚卒，賀德倫代之。張彦之亂，命判官王正言草奏詆斥梁君臣，正言素不能文辭，又爲兵刃所迫，流汗浹背，不能下筆。彦怒，推正言下榻，詬曰：「鈍漢辱我！」顧書吏問誰可草奏者，吏即言頲羅王時書記，乃馳騎召之。頲爲亂兵劫其衣，以敝服蔽形而至，見彦長揖，神氣自若，揮筆成文，而言甚淺鄙，彦以其易曉，甚喜，即給以衣服僕馬，遂以爲德倫判官。

德倫以魏博降晉，晉王兼領天雄，仍以頲爲判官。梁、晉相距河上，常以頲權軍府事。頲爲郭崇韜所惡，崇韜數言其受賂。都虞候張裕多過失，頲屢以法繩之。頲有姪在梁，遣家奴召之，裕擒其家奴，以謂通書于梁。莊宗族殺之。

校勘記

〔一〕無所不爲　「無所」二字原闕，據宗文本補。

〔二〕或爲之彈指　「之」字原闕，據宗文本、記纂淵海卷一九一引五代史雜傳補。

〔三〕道相明宗十餘年　錢大昕考異卷六四：「案明宗在位纔八年，道以天成二年拜相，相明宗止七年耳，而傳云十餘年，非其實矣。」

〔四〕時愍帝猶在衞州　「時」字原闕，據宗文本補。

〔五〕爲司長　「司長」，册府（宋本）卷七七〇同，舊五代史卷一二六馮道傳、册府（明本）卷七七〇作「師長」。

〔六〕丁内艱　「内艱」，原作「内難」，據北監本、舊五代史卷二四李珽傳改。

〔七〕皆坐事廢　「事」字原闕，據宗文本補。

〔八〕下黄　册府卷七八〇、舊五代史卷二四李珽傳作「小黄」。按舊唐書卷三八地理志一，汴州有「小黄」。

〔九〕以琪爲御史中丞　「御史中丞」，舊五代史卷三六唐明宗紀二、卷五八李琪傳作「御史大夫」。按吴蘭庭纂誤補卷四：「考薛史職官志，唐天成元年六月，以李琪爲御史大夫，自後不復除。五代會要同。此恐誤。」

〔一〇〕願得陛下傳國寶馳入唐軍　「願得陛下傳國寶」，原作「願陛下以傳國寶」，據宗文本改。册府卷三三九敍其事作「願得陛下傳國寶，臣懷之以入晉軍」。

〔一一〕任圜罷相乃拜愚中書侍郎同平章事　據本書卷六唐本紀、舊五代史卷六七李愚傳，長興二年三月，趙鳳罷相，李愚爲中書侍郎、平章事，而任圜罷相在天成二年六月，距李愚入相尚有五年。吴縝纂誤卷下疑「史之所書，本謂趙鳳而誤爲任圜也」。

〔一二〕兵犯京師　「兵」字原闕，據宗文本補。

〔一三〕何可俟太后旨也　「可」，宋丙本、宗文本作「暇」。

〔一四〕罷道出鎮同州以劉昫爲相　據本書卷六唐本紀、舊五代史卷四四唐明宗紀十，劉昫於長興四年正月已入相。又據本書卷七唐本紀、舊五代史卷四六唐末帝紀上，馮道於清泰元年五月罷爲同州節度使。吴縝纂誤卷下謂馮道與「劉昫同列久矣……今愚傳謂廢帝罷道出鎮，而以昫爲相，則誤也」。

〔一五〕累遷左司郎中　「左」，舊五代史卷九二盧導傳、册府卷五〇二、卷九〇六作「右」。

〔一六〕語未及終　「及」字原闕，據宋丙本、宗文本補。

〔一七〕正陽門　舊五代史卷九二盧導傳、册府卷五五一、通鑑卷二七九作「上陽門」。通鑑胡注：「上陽門，上陽宫門也。」

新五代史卷五十五

雜傳第四十三

劉昫

劉昫，涿州歸義人也。昫爲人美風儀，與其兄暄〔一〕、弟晫〔二〕，皆以好學知名燕薊之間。後爲定州王處直觀察推官。處直爲其子都所囚〔三〕，昫兄暄亦爲怨家所殺，昫乃避之滄州。

唐莊宗即位，拜昫太常博士，以爲翰林學士。明宗時，累遷兵部侍郎居職。明宗素重昫而愛其風韻，遷端明殿學士。長興三年〔四〕，拜中書侍郎兼刑部尚書、同中書門下平章事。昫詣中興殿門謝，是日大祠不坐，昫入謝端明殿。昫自端明殿學士拜相，當時以此爲榮。廢帝入立，遷吏部尚書、門下侍郎，監修國史。

初，廢帝入，問三司使王玫：「帑廩之數幾何？」玫言：「其數百萬。」及責以賞軍而無十一，廢帝大怒，罷玫，命昫兼判三司。昫性察，而嫉三司蠹敝尤甚，乃句計文簿，覈其虛實，殘租積負，悉蠲除之。往時吏幸積年之負蓋而不發，因以把持州縣求賄賂，及昫一切蠲除，民間歡然以爲德，而三司吏皆沮怨。

先是，馮道與昫爲姻家而同爲相，道罷，李愚代之〔五〕。愚素惡道爲人，凡事有稽失者，必指以誚昫曰：「此公親家翁所爲也！」昫性少容恕，而愚特剛介，遂相詆訴。相府史吏惡此兩人剛直，因共揚言，其事聞，廢帝並罷之，以昫爲右僕射。是時，三司諸吏提印聚立月華門外〔六〕，聞宣麻罷昫相，皆歡呼相賀曰：「自此我曹快活矣！」

昫在相位，不習典故。初，明宗崩，太常卿崔居儉以故事當爲禮儀使，居儉辭以祖諱蠡。馮道改居儉祕書監，居儉怏怏失職。中書舍人李詳爲居儉誥詞，有「聞名心懼」之語，昫輒易曰「有恥且格」。居儉訴曰：「名諱有令式，予何罪也？」當時聞者皆傳以爲笑。及爲僕射，入朝遇雨，移班廊下，御史臺吏引僕射立中丞御史下，昫詰吏以故事，自宰相至臺省皆不能知。是時，馮道罷相爲司空。自隋唐以來，三公無職事，不特置，及道爲司空，問有司班次，亦皆不能知，由是不入朝堂，俟臺官、兩省入而後入，宰相出則隨而出。至昫爲僕射，自以由宰相罷與道同，乃隨道出入，有司不能彈正，而議者多竊笑之。

晉高祖時，張從賓反，殺皇子重乂於洛陽，乃以昫爲東都留守、判鹽鐵。開運中，拜司空、同中書門下平章事，復判三司。契丹犯京師，昫以目疾罷爲太保。是歲卒，年六十。

盧文紀

盧文紀，字子持。其祖簡求，爲唐太原節度使。父嗣業，官至右補闕。文紀舉進士，事梁爲刑部侍郎、集賢殿學士。唐明宗時，爲御史中丞。初上事，百官臺參，吏白諸道進奏官賀，文紀問：「當如何？」吏對曰：「朝廷在長安時，進奏官見大夫、中丞如胥史。自唐衰，天子微弱，諸侯彊盛，貢奉不至，朝廷姑息方鎮，假借邸吏，大夫、中丞上事，進奏官至客次通名，勞以茶酒而不相見，相傳以爲故事。」文紀曰：「吾雖德薄，敢隳舊制？」因遣吏諭之。進奏官奮臂諠然欲去，不得已入見，文紀據牀端笏，臺吏通名贊拜，既出，恚怒不自勝，訴於樞密使安重誨。重誨曰：「吾不知故事，可上訴于朝。」即相率詣閤門求見以狀訴。明宗問宰相趙鳳：「進奏吏比外何官？」鳳曰：「州縣發遞知後之流也。」明宗怒曰：「乃吏卒爾，安得慢吾法官！」皆杖而遣之。文紀又請悉復中外官校考法，將相天子自書之，詔雖施行，而官卒不考。歲餘，遷工部尚書。

文紀素與宰相崔協有隙，協除工部郎中于鄴，文紀以鄴與其父名同音，大怒，鄴赴省參上，文紀不見之，因請連假。已而鄴奉使未行，文紀即出視事，鄴因醉忿自經死，文紀坐貶石州司馬。

久之，爲祕書監、太常卿。奉使于蜀，過鳳翔，時廢帝爲鳳翔節度使，文紀爲人形貌魁偉，語音琅然，廢帝奇之。後廢帝入立，欲擇宰相，問於左右，左右皆言文紀及姚顗有人望。廢帝因悉書清望官姓名内琉璃瓶中，夜焚香呪天，以筯挾之，首得文紀，欣然相之，乃拜中書侍郎、同中書門下平章事。

是時，天下多事，廢帝數以責文紀。文紀因請罷五日起居，復唐故事，開延英，冀得從容奏議天下事。廢帝以謂五日起居，明宗所以見羣臣也，不可罷，而便殿論事，可以從容，何必延英。因詔宰相有事，不以時詣閤門請對。

晉高祖起太原，廢帝北征，過拜徽陵，休仗舍，顧文紀曰：「吾自鳳翔識卿，不以常人爲待，自卿爲相，詢于輿議，皆云可致太平，今日使吾至此，卿宜如何？」文紀皇恐謝罪。廢帝至河陽，文紀勸帝扼橋自守，不聽。晉高祖入立，罷爲吏部尚書。累遷太子太師，致仕。

周太祖入立，即拜司空于家。卒，年七十六，贈司徒。

馬胤孫

馬胤孫，字慶先，棣州商河人也。爲人懦暗，少好學，學韓愈爲文章。舉進士，爲唐潞王從珂河中觀察支使。從珂爲楊彦温所逐，罷居于京師里第，胤孫從而不去。從珂爲京兆尹，徙鎮鳳翔，胤孫常從之，以爲觀察判官。潞王將舉兵反，與將吏韓昭胤等謀議已定，召胤孫告之曰：「受命移鎮，路出京師，何向爲便？」胤孫曰：「君命召，不俟駕。今大王爲國宗屬，而先帝新棄天下，臨喪赴鎮，臣子之忠也。」左右皆笑其愚，然從珂心獨重之。廢帝入立，以爲户部郎中、翰林學士。久之，拜中書侍郎、同中書門下平章事。

胤孫不通世務，故事多壅塞。是時，馮道罷匡國軍節度使，拜司空。司空自唐已來無特拜者，有司不知故事，朝廷議者紛然，或曰司空三公，宰相職也，當參與大政，而宰相盧文紀獨以謂司空之職，祭祀掃除而已。胤孫皆不能決。時劉昫亦罷相爲僕射，右散騎常侍孔昭序建言：「常侍班當在僕射前。」胤孫責御史臺檢例，臺言：「故事無所見，據今南北班位，常侍在前。」胤孫即判臺狀施行，劉昫大怒。崔居儉揚言于朝曰：「孔昭序解語，是朝廷無解語人也！且僕射師長百寮，中丞、大夫就班脩敬，而常侍在南宫六卿之下，況僕射乎？昭序癡兒，豈識事體？」朝士聞居儉言，流議稍息。胤孫臨事多不能決，當時號爲「三不開」，謂其不開口以論議，不開印以行事，不開門以延士大夫也。

晉兵起太原，廢帝幸河陽，是時勢已危迫，胤孫自洛來朝行在，人皆冀其有所建言，胤孫獻綾三百匹而已。晉高祖入立，罷歸田里。

胤孫既學韓愈爲文，故多斥浮屠氏之説，及罷歸，乃反學佛，撰法喜集、佛國記行于世。時人誚之曰：「佞清泰不徹，乃來佞佛。」清泰，廢帝年號也。人有戲胤孫曰：「公素慕韓愈爲人，而常誦傅奕之論，今反佞佛，是佛佞公邪，公佞佛邪？」胤孫答曰：「豈知非佛佞我也？」時人傳以爲笑。

後以太子賓客分司居于洛陽，周廣順中卒。胤孫卒後，其家婢有爲胤孫語者。初，崔協爲明宗相，在位無所發明，既死，而有降語其家，胤孫又然。時人嘲之曰：「生不能言，死而後語」云。

姚顗

姚顗，字百真〔七〕，京兆長安人也。少慤，不修容止，時人莫之知，中條山處士司空圖一見以爲奇，以其女妻之。舉進士，事梁爲翰林學士、中書舍人。唐莊宗滅梁，貶復州司馬，已而以爲左散騎常侍、兵吏部侍郎〔八〕、尚書左丞。廢帝欲擇宰相，選當時清望官知名於世者，得盧文紀及頵，乃拜頵中書侍郎、同中書門下平章事。

頵爲人仁恕，不知錢陌銖兩之數，御家無法，在相位齪齪無所爲。唐制，吏部分爲三銓，尚書一人曰尚書銓，侍郎二人曰中銓、東銓，每歲集以孟冬三旬，而選盡季春之月。天成中，馮道爲相，建言：「天下未一，選人歲纔數百，而吏部三銓分注，雖曰故事，其實徒繁而無益。」始詔三銓合爲一，而尚書、侍郎共行選事。至頵與盧文紀爲相，復奏分銓爲三。而循資、長定舊格，歲久多舛，因增損之。選人多不便之，往往邀遮宰相，喧訴不遜，頵等無如之何，廢帝爲下詔書禁止。

晉高祖立，罷頵爲户部尚書。卒，年七十五。卒之日家無餘貲，尸不能斂，官爲賵贈乃能斂，聞者哀憐之。

劉岳

劉岳，字昭輔，洛陽人也。唐民部尚書政會之八代孫，崇龜、崇望其諸父也。岳名家子，好學，敏於文辭，善談論。舉進士，事梁爲左拾遺、侍御史。末帝時，爲翰林學士，累官至兵部侍郎。

梁亡，貶均州司馬〔九〕，復用爲太子詹事。唐明宗時，爲吏部侍郎。故事，吏部文武官告身，皆輸朱膠紙軸錢然後給，其品高者則賜之，貧者不能輸錢，往往但得敕牒而無告身。五代之亂，因以爲常，官卑者無復給告身，中書但録其制辭，編爲敕甲。岳建言，以謂「制辭或任其材能，或褒其功行，或申以訓誡，而受官者既不給告身，皆不知受命之所以然，非王言所以告詔也〔一〇〕。請一切賜之」。由是百官皆賜告身，自岳始也。

宰相馮道世本田家，狀貌質野，朝士多笑其陋。道旦入朝，兵部侍郎任贊與岳在其後〔一一〕，道行數反顧，贊問岳：「道反顧何爲？」岳曰：「遺下兔園册爾。」兔園册者，鄉校俚儒教田夫牧子之所誦也，故岳舉以誚道。道聞之大怒，徙岳祕書監。其後李愚爲相，遷岳太常卿。

初，鄭餘慶嘗採唐士庶吉凶書疏之式，雜以當時家人之禮，爲書儀兩卷。明宗見其有起復、冥昏之制，歎曰：「儒者所以隆孝悌而敦風俗，且無金革之事，起復可乎？婚，吉禮也，用於死者可乎？」乃詔岳選文學通知古今之士，共删定之。岳與太常博士段顒、田敏等增損其書，而其事出鄙俚，皆當時家人女子傳習所見，往往轉失其本，然猶時有禮之遺制。其後亡失，愈不可究其本末，其婚禮親迎，有女坐婿鞍合髻之説，尤爲不經，公卿之家，頗遵用之。至其久也，又益訛謬可笑，其類甚多。

岳卒于官，年五十六，贈吏部尚書。子温叟。

嗚呼，甚矣，人之好爲禮也！在上者不以禮示之，使人不見其本，而傳其習俗之失者，尚拳拳而行之。五代干戈之亂，不暇於禮久矣。明宗武君，出於夷狄，而不通文字，乃能有意使民知禮。而岳等皆當時儒者，卒無所發明，但因其書增損而已。然其後世士庶吉凶，皆取岳書以爲法，而十又轉失其三四也，可勝歎哉！

馬縞

馬縞，不知其世家，少舉明經，又舉宏詞。事梁爲太常少卿，以知禮見稱于世。唐莊宗時，累遷中書舍人、刑部侍郎、權判太常卿。明宗入立，繼唐太祖、莊宗而不立親廟。縞言：「漢諸侯王入繼統者，必別立親廟，光武皇帝立四親廟于南陽〔一二〕，請如漢故事，立廟以申孝享。」明宗下其議，禮部尚書蕭頃等請如縞議〔一三〕。宰相鄭珏等議引漢桓靈爲比，以謂桓帝尊其祖解瀆亭侯淑爲孝元皇、父萇爲孝仁皇〔一四〕，請下有司定謚四代祖考爲皇，置園陵如漢故事。事下太常，博士王丕議漢桓帝尊祖爲孝穆皇帝、父爲孝崇皇帝。縞以謂孝穆、孝崇有「皇」而無「帝」，惟吴孫皓尊其父和爲文皇帝，不可以爲法。右僕射李琪等議與縞同。明宗詔曰：「五帝不相襲禮，三王不相沿樂。惟皇與帝，異世殊稱，爰自嬴秦，已兼厥號。朕居九五之位，爲億兆之尊，奈何總二名於眇躬，惜一字於先世。」乃命宰臣集百官於中書，各陳所見。李琪等請尊祖禰爲皇帝、曾高爲皇。宰相鄭珏合羣議奏曰：「禮非天降而本人情，可止可行，有損有益。今議者引古，以漢爲據，漢之所制，夫復何依？開元時，尊臯陶爲德明皇帝，涼武昭王爲興聖皇帝，皆立廟京師，此唐家故事也。臣請四代祖考皆加『帝』如詔旨，而立廟京師。」詔可其加「帝」，而立廟應州。

劉岳脩書儀，其所增損，皆決於縞。縞又言：「縗麻喪紀，所以別親疏，辨嫌疑。禮，叔嫂無服，推而遠之也。唐太宗時，有司議爲兄之妻服小功五月，今有司給假爲大功九月，非是。」廢帝下其議，太常博士段顒議「嫂服給假以大功者，令文也。今與禮異者非一，而喪服之不同者五。禮，姨、舅皆服小功，今皆大功〔一五〕；妻父母、壻、外甥皆服緦，今皆小功。禮、令之不可同如此」。右贊善大夫趙咸又議曰〔一六〕：「喪，與其易也，寧戚。儀禮五服，或以名加，或因尊制，推恩引義，各有所當。據禮爲兄之子妻服大功，今爲兄之子母服小功，是輕重失其倫也。以名則兄子之妻疏，因尊則嫂非卑，嫂服大功，其來已久。令，國之典，不可減也〔一七〕。」司封郎中曹琛請下其議，并以禮、令之違者定議。詔尚書省集百官議。左僕射劉昫等議曰：「令於喪服無正文，而嫂服給大功假，乃假寧附令，而敕無年月，請凡喪服皆以開元禮爲定，下太常具五服制度，附于令。」令有五服，自縞始也。

縞，明宗時嘗坐覆獄不當，貶綏州司馬。復爲太子賓客，遷户部、兵部侍郎。盧文紀作相，以其迂儒鄙之，改國子祭酒。卒，年八十，贈兵部尚書。

崔居儉

崔居儉，清河人也。祖蠡、父蕘皆爲唐名臣〔一八〕。居儉美文辭，風骨清秀，少舉進士。梁貞明中，爲中書舍人、翰林學士、御史中丞。唐莊宗時，爲刑部侍郎、太常卿。

崔氏自後魏、隋、唐與盧、鄭皆爲甲族，吉凶之事，各著家禮。至其後世子孫，專以門望自高，爲世所嫉。明宗崩，居儉以故事爲禮儀使，居儉以祖諱蠡，辭不受，宰相馮道即徙居儉爲祕書監。居儉歷兵吏部侍郎、尚書左丞、户部尚書。晉天福四年卒，年七十，贈右僕射。

居儉拙於爲生，居顯官，衣常乏，死之日貧不能葬，聞者哀之。

崔棁

崔棁，字子文，深州安平人也。父涿，唐末爲刑部郎中。棁少好學，頗涉經史，工於文辭。遭世亂，寓居于滑臺，不遊里巷者十餘年，人罕識其面。梁貞明三年，舉進士甲科，開封尹王瓚辟掌奏記。

棁性至孝，其父涿病，不肯服藥，曰：「死生有命，何用藥爲？」棁屢進醫藥，不納。每賓客問疾者，棁輒迎拜門外，泣涕而告之，涿終不服藥而卒。棁居喪哀毁，服除，唐明宗以爲監察御史，不拜，踰年再命，乃拜。累遷都官郎中、翰林學士。

晉高祖時，以户部侍郎爲學士承旨，權知天福二年貢舉。初，棁爲學士，嘗草制，爲宰相桑維翰所改。棁以唐故事學士草制有所改者當罷職，乃引經據爭之，維翰頗不樂。而棁少專於文學，不能涖事，維翰乃命棁知貢舉，棁果不能舉職。時有進士孔英者，素有醜行，爲當時所惡。棁既受命，往見維翰，維翰素貴，嚴尊而語簡，謂棁曰：「孔英來矣。」棁不諭其意，以謂維翰以孔英爲言，乃考英及第，物議大以爲非，即罷學士，拜尚書左丞，遷太常卿。

八年〔一九〕，高祖詔太常復文武二舞，詳定正、冬朝會禮及樂章。自唐末之亂，禮樂制度亡失已久，棁與御史中丞竇貞固、刑部侍郎呂琦、禮部侍郎張允等草定之。其年冬至，高祖會朝崇元殿，廷設宮縣，二舞在北，登歌在上。文舞郎八佾，六十有四人，冠進賢，黄紗袍，白中單，白練襠，白布大口袴，革帶履，左執籥，右秉翟，執纛引者二人。武舞郎八佾，六十有四人，服平巾幘，緋絲布大袖、繡襠〔二〇〕、甲金飾、白練襠〔二一〕、錦騰蛇起梁帶〔二二〕、豹文大口袴、烏靴〔二三〕，左執干，右執戚，執旌引者二人。加鼓吹十二按，負以熊豹，以象百獸率舞。按設羽葆鼓一，大鼓一，金錞一。歌、簫、笳各二人。王公上壽，天子舉爵，奏玄同；三舉，登歌奏文同；舉食，文舞舞昭德，武舞舞成功之曲。禮畢，高祖大悦，賜棁金帛，羣臣左右覩者皆嗟歎之。然禮樂廢久，而制作簡繆，又繼以龜茲部霓裳法曲，參亂雅音，其樂工舞郎，多教坊伶人、百工商賈、州縣避役之人，又無老師良工教習。明年正旦，復奏于廷，而登歌發聲悲離煩慝，如薤露、虞殯之音，舞者行列進退，皆不應節，聞者皆悲憤。其年高祖崩。棁以風痺改太子賓客分司西京以卒。

開運二年，太常少卿陶穀奏廢二舞。明年，契丹滅晉，耶律德光入京師，太常請備法駕奉迎，樂工教習鹵簿鼓吹，都人聞者爲之流涕焉。

李懌

李懌，京兆人也。少好學，頗工文辭。唐末舉進士，爲祕書省校書郎、集賢校理。唐亡，事梁爲監察御史，累遷中書舍人、翰林學士。梁亡，責授懷州司馬，遇赦量移，稍遷衞尉少卿。天成中，復爲中書舍人、翰林學士，累遷尚書右丞、承旨。

時右散騎常侍張文寶知貢舉，所放進士，中書有覆落者，乃請下學士院作詩賦爲貢舉格，學士竇夢徵、張礪等所作不工，乃命懌爲之，懌笑曰：「年少舉進士登科〔一四〕，蓋偶然爾。後生可畏，來者未可量，假令予復就禮部試，未必不落第，安能與英俊爲准格？」聞者多其知體。後遷刑部尚書分司洛陽。卒，年七十餘。

校勘記

〔一〕與其兄晅　「晅」，原作「暄」，據宋丙本、宗文本、舊五代史卷八九劉昫傳改。本卷下一處同。

〔二〕弟暤　「暤」，原作「皞」，據宋丙本、宗文本改。按劉昫兄弟名皆當從「日」。

〔三〕處直爲其子都所囚　「其」字原闕，據宋丙本、宗文本補。

〔四〕長興三年　本書卷六唐本紀、舊五代史卷四四唐明宗紀十、通鑑卷二七八皆繫其事於長興四年。

〔五〕道罷李愚代之　吴縝纂誤卷下：「今按廢帝以清泰元年四月即位，是時宰相則馮道、劉昫也。至五月而道罷，七月太常卿盧文紀爲相。今此傳謂『道罷，李愚代之』則誤也。」

〔六〕三司諸吏提印聚立月華門外　「外」字原闕，據宋丙本、宗文本、諸史提要卷一五引五代史、册府卷三三三補。

〔七〕字百真　「百真」，舊五代史卷九二姚顗傳、册府卷八五三作「伯真」。

〔八〕兵吏部侍郎　「兵」，原作「兼」，據宗文本改。按舊五代史卷九二姚顗傳敍其事作「歷兵吏部侍郎」。

〔九〕貶均州司馬　「均州」，原作「筠州」，據宋丙本、宗文本、舊五代史卷三〇唐莊宗紀四、卷六八劉岳傳、册府卷一四七、通鑑卷二七二改。

〔一〇〕非王言所以告詔也　「也」，通鑑卷二七五胡注引歐史作「之意」。

〔一一〕兵部侍郎任贊與岳在其後　「兵部侍郎」，舊五代史卷一二六馮道傳、册府卷三三七、卷九四四作「工部侍郎」。

〔一二〕光武皇帝立四親廟于南陽　「親」字原闕，據宋丙本、宗文本補。

〔一三〕蕭頃　原作「蕭武」，據宋丙本、宗文本、舊五代史卷一四二禮志上、五代會要卷二、册府卷五九三改。

〔一四〕以謂桓帝尊其祖解瀆亭侯淑爲孝元皇父萇爲孝仁皇　據後漢書卷八靈帝紀，靈帝祖淑封解瀆亭侯，追尊孝元皇；父萇追尊孝仁皇。「桓帝」疑爲「靈帝」之誤。

〔一五〕今皆大功　「今」，宋丙本、宗文本作「令」。下文「今皆小功」同。按册府卷五九四：「舊爲親姨服小功，今令式服大功；爲親舅服小功，今服大功；爲妻父母緦麻，今服小功；爲女婿、爲外甥緦麻，今並服小功。」五代會要卷八略同。

〔一六〕右贊善大夫趙咸又議曰　「又」，册府卷五九四同，宋丙本、宗文本、五代會要卷八作「乂」。

〔一七〕不可減也　「減」，原作「滅」，據宋丙本、宗文本改。

〔一八〕父蕘皆爲唐名臣　「蕘」，原作「堯」，據宋丙本、宗文本、通鑑卷二七九改。

〔一九〕八年　據本書卷八晉本紀、舊五代史卷七九晉高祖紀五、卷一四四樂志上、五代會要卷六，復文武二舞事在天福五年。按天福無八年，晉高祖崩于天福七年。

〔二〇〕繡襠　舊五代史卷一四四樂志上、五代會要卷六、册府卷五七〇作「裲襠」。

〔二一〕白練襤　舊五代史卷一四四樂志上、五代會要卷六、册府卷五七〇作「白練襤襠」。

〔二二〕錦騰蛇起梁帶　「騰」，原作「勝」，據宋丙本、宗文本、舊五代史卷一四四樂志上、五代會要卷六、册府卷五七〇改。

〔二三〕烏靴　舊五代史卷一四四樂志上、五代會要卷六、册府卷五七〇作「烏皮靴」。

〔二四〕年少舉進士登科　「年」，宋丙本、宗文本、詳節卷八作「予」。

新五代史卷五十六

雜傳第四十四

和凝

和凝，字成績，鄆州須昌人也。其九世祖逢堯爲唐監察御史，其後世遂不復宦學。凝父矩，性嗜酒，不拘小節，然獨好禮文士，每傾貲以交之，以故凝得與之游。而凝幼聰敏，形神秀發。舉進士，梁義成軍節度使賀瓌辟爲從事。瓌與唐莊宗戰于胡柳，瓌戰敗，脱身走，獨凝隨之，反顧見凝，麾之使去。凝曰：「大丈夫當爲知己死〔一〕，吾恨未得死所爾，豈可去也！」已而一騎追瓌幾及，凝叱之，不止，即引弓射殺之，瓌由此得免。瓌歸，戒其諸子曰：「和生，志義之士也，後必富貴，爾其謹事之！」因妻之以女。

天成中，拜殿中侍御史，累遷主客員外郎、知制誥，翰林學士、知貢舉。是時，進士多浮薄，喜爲諠譁，以動主司。主司每放牓，則圍之以棘，閉省門，絶人出入以爲常。凝徹棘開門，而士皆肅然無譁，所取皆一時之秀，稱爲得人。

晉初，拜端明殿學士、兼判度支，爲翰林學士承旨。高祖數召之，問以時事，凝所對皆稱旨。天福五年，拜中書侍郎、同中書門下平章事。

高祖將幸鄴，而襄州安從進反迹已見。凝曰：「陛下幸鄴，從進必因此時反，則將奈何？」高祖曰：「卿將何以待之？」凝曰：「先人者，所以奪人也。請爲宣敕十餘通，授之鄭王，有急則命將擊之。」高祖以爲然。是時，鄭王爲開封尹，留不從幸，乃授以宣敕。高祖至鄴，從進果反，鄭王即以宣敕命騎將李建崇、焦繼勳等討之。從進謂高祖方幸鄴，不意晉兵之速也，行至花山，遇建崇等兵，以爲神，遂敗走。出帝即位，加右僕射，歲餘，罷平章事，遷左僕射。

漢高祖時，拜太子太傅〔二〕，封魯國公。顯德二年卒，年五十八，贈侍中。

凝好飾車服，爲文章以多爲富，有集百餘卷，嘗自鏤板以行于世，識者多非之。然性樂善，好稱道後進之士。唐故事，知貢舉者所放進士，以己及第時名次爲重。凝舉進士及第時第五，後知舉，選范質爲第五。後質位至宰相，封魯國公，官至太子太傅，皆與凝同，當時以爲榮焉。

趙瑩

趙瑩，字玄輝〔三〕，華州華陰人也。爲人純厚，美風儀。事梁將康延孝爲從事。晉高祖爲保義軍節度使，以瑩掌書記，自是從鎮常以瑩從。

高祖將起兵太原，以問諸將吏，將吏或贊成之，瑩獨懼形于色，勸高祖毋反。高祖雖不用其言，心甚愛之。高祖即位，拜翰林學士承旨、户部侍郎、同中書門下平章事。累拜中書令，出爲晉昌軍節度使、開封尹。是時，出帝童昏，馮玉、李彦韜等用事，與桑維翰爭權，乃共譖去之，以瑩柔而易制，故復引以爲相。

契丹滅晉，瑩從出帝北徙虜中，瑩事兀欲爲太子太保。周太祖時，與契丹通好，遣尚書左丞田敏使于契丹，遇瑩于幽州，瑩見敏悲不自勝。瑩子易則、易從，當其徙而北也，與易從俱，而易則留事漢，官至刑部郎中。後瑩病將卒，告于契丹，願以尸還中國，契丹許之。及卒，遣易從護其喪南歸。太祖憐之，贈瑩太傅，葬于華陰。

馮玉

馮玉，字璟臣，定州人也。少舉進士不中。馮贇爲河東節度使，辟爲推官。入拜監察御史，累遷禮部郎中，爲鹽鐵判官。晉出帝納玉姊爲后〔四〕，玉以后戚知制誥，拜中書舍人。玉不知書，而與殷鵬同爲舍人，制誥常遣鵬代作。頃之，玉出爲潁州團練使，拜端明殿學士、户部侍郎，遷樞密使，中書侍郎、同中書門下平章事。

是時，出帝童昏，馮皇后用事，軍國大務，一決於玉。玉嘗有疾在告，自刺史已上，宰相不敢除授，以俟玉決。玉除中書舍人盧價爲工部侍郎，桑維翰以價資望淺爲不可，由是與維翰有隙，維翰由此罷相。

玉爲相，四方賄賂〔五〕，積貲鉅萬。契丹滅晉，張彦澤先以兵入京師，兵士爭先入玉家，其貲一夕而盡。明日，見彦澤，猶諂笑，自言願得持晉玉璽獻契丹，以冀恩獎。彦澤不納。出帝之北，玉從入契丹，契丹以爲太子太保〔六〕。周廣順三年，其子傑自契丹逃歸，玉懼，以憂卒。

盧質

盧質，字子徵〔七〕，河南人也。父望，唐司勳郎中。質幼聰惠，善屬文。事唐爲祕書郎，丁母憂，解職。後去遊太原，晉王以爲河東節度掌書記。

質與張承業等定議立莊宗爲嗣。莊宗將即位，以質爲大禮使，拜行臺禮部尚書。莊宗即位，欲以質爲相。質性疏逸，不欲任責，因固辭不受。拜太原尹、北京留守，遷户部尚書、翰林學士。從平梁，權判租庸，遷兵部尚書，後爲學士承旨，仍賜論思匡佐功臣。天成元年，拜匡國軍節度使。三年，拜兵部尚書、判太常卿事。歷鎮河陽、横海。

初，梁已篡唐，封哀帝爲濟陰王，既而酖殺之，瘗于曹州。同光三年，莊宗將議改葬，而曹太后崩，乃止。因其故壠，稍廣其封，以時薦饗而已。質乃建議立廟追謚，謚曰昭宣光烈孝皇帝〔八〕，廟號景宗。天成四年八月戊申，明宗御文明殿，遣質奉册立廟于曹州。而議者以謂輝王不幸爲賊臣所立，而昭宗、何皇后皆爲梁所弑，遂以亡國，而「昭宣光烈」非所宜稱，且立廟稱宗而不入太廟，皆非是。共以此非質，大臣亦知其不可，乃奏去廟號。

秦王從榮坐謀反誅，質以右僕射權知河南府事。廢帝反鳳翔，愍帝發兵誅之，竭帑藏以厚賞，而兵至鳳翔皆叛降。廢帝悉將而東，事成許以重賞，而軍士皆過望。廢帝入立，有司獻籍數甚少，廢帝暴怒。自諸鎮至刺史，皆進錢帛助國用，猶不足，三司使王玫請率民財以佐用。乃使質與玫等共議配率，而貧富不均，怨訟並起，囚繫滿獄。六七日間，所得不滿十萬。廢帝患之，乃命質等借民屋課五月，由是民大咨怨。

晉高祖入立，質以疾分司西京，拜太子太保。卒，年七十六，贈太子太師，謚曰文忠。

呂琦

呂琦，字輝山，幽州安次人也。父兗，爲横海軍節度判官。節度使劉守文與其弟守光以兵相攻，守文敗死，其吏民立其子延祚而事之，以兗爲謀主。已而延祚又爲守光所敗，兗見殺。守光怒兗，并族其家。琦年十五，見執，將就刑，兗故客趙玉紿其監者曰：「此吾弟也。」監者信之，縱琦去。玉與琦得俱走，琦足弱不能行，玉負之而行，逾數百里，變姓名，乞食于道以免。

琦爲人美風儀，重節概，少喪其家，游學汾晉之間。唐莊宗鎮太原，以爲代州軍事推官〔九〕。後爲横海趙德鈞節度推官，入爲殿中侍御史。

明宗時，爲駕部員外郎、兼侍御史知雜事。河陽主藏吏盜所監物，下軍巡獄，獄吏尹訓納賂反其獄，其寃家訴于朝，下御史臺按驗，得訓贓狀，奏攝訓赴臺。訓爲安重誨所庇，不與，琦請不已，訓懼自殺，獄乃辨，蒙活者甚衆。歲餘，遷禮部郎中、史館脩撰。

長興中，廢帝失守河中，罷居清化坊，與琦同巷，琦數往過之。後廢帝入立，待琦甚厚，拜知制誥、給事中、樞密院直學士、端明殿學士。是時，晉高祖鎮河東，有二志，廢帝患之，琦與李崧俱備顧問，多所裨畫。琦言：「太原之患，必引契丹爲助，不如先事制之。」自明宗時王都反定州，契丹遣秃餒、莿剌等助都，而爲趙德鈞、王晏球所敗，秃餒見殺，莿剌等皆送京師。其後契丹數遣使者求莿剌等，其辭甚卑恭，明宗輒斬其使者不報。而東丹王又亡入中國，契丹由此數欲求和。琦因言：「方今之勢，不如與契丹通和，如漢故事，歲給金帛，妻之以女，使彊藩大鎮顧外無所引援，可弭其亂心。」崧以琦語語三司使張延朗，延朗欣然曰：「苟能紓國患，歲費縣官十數萬緡，責吾取足可也！」因共建其事。廢帝大喜，佗日以琦等語問樞密直學士薛文遇，文遇大以爲非，因誦戎昱「社稷依明主，安危託婦人」之詩，以誚琦等。廢帝大怒，急召崧、琦等問和戎計如何。琦等察帝色怒，亟曰：「臣等爲國計，非與契丹求利於中國也。」帝即發怒曰：「卿等佐朕欲致太平而若是邪？朕一女尚幼，欲棄之夷狄，金帛所以養士而扞國也，又輸以資虜，可乎？」崧等惶恐拜謝，拜無數，琦足力乏不能拜而先止。帝曰：「吕琦彊項，肯以人主視我邪！」琦曰：「臣素病羸，拜多而乏，容臣少息。」頃之喘定，奏曰：「陛下以臣等言非，罪之可也，雖拜何益〔一〇〕？」帝意稍解〔一一〕，曰：「勿拜。」賜酒一巵而遣之，其議遂寢。因遷琦御史中丞，居數月，復爲端明殿學士。其後晉高祖起太原，果引契丹爲助，遂以亡唐。

琦事晉爲祕書監，累遷兵部侍郎。天福八年，卒。

趙玉仕至職方員外郎，琦事之如父，玉疾，親嘗藥扶侍，及卒，爲其家主辦喪葬。玉子文度幼孤，琦教以學，如己子，後舉進士及第云。

琦有子餘慶、端。

薛融

薛融，汾州平遥人也。少以儒學知名，唐明宗時爲右補闕〔一二〕、直弘文館。晉高祖鎮太原，融爲觀察判官。高祖徙鄆，欲據太原拒命，延見賓佐，問以可否，而坐中或贊成之，或恐懼不敢言，融獨從容對曰：「融本儒生爾，軍旅之事，未嘗學也，進退存亡之理，豈易言哉！」高祖不之責也。

高祖入立，拜吏部郎中、兼侍御史知雜事，累拜左諫議大夫。遷中書舍人，融曰：「文辭非臣所長也。」遂辭不拜。時詔修洛陽大内，融上疏切諫，高祖褒納其言，即詔罷其役。遷御史中丞，改尚書右丞，分司西京。卒，年六十[一三]。

何澤

何澤，廣州人也。父鼎，唐末爲容管經略使。澤少好學，長於歌詩。舉進士，爲洛陽令。唐莊宗好畋獵，數踐民田，澤乃潛身伏草間伺莊宗，當馬諫曰：「陛下未能一天下以休兵，而暴斂疲民以給軍食。今田將熟，奈何恣畋游以害多稼？使民何以出租賦，吏以何督民耕？陛下不聽臣言，願賜臣死於馬前，使後世知陛下之過。」莊宗大笑，爲之止獵。拜倉部郎中。

明宗時，數上書言事。明宗幸汴州，又欲幸鄴，而人情不便，大臣屢言不聽。澤伏閤切諫，明宗嘉之，拜吏部郎中、史館修撰。澤外雖直言，而内實邪佞，嘗於内殿起居，班退，獨留，以笏叩額，北望而呼曰：「明主，明主！」聞者皆哂之。

五代之際，民苦於兵，往往因親疾以割股，或既喪而割乳廬墓，以規免州縣賦役。户部歲給蠲符，不可勝數，而課州縣出紙，號爲「蠲紙」。澤上書言其敝，明宗下詔悉廢户部蠲紙。

澤與宰相趙鳳有舊，數私于鳳，求爲給諫。鳳薄其爲人，以爲太常少卿。敕未出而澤先知之，即稱新官上章自訴。章下中書，鳳等言：「澤未拜命而稱新官，輕侮朝廷，請坐以法。」乃以太僕少卿致仕，居于河陽。澤時年已七十，尚希仕進，即遣婢宜子詣匭上章言事，請立秦王爲皇太子。秦王素驕，多不軌，遂成其禍，由澤而始。晉高祖入立，召爲太常少卿，以疾卒于家。

王權

王權，字秀山，太原人也。唐左僕射起之曾孫。父蕘，官至右司郎中〔四〕。權舉進士，爲右補闕。唐亡，事梁爲職方員外郎、知制誥、翰林學士，累遷御史中丞。唐莊宗滅梁，貶權隨州司馬，起爲右庶子，累遷户部尚書。晉高祖時，爲兵部尚書。是時，高祖以父事契丹，權當奉使，歎曰：「我雖不才，安能稽顙於穹廬乎？」因辭不行，坐是停任。踰年以太子少傅致仕。卒，年七十八，贈左僕射。

史圭

史圭，常山石邑人也。爲人明敏好學。爲寧晉、樂壽縣令，有善政，縣人立碑以頌之。郭崇韜鎮成德，辟爲從事。明宗時，爲尚書郎。安重誨爲樞密使，薦圭直學士。故事，直學士職雖清，而承領文書，參掌庶務，與判官無異。重誨素不知書，倚圭以備顧問，始白許圭升殿侍立。樞密直學士升殿自圭始。改尚書右丞、判吏部銓事。重誨敗死，圭出爲貝州刺史。罷歸常山，閉門絶人事〔一五〕，出入閭里乘輜軿車。晉高祖立，召拜刑部侍郎、鹽鐵副使，遷吏部侍郎，分知銓事，有能名。以疾罷，卒于常山。

龍敏

龍敏，字欲訥，幽州永清人也。少仕州，攝參軍。劉守光亂，敏避之滄州，遂客於梁，久不調。敏素善馮道，道爲唐莊宗從事，乃潛往依之。監軍張承業謂道曰：「聞子有客，可與俱來。」道以敏見承業，承業辟敏監軍巡官，使掌奏記。莊宗即位，召拜司門員外郎。敏父咸式，年七十餘，而其王父年九十餘，皆在鄴，敏乃求爲興唐尹〔六〕，事祖、父以孝聞。丁母憂，去職。趙在禮反，逼敏起視事。明宗即位，在禮鎮滄州，敏乃復得居喪。服除，累拜兵部侍郎。

馮贇留守北京，辟敏副留守。贇入爲樞密使，敏拜吏部侍郎。是時，晉高祖起太原，乞兵契丹。唐廢帝在懷州，趙德鈞父子有異志，張敬達屯于晉安，勢甚危急。廢帝問計從臣，敏曰：「晉所恃者契丹也。東丹王失國之君，今在京師，若以兵送東丹自幽州而入西樓，契丹且有內顧之憂，何暇助晉？晉失契丹，大事去矣。」又謂李懿曰：「敏，燕人也，能知德鈞。德鈞爲將，守城壘塹，篤勵健兒而已。使其當大敵，奮不顧身，非其能也。況有異志乎？今聞駕前之馬猶有五千，願得壯者千匹，健兵千人，與勇將郎萬金，自平遥沿山冒虜中而趨官砦，且戰且行，得其半達，則事濟矣！」懿爲言之廢帝，廢帝莫能用。然人皆壯其大言。

歷晉爲太常卿，使于吳越。是時，使吳越者，見吳越王皆下拜，敏獨揖之。還，遷工部侍郎〔一七〕。乾祐元年，瘍發於首〔一八〕，卒，贈右僕射。

校勘記

〔一〕大丈夫當爲知己死　「大」字原闕，據宋丙本、宗文本補。

〔二〕拜太子太傅　「太子太傅」，舊五代史卷一〇〇漢高祖紀下、卷一二七和凝傳作「太子太保」。按舊五代史卷一二七和凝傳云其「國初，遷太子太傅」，至後周方加太子太傅。

〔三〕字玄輝　「玄輝」，宋丙本、宗文本、册府卷八九三作「玄暉」。趙瑩墓誌（拓片刊大唐西市博物館藏墓誌）作「光圖」。

〔四〕晉出帝納玉姊爲后　本書卷一七晉家人傳、舊五代史卷八九馮玉傳、通鑑卷二八三皆記晉出帝皇后爲馮玉妹。按吴光耀纂誤續補卷五：「『姊』字疑『妹』字傳寫之誤。」

〔五〕四方賄賂　「賂」字原闕，據宋丙本、宗文本補。

〔六〕契丹以爲太子太保　「太子太保」，舊五代史卷八九馮玉傳、遼史卷四太宗紀下作「太子少保」。

〔七〕字子徵　「子徵」，宋丙本、宗文本作「子微」。

〔八〕謚曰昭宣光烈孝皇帝　「謚」字原闕，據宋丙本、宗文本補。

〔九〕以爲代州軍事推官　「推官」，舊五代史卷九二吕琦傳作「判官」。

〔一〇〕雖拜何益　「雖」，宋丙本、宗文本作「屢」。通鑑卷二八〇敍其事作「多拜何爲」。

〔一一〕帝意稍解　「意」字原闕，據宋丙本、宗文本補。

〔二〕唐明宗時爲右補闕 「唐明宗」，原作「唐莊宗」，據宋丙本、宗文本改。舊五代史卷九三薛融傳敍其事作「長興四年，入爲右補闕」。按長興爲後唐明宗年號。

〔三〕年六十 舊五代史卷九三薛融傳作「年六十餘」。

〔四〕官至右司郎中 「右司郎中」，舊五代史卷九二王權傳、舊唐書卷一六四王蕘傳、新唐書卷七二中宰相世系表二中、卷一六七王蕘傳作「右司員外郎」。

〔五〕閉門絶人事 「門」字原闕，據宋丙本、宗文本、諸史提要卷一五引五代史、舊五代史卷九二史圭傳補。

〔六〕敏乃求爲興唐尹 「興唐尹」，舊五代史卷一〇八龍敏傳、册府卷一一四作「興唐少尹」。

〔七〕遷工部侍郎 「工部侍郎」，舊五代史卷八四晉少帝紀四、卷一〇一漢隱帝紀上、卷一〇八龍敏傳作「工部尚書」。

〔八〕瘍發於首 「首」，舊五代史卷一〇八龍敏傳作「背」。

新五代史卷五十七

雜傳第四十五

李崧

李崧，深州饒陽人也。崧幼聰敏，能文章，爲鎮州參軍。唐魏王繼岌爲興聖宫使，領鎮州節度使，以推官李蕘掌書記。崧謂掌書吕柔曰〔一〕：「魏王皇子，天下之望，書奏之職，非蕘所當。」柔私使崧代爲之，以示盧質、馮道，道等皆以爲善。乃以崧爲興聖宫巡官，拜協律郎。

繼岌與郭崇韜伐蜀，以崧掌書記。繼岌已破蜀，劉皇后聽讒者言，陰遣人之蜀，教繼岌殺崇韜，人情不安。崧入見繼岌曰：「王何爲作此危事？誠不能容崇韜，至洛誅之何晚？今遠軍五千里，不見咫尺之詔而殺大臣〔二〕，動摇人情，是召亂也。」繼岌曰：「吾亦悔之，奈何？」崧乃召書吏三四人，登樓去梯，夜以黄紙作詔書，倒用都統印，明旦告諭諸軍，人心乃定。

師還，繼岌死於道。崧至京師，任圜判三司，用崧爲鹽鐵判官，以内憂去職還鄉里。服除，范延光居鎮州，辟崧掌書記。延光爲樞密使，崧拜拾遺、直樞密院。累遷户部侍郎、端明殿學士〔三〕。長興中，明宗春秋高，秦王從榮多不法，晉高祖爲六軍副使，懼禍及，求出外藩。是時，契丹入鴈門，明宗選將以捍太原，晉高祖欲之。樞密使范延光、趙延壽等議將，久不決，明宗怒甚，責延壽等，延壽等惶恐，欲以康義誠應選，崧獨曰：「太原，國之北門，宜得重臣，非石敬瑭不可也！」由是從崧議。晉高祖深德之，陰遣人謝崧曰：「爲浮屠者，必合其尖。」蓋欲使崧終始成己事也。其後晉高祖以兵入京師，崧竄匿伊闕民家，晉高祖召爲户部侍郎，拜中書侍郎、同中書門下平章事兼樞密使。丁内艱，起復。

高祖崩，出帝即位，以崧兼判三司，與馮玉對掌樞密。是時，晉兵敗契丹於陽城，趙延壽在幽州，詐言思歸以誘晉兵，崧等信之。初，漢高祖在晉，掌親軍，爲侍衛都指揮使，與杜重威同制加平章事，漢高祖恥之，怒不肯謝，晉高祖遣和凝諭之，乃謝。其後漢高祖出居太原，重威代爲侍衛使，崧亦數稱重威之材，於是漢高祖以崧爲排己，深恨之。崧又信延壽之詐以爲然，卒以重威將大兵，其後敗于中渡，晉遂以亡。

契丹耶律德光犯京師，德光素聞延壽等稱崧爲人，及入京師，謂人曰：「吾破南朝，得崧一人而已！」乃拜崧太子太師。契丹北還，命崧以族俱行，留之鎮州。其後麻荅棄鎮州，崧與馮道等得還。高祖素不悦崧，又爲怨者譖之，言崧爲契丹所厚，故崧遇漢權臣，常惕惕爲謙謹，莫敢有所忤。

初〔四〕，漢高祖入京師，以崧第賜蘇逢吉，崧家遭亂，多埋金寶，逢吉悉有之。而崧弟嶼、嶬與逢吉子弟同舍，酒酣，出怨言，以爲奪我第。崧又以宅券獻逢吉，逢吉尤不喜。漢法素嚴，楊邠、史弘肇多濫刑法。嶼僕葛延遇爲嶼商賈，多乾没其貲，嶼笞責之。延遇夜宿逢吉部曲李澄家，以情告澄。是時，高祖將葬睿陵，河中李守貞反，澄乃教延遇告變，言崧與其甥王凝謀因山陵放火焚京師，又以蠟丸書通守貞。逢吉遣人召崧至第，從容告之，崧知不免，乃以幼女託逢吉，逢吉送崧侍衞獄。崧出乘馬，從者去，無一人，崧恚曰：「自古豈有不死之人，然亦豈有不亡之國乎！」乃自誣伏，族誅。

崧素與翰林學士徐台符相善，後周太祖入立，台符告宰相馮道，請誅葛延遇，道以延遇數經赦宥，難之。樞密使王峻聞之，多台符有義，乃奏誅延遇。

李鏻

李鏻，唐宗室子也。其伯父陽事唐〔五〕，咸通間爲給事中。鏻少舉進士，累不中，客河朔間，自稱清海軍掌書記，謁定州王處直，處直不爲禮。乃易其緑衣，更爲緋衣，謁常山李弘規，弘規進之趙王王鎔，鎔留爲從事。其後張文禮弑鎔自立，遣鏻聘唐莊宗於太原。鏻爲人利口敢言，乃陰爲莊宗畫文禮可破之策〔六〕。後文禮敗，莊宗以鏻爲支使。

莊宗即位，拜鏻宗正卿，以李瓊爲少卿。獻祖、懿祖墓在趙州昭慶縣，唐國初建，鏻、瓊上言：「獻祖宣皇帝建初陵、懿祖光皇帝啓運陵，請置臺令。」縣中無賴子自稱宗子者百餘人，宗正無譜諜，莫能考按。有民詣寺自言世爲丹陽竟陵臺令，厚賂宗正吏，鏻、瓊不復詳考，遂補爲令。民即持絳幡招置部曲，侵奪民田百餘頃，以謂陵園壖地。民訴于官，不能決，以聞。莊宗下公卿博士，問故唐諸帝陵寢所在。公卿博士言：「丹陽在今潤州，而竟陵非唐事。鏻不學無知，不足以備九卿。」坐貶司農少卿，出爲河中節度副使。

明宗即位，以鏻故人，召還，累遷户部尚書。鏻意頗希大用，嘗謂馮道、趙鳳曰：「唐家故事，宗室皆爲宰相。今天祚中興，宜按舊典，鏻雖不才，嘗事莊宗霸府，識今天子於藩邸，論才較業，何後衆人，而久寘班行，於諸君安乎？」道等惡其言。後楊溥諜者見鏻言事，鏻謂安重誨曰：「楊溥欲歸國久矣，若朝廷遣使諭之，可以召也。」重誨信之，以玉帶與諜者使爲信，久而無效，由是貶鏻兗州行軍司馬。

鏻與廢帝有舊，愍帝時，爲兵部尚書，奉使湖南，聞廢帝立，喜，以謂必用己爲相。還過荆南，謂高從誨曰：「士固有否泰，吾不爲時用久矣。今新天子即位，我將用矣！」乃就從誨求寶貨入獻以爲賀，從誨與馬紅裝拂二、猓㹢皮一，因爲鏻置酒，問其副使馬承翰：「今朝廷之臣，孰有公輔之望？」承翰曰：「尚書崔居儉、左丞姚顗，其次太常盧文紀也。」從誨笑顧左右，取進奏官報狀示鏻，顗與文紀皆拜平章事矣。鏻憮失色。還，遂獻其皮、拂，廢帝終不用。

初，李愚自太常卿作相，而盧文紀代之，及文紀作相，鏻乃求爲太常卿。及拜命，中謝曰：「臣叨入相之資。」朝士傳以爲笑。

鏻事晉，累遷太子太保。漢高祖即位，拜鏻司徒。居數月卒，年八十八，贈太傅。

賈緯

賈緯，鎮州獲鹿人也。少舉進士不中，州辟參軍。唐天成中，范延光鎮成德，辟趙州軍事判官，遷石邑令。

緯長於史學。唐自武宗已後無實録，史官之職廢，緯采次傳聞，爲唐年補録六十五卷。當唐之末，王室微弱，諸侯彊盛，征伐擅出，天下多事，故緯所論次多所闕誤。而喪亂之際，事迹粗存，亦有補於史氏。

晉天福中，爲太常博士，非其好也，數求爲史職，改屯田員外郎、起居郎、史館脩撰，與脩唐書。丁内艱，服除，知制誥。累遷中書舍人、諫議大夫、給事中，復爲修撰。

漢隱帝時，詔與王伸、竇儼等同脩晉高祖、出帝、漢高祖實録。初，桑維翰爲相，常惡緯爲人，待之甚薄。緯爲維翰傳，言「維翰死，有銀八千鋌」。翰林學士徐台符以爲不可，數以非緯，緯不得已，更爲「數千鋌」。

廣順元年，實録成，緯求遷官不得，由是怨望。是時，宰相王峻監脩國史，緯書日曆，多言當時大臣過失，峻見之，怒曰：「賈給事子弟仕宦亦要門閥，奈何歷詆當朝之士，使其子孫何以仕進？」言之高祖〔七〕，貶平盧軍行軍司馬。明年，卒于青州。

段希堯

段希堯，河内人也。晉高祖爲河東節度使，以希堯爲判官。高祖軍屯忻州，軍中有擁高祖呼萬歲者，高祖惶惑，不知所爲。希堯勸高祖斬其亂首，乃止。高祖將舉兵太原，與其賓佐謀，希堯以爲不可，高祖雖不聽，然重其爲人，不之責也〔八〕。

高祖入立，希堯比諸將吏，恩澤最薄。久之，稍遷諫議大夫，使于吴越。是時，江淮不通，凡使吴越者皆泛海，而多風波之患。希堯過海，遭大風，左右皆恐懼，希堯曰：「吾平生不欺，汝等恃吾，可無恐也！」已而風亦止。歷萊、懷、棣三州刺史。出帝時，爲吏部侍郎，判東西銓事。累遷禮部尚書。卒，年七十九，贈太子少保。

張允

張允，鎮州人也。少事州爲張文禮參軍。唐莊宗討張文禮，允脱身降，莊宗繫之獄，文禮敗，乃出之爲魏州功曹。趙在禮辟節度推官，歷滄、兗二鎮掌書記。入爲監察御史，累遷水部員外郎、知制誥。廢帝皇子重美爲河南尹，掌六軍，以允剛介，乃拜允給事中，爲六軍判官。罷，遷左散騎常侍。

晉高祖即位，屢赦天下，允爲駁赦論以獻，曰：「管子曰：『凡赦者小利而大害，久而不勝其禍；無赦者小害而大利，久而不勝其福。』又漢之吴漢疾篤，帝問漢所欲言。漢曰：『惟願陛下無赦爾！』蓋行赦不以爲恩，不行赦不以爲無恩，罰有罪故也。自古皆以水旱則降德音而宥過，開狴牢而出囚，冀感天心以救其災者，非也。假有二人之訟者，一有罪而一無罪，若有罪者見捨，則無罪者銜冤。此乃致災之道，非救災之術也。至使小人遇天災，則皆喜而相勸以爲惡，曰：『國將赦矣，必捨我以救災。』如此，則是教民爲惡也。夫天之爲道，福善而禍淫。若捨惡人而變災爲福，則是天又喜人爲惡也。凡天之降災，所以警戒人主節嗜欲、務勤儉、恤鰥寡、正刑罰而已。」是時，晉高祖方好臣下有言，覽之大喜。

允事漢爲吏部侍郎。隱帝誅戮大臣，京師皆恐，允常退朝不敢還家，止于相國寺。周太祖以兵入京師，允匿于佛殿承塵，墜而卒，年六十五。

王松

王松，父徽，爲唐僖宗宰相。松舉進士，後唐時，歷刑部郎中，唐末，從事方鎮。晉高祖鎮太原，辟松節度判官。晉高祖即位，拜右諫議大夫〔九〕，累拜工部尚書。出帝北遷，蕭翰立許王從益於京師，以松爲左丞相。漢高祖入洛，先遣人馳詔東京百官嘗授僞命者皆焚之，使勿自疑，由是御史臺悉斂百官僞敕焚之。松以手指其胸，引郭子儀自誚，以語人曰：「此乃二十四考中書令也。」聞者笑之。後松子仁寶爲李守貞河中支使，守貞反，松以子故上書自陳，高祖憐之〔一〇〕，但使解職而已。松有田城東，歲時往來京師，以疾卒。

裴皞

裴皞，字司東，河東人也。裴氏自晉魏以來，世爲名族，居燕者號「東眷」，居涼者號「西眷」，居河東者號「中眷」。皞出於名家，而容止端秀，性剛急，直而無隱。少好學，唐光化中舉進士，拜校書郎、拾遺、補闕。事梁爲翰林學士、中書舍人。事後唐爲禮部侍郎。皞喜論議，每陳朝廷闕失，多斥權臣。改太子賓客，以老拜兵部尚書致仕。晉高祖起爲工部尚書，復以老告，拜右僕射致仕。卒，年八十五，贈太子太保。

皞以文學在朝廷久，宰相馬胤孫、桑維翰，皆皞禮部所放進士也。後胤孫知舉，放牓，引新進士詣皞，皞喜作詩曰：「門生門下見門生。」世傳以爲榮。維翰已作相，嘗過皞，皞不迎不送。人或問之，皞曰：「我見桑公於中書，庶寮也；桑公見我於私第，門生也。何送迎之有？」人亦以爲當。

王仁裕

王仁裕，字德輦，天水人也。少不知書，以狗馬彈射爲樂，年二十五始就學，而爲人儁秀，以文辭知名秦隴間〔一〕。秦帥辟爲秦州節度判官。秦州入于蜀〔二〕，仁裕因事蜀爲中書舍人、翰林學士。

〔一〕撫本有此三字。

唐莊宗平蜀，仁裕事唐，復爲秦州節度判官。王思同鎮興元，辟爲從事。思同留守西京，以爲判官。廢帝舉兵鳳翔，思同戰敗，廢帝得仁裕，聞其名不殺，寘之軍中。自廢帝起事，至其入立，馳檄諸鎮，詔書、告命皆仁裕爲之。久之，以都官郎中充翰林學士。晉高祖入立，罷職爲郎中，歷司封左司郎中、諫議大夫。漢高祖時，復爲翰林學士承旨。累遷户部尚書，罷爲兵部尚書、太子少保。顯德三年卒，年七十七，贈太子少師。

仁裕性曉音律，晉高祖初定雅樂，宴羣臣於永福殿，奏黄鍾，仁裕聞之曰：「音不純肅而無和聲，當有爭者起於禁中。」已而兩軍校鬭昇龍門外，聲聞于内，人以爲神。喜爲詩。其少也，嘗夢剖其腸胃，以西江水滌之，顧見江中沙石皆爲篆籀之文，由是文思益進。乃集其平生所作詩萬餘首爲百卷，號西江集。

仁裕與和凝於五代時皆以文章知名，又嘗知貢舉，仁裕門生王溥、凝門生范質，皆至宰相，時稱其得人。

裴羽

裴羽，字用化。其父贄，相唐僖宗，官至司空。羽以一品子爲河南壽安尉。事梁爲御史臺主簿，改監察御史。

唐明宗時，爲吏部郎中，與右散騎常侍陸崇使于閩，爲海風所飄至錢塘。是時，吴越王錢鏐與安重誨有隙，唐方絶鏐朝貢，羽等被留經歲，而崇以疾卒。後鏐遣羽還，羽求載崇尸與俱歸。鏐初不許，羽以語感動鏐，鏐惻然許之，因附羽表自歸。明宗得鏐表大喜，由是吴越復通於中國。羽護崇喪至京師，及其槖裝還其家，士人皆多羽之義。

羽，周太祖時爲左散騎常侍。卒，贈户部尚書。

王延

王延，字世美，鄭州長豐人也〔三〕。少好學，嘗以賦謁梁相李琪，琪爲之稱譽，薦爲即墨縣令。馮道作相，與延故人，召拜左補闕。遷水部員外郎、知制誥。拜中書舍人、權知貢舉。吏部尚書盧文紀與故相崔協有隙，是時，協子頎方舉進士，文紀謂延曰：「吾嘗譽子于朝，貢舉選士，當求實效，無以虚名取人。」昔有越人善泅，生子方晬，其母浮之水上。人怪而問之，則曰：『其父善泅，子必能之。』若是可乎？」延退而笑曰：「盧公之言，爲崔協也，恨其父遂及其子邪！」明年，選頎甲科，人皆稱其公。累遷刑部尚書，以太子少保致仕。卒，年七十三。

延爲人重然諾，與其弟規相友愛，五代之際，稱其家法焉。

馬重績

馬重績，字洞微。其先出於北狄，而世事軍中。重績少學數術，明太一、五紀、八象、三統大曆。居于太原，唐莊宗鎮太原，每用兵征伐，必以問之，重績所言無不中，拜大理司直。明宗時，廢不用。

晉高祖以太原拒命，廢帝遣兵圍之，勢甚危急，命重績筮之，遇同人，曰：「天火之象，乾健而離明。健者君之德也，明者南面而嚮之，所以治天下也。同人者人所同也，必有同我者焉。易曰：『戰乎乾。』乾，西北也。又曰：『相見乎離。』離，南方也。其同我者，自北而南乎？乾，西北也，戰而勝，其九月十月之交乎？」是歲九月，契丹助晉擊敗唐軍，晉遂有天下。拜重績太子右贊善大夫〔一四〕，遷司天監。明年，張從賓反，命重績筮之，遇隨，曰：「南瞻析木，木不自續，虛而動之，動隨其覆。歲將秋矣，無能爲也！」七月而從賓敗。高祖大喜，賜以良馬、器幣。

天福三年〔一五〕，重績上言：「曆象，王者所以正一氣之元，宣萬邦之命。而古今所紀，考審多差，宣明氣朔正而星度不驗，崇玄五星得而歲差一日，以宣明之氣朔，合崇玄之五星，二曆相參，然後符合。自前世諸曆，皆起天正十一月爲歲首，用太古甲子爲上元，積歲愈多，差闊愈甚。臣輒合二曆，創爲新法，以唐天寶十四載乙未爲上元，雨水正月中氣爲氣首。」詔下司天監趙仁錡、張文皓等考覈得失。仁錡等言：「明年庚子正月朔，用重績曆考之，皆合無舛。」乃下詔班行之，號調元曆。行之數歲輒差，遂不用。

重績又言：「漏刻之法，以中星考晝夜爲一百刻，八刻六十分刻之二十爲一時〔一六〕，時以四刻十分爲正，此自古所用也。今失其傳，以午正爲時始，下侵未四刻十分而爲午。由是晝夜昏曉，皆失其正，請依古改正。」從之。

重績卒，年六十四。

趙延乂

趙延乂〔七〕，字子英，秦州人也。曾祖省躬，通數術，避亂于蜀。父温珪，事蜀王建爲司天監，每爲建占吉凶，小不中，輒加詰責。温珪臨卒，戒其子孫曰：「數術，吾世業，然吾仕亂國，得罪而幾死者數矣！子孫能以佗道仕進者，不必爲也。」然延乂少亦以此仕蜀爲司天監。蜀亡，仕唐爲星官。

延乂兼通三式，頗善相人。契丹滅晉，延乂隨虜至鎮州。李筠、白再榮謀逐麻荅歸漢，猶豫未決，延乂假述數術贊成之。

周太祖自魏以兵入京師，太祖召延乂問：「漢祚短促者，天數邪？」延乂言：「王者撫天下，當以仁恩德澤，而漢法深酷，刑罰枉濫，天下稱冤，此其所以亡也！」是時，太祖方以兵圍蘇逢吉、劉銖第，欲誅其族，聞延乂言悚然，因貸其族，二家獲全。延乂事周爲太府卿、判司天監，以疾卒。

校勘記

〔一〕崧謂掌書吕柔曰　「掌書」，舊五代史卷一〇八李崧傳作「掌事」。按舊五代史卷六五王思同傳：「内養吕知柔侍興聖宫，頗用事。」吕柔即吕知柔，係避後漢高祖諱省。

〔二〕不見咫尺之詔而殺大臣　「而」字原闕，據宋丙本、宗文本補。

〔三〕累遷户部侍郎端明殿學士　按本卷下文敍長興中事，則遷户部侍郎、端明殿學士事似在明宗時。然舊五代史卷一〇八李崧傳：「清泰初，拜端明殿學士、户部侍郎。」舊五代史卷四七唐末帝紀中：「（清泰二年）以端明殿學士李崧爲户部侍郎。」

〔四〕初　此字原闕，據宋丙本、宗文本補。

〔五〕其伯父陽事唐　「陽」，舊五代史卷一〇八李鏻傳作「湯」。按新唐書卷七〇下宗室世系表下，湯昆弟有澹、深、涓，名皆從「水」。疑「陽」爲「湯」之訛。

〔六〕乃陰爲莊宗畫文禮可破之策　「畫」下原有「一」字，據宋丙本、宗文本删。

〔七〕言之高祖　「高祖」，舊五代史卷一三一賈緯傳作「太祖」。按吴縝纂誤卷下：「今按王峻爲相，正周太祖時，今呼爲『高祖』者，誤也。」

〔八〕不之責也　「之責」，原作「責之」，據宋丙本、宗文本乙正。

〔九〕拜右諫議大夫　「右」，舊五代史卷七六晉高祖紀二敍其事作「左」。

〔一〇〕高祖憐之　本書卷一〇漢本紀、舊五代史卷一〇一漢隱帝紀上皆繫李守貞反於乾祐元年三月，時高祖已去世。另册府卷九二五存赦王松敕，繫於隱帝乾祐二年，「高祖」疑爲「隱帝」之誤。

〔一一〕以文辭知名秦隴間　「秦隴間」，宋丙本、宗文本無此三字。

〔一二〕秦州入于蜀　「秦州入」三字原闕，據宋丙本、宗文本補。

〔一三〕鄚州長豐人也　「鄚州」，原作「鄭州」，據宋丙本、宗文本改。按舊唐書卷三九地理志二，長豐縣屬鄚州。

〔一四〕拜重績太子右贊善大夫　「右」，舊五代史卷九六馬重績傳同，舊五代史卷七六晉高祖紀二敍其事作「左」。

〔一五〕天福三年　本書卷八晉本紀、舊五代史卷七八晉高祖紀四、五代會要卷一〇皆繫其事於天福四年。按本卷下文云「明年庚子正月朔」，「庚子」爲天福五年。

〔一六〕八刻六十分刻之二十爲一時　「八刻」二字原闕，據宋丙本、宗文本補。

〔一七〕趙延乂　原作「趙延義」，據吴縝纂誤卷中引雜傳、本書卷三〇李業傳改。本卷下文同。按舊五代史卷一三一有趙延乂傳。